우리들의
싱가포르
여행

## 우리들의 싱가포르 여행

**초판 1쇄 발행** 2025년 6월 25일

**지은이** 트립인사이트
**편집** 송지영, 신미경
**교정교열** 박성숙
**디자인·일러스트** 이응셋 이예연, 정우진
**마케팅** 블랙타이거, 히응
**인쇄** 미래피앤피
**용지** 월드페이퍼

**펴낸곳** 노트앤노트
**등록** 2022년 2월 14일 제2022-000052호
**주소** 서울시 마포구 양화로8길 17-28 270호
**이메일** admin@noteandknot.com
**인스타그램** @noteandknot
**팟빵** 노트앤노트앤모어

**ISBN** 979-11-992351-0-6 14980
      979-11-978804-2-1 14980(set)

· 책값은 뒤표지에 있습니다.
· 이 책은 저작권법에 의해 보호받는 저작물이므로 무단 전재와 무단 복제를 금지합니다.
· 잘못 만들어진 책은 구입하신 서점에서 교환해 드립니다.

이 책의 제안 내용과 오탈자 제보 등은 QR코드로 연동되는 문서에 작성 바랍니다.

# 우리들의
# 싱가포르
# 여행

쉽고 새로운 여행의 시작

트립인사이트 지음

note & knot

## 도시가 꿈꾸는 미래가 궁금하다면, 싱가포르로!

우리가 만난 싱가포르의 첫인상은 푸르름이었습니다. 도심 곳곳에 오아시스처럼 자리 잡은 싱그러운 녹음이 우리의 마음을 사로잡았죠. 고층 빌딩이 빼곡해 마천루로 대표되는 도시국가의 풍경이 왜 우리에게는 초록의 기억으로 남았을까요? 작고 척박한 영토를 초록으로 일구려는 싱가포르의 노력은 반세기를 훌쩍 넘어 미래로 이어지고 있습니다. 태양광을 이용한 가든스 바이 더 베이의 슈퍼 트리들, 빗물을 활용한 주얼 창이 공항의 인공 폭포, 대형 쇼핑몰을 통과하는 자전거 도로 등 싱가포르 사람들은 이미 '지속 가능한 녹색 도시'에 살고 있다고 해도 과언이 아닙니다. 2021년 정부가 발표한 '싱가포르 녹색 계획 2030(Singapore Green Plan 2030)'은 1992년부터 이어진 이 나라의 녹색 열망을 다시 한번 계승합니다. 짧은 역사 속에서도 눈부신 성장을 이뤄낸 싱가포르가 얼마나 더 새롭게 푸르러질지 기대되는 이유입니다.

이 시대 최고의 건축물이라 불리는 마리나 베이 샌즈와 엔터테인먼트 천국 센토사섬도 좋지만, 싱가포르의 매력을 설명하는 데 그것만으로는 부족합니다. 이런 싱가포르를 이르는 표현이 하나 있는데, 바로 '샐러드 볼'입니다. 모양도 맛도 전혀 다른 채소들이 조화롭게 섞여 있는 샐러드 볼처럼 다양한 민족이 한데 어우러져 사는 나라. 《우리들의 싱가포르 여행》은 주요 관광지뿐만 아니라 차이나타운, 아랍 스트리트, 리틀 인디아 등 각기 다른 문화와 사람들을 소개하며 그들이 빚어내는 특유의 생동감을 담으려 노력했습니다.

보면 볼수록 매력이 발견되는 여행지가 있습니다. 바로 싱가포르가 그렇습니다. 싱가포르는 처음보다 다음이, 오늘보다 미래가 기대되는 곳입니다. 여러분도 이 책과 함께 켜켜이 싱그러운 자신만의 싱가포르를 만날 수 있기를 바랍니다.

**트립인사이트** 인터넷, SNS뿐만 아니라 이제는 인공지능으로부터 여행 정보를 손쉽게 얻는 시대, 트립인사이트는 '여행책은 어떤 방식으로 존재해야 하는가?'라는 질문 아래 철저히 경험하고 체험한 것을 바탕으로 여행을 연구하고 여행책을 만드는 크리에이티브 집단입니다. 전문 여행 작가, 여행 기획자와 에디터, 인문 에디터 등이 모여 각자의 시선에서 다각적으로 여행지를 분석하고 살아 있는 정보를 책이라는 물성에 담습니다.

# Perfect Guide

## 이 책을 읽는 방법

여행 가이드북에는 일러두기가 있기 마련입니다. 어떤 기준으로 책을 만들었는지 알리기 위해서지만, 잘 살펴보면 여행지의 특성을 반영한 요소가 꽤나 많습니다. 일러두기는 가이드북을 읽는 방법일 뿐만 아니라 여행지를 이해하는 열쇠이기도 합니다.

**스폿 분류**
- ⊙ 명소
- ✖ 미식
- 🛍 쇼핑
- ⊙ 숙소

**스폿 정보**
- 📍 주소
- 🚶 찾아가는 법
- 🕐 운영시간
- ⊗ 휴무일
- 🏷 요금 및 가격
- ➤ 홈페이지
- 📷 인스타그램
- 📖 지도 위치

**교통**
- ✈ 공항
- 🚇 MRT
- 🚕 택시/공유 차량
- 🚌 모노레일(센토사 익스프레스)
- 🚡 케이블카
- 🚌 시내버스
- 🚌 센토사 버스
- 🚌 비치 셔틀

---

Pick  **포트 캐닝 파크** Fort Canning Park　　　　　　　Sightseeing 18

성가포르 최초의 보태닉 가든

싱가푸라 왕들의 거처이자 말레이 군사들의 요새였고, 제2차 세계 대전 당시 영국군이 일본군에게 항복한 곳으로 역사적 사건들의 자취가 스며 있다. 싱그러운 자연을 만끽할 수 있을 뿐 아니라 나무와 잔디밭 사이로 길이 잘 조성되어 있어 산책하기도 좋다. 공원 북쪽 포트 캐닝 파크 트리 터널(Fort Canning Park Tree Tunnel)은 떠오르는 포토 스폿! 영국군의 벙커 기지였던 '배틀 박스(Battle Box)'를 둘러보는 투어도 운영 중이다.

📍 51 Canning Rise, Singapore 179872　🚶 MRT 포트캐닝역 출구 B에서 연결, MRT 도비고트역에서 도보 5분　🕐 매일, 24시간/배틀 박스 10:00~17:00(마지막 입장 16:00)　⊗ 배틀 박스 월·화요일 휴무　🏷 무료/배틀 박스 기부금 입장(battlebox.sg)　➤ beta.nparks.gov.sg/visit/parks/park-detail/fort-canning-park　📖 p.64-A2

### ❶ 외래어 표기
싱가포르는 말레이어, 영어, 중국어, 타밀어를 공용어로 사용합니다. 지명, 인명, 스폿명, 음식명 등의 한국어 표기는 국립국어원 외래어 표기법에 따르되 관용적으로 사용하는 표기나 현지 발음과 동떨어진 경우에는 예외를 두었습니다.

### ❷ 스폿 분류
지역별 테마&추천 스폿은 관광(Sightseeing), 미식(Food&Drink), 쇼핑(Shopping), 총 3가지로 분류해 소개한 순서대로 번호를 붙였습니다.

### ❸ 추천 스폿
스폿명 앞에 'Pick' 표시가 되어 있다면 특별히 방문해보길 추천하는 곳입니다. 지역별로 공들여 소개한 테마를 참고해 반나절이나 하루 여행 코스를 짜고, 여기에 현지인 인기 스폿까지 두루 방문한 집필진이 'Pick'한 스폿을 적절히 더하면 싱가포르 여행의 경험은 더욱 풍성해질 것입니다.

### ❹ 운영시간과 휴무일
운영시간은 홈페이지를 기준으로 표기하되, 운영 정보가 여러 개인 경우 집필진이 직접 해당 스폿에 확인한 내용을 기입했습니다. 휴무일은 정기 휴일을 기준으로 작성했습니다.

### ❺ 요금과 가격
현지 통화인 싱가포르 달러를 기준으로 표기했습니다. 싱가포르에는 음식값에 10%의 봉사료(Service Charge)와 9%의 GST(부가가치세, Goods and Services Tax)를 청구하는 식당이 많습니다. 이 책에서 따로 서비스 차지와 GST를 표기하지 않은 곳은 이미 음식값에 포함되어 있거나 부과하지 않는 곳입니다. 입장료 등에 표시한 연령은 만 나이 기준입니다.

### ❻ 홈페이지와 예약
싱가포르의 인기 식당은 홈페이지를 통해 요금 안내 및 예약을 진행하기도 합니다. 구글 맵스에서 상호명을 검색한 후 '예약하기'의 링크를 눌러 예약할 수도 있습니다.

### ❼ 교통 정보
찾아가는 법은 가장 보편적인 대중교통 수단인 MRT를 기준으로 소개했습니다. 싱가포르의 지하철인 MRT의 노선은 동서남북 방위에 따라 이름 붙여 직관적으로 파악하기 쉽습니다. 가령 시티홀역(City Hall)에는 NS25와 EW13이 함께 표기되는데, 노스 사우스(North South) 라인 25번째 역이자 이스트 웨스트(East West) 라인 13번째 역으로, 환승역이라는 뜻입니다.

이 책은 2025년 5월까지 수집한 정보를 기준으로 하며, 현지 사정에 따라 정보가 변경될 수 있습니다. 특히 변화가 빠른 싱가포르는 스폿의 운영 여부와 시간, 휴무일 등이 수시로 바뀌므로 방문 전 홈페이지나 SNS, 구글 맵스 정보를 통해 확인하길 권합니다.

---

Food&Drink 22

**Pick 넛맥 앤 클로브** Nutmeg&Clove
2024년 아시아 베스트 칵테일 바 NO.6

'육두구'와 '정향'을 의미하는 바의 이름, 동서양이 교차하는 감각적인 내부, 이야기가 담긴 핑크 메뉴판과 바텐더의 핑크 재킷까지 모든 것이 조화롭다. 버번위스키 베이스에 추쿠 웨이퍼를 올린 시그니처 칵테일 '넛맥 앤 클로브'를 추천한다.

📍 8 Purvis St, Singapore 188587  🚶 퍼비스 스트리트, MRT 에스플러네이드역 출구 F에서 도보 6분  🕒 매일 17:00~24:00  🍸 칵테일 S$26/서비스 차지&GST 19% 별도
🌐 nutmegclove.com  📷 nutmegandclove  p.64-C1

# Contents
## 차례

4 도시가 꿈꾸는 미래가 궁금하다면,
  싱가포르로!
6 이 책을 읽는 방법

**Part 01**
## 우리가 싱가포르로 떠나는 이유

14 주재원이 싱가포르를 사랑한 이유
16 그곳에선 관광객도 그림이 되는 이유
18 정원 디자이너가 싱가포르를 산책하는 이유
20 싱가포르까지는 얼마나 걸릴까
21 싱가포르는 어떤 곳일까
22 싱가포르는 언제 가야 할까
24 싱가포르에선 어디를 갈까
26 한 걸음 더, 현지인은 어디를 갈까
27 키워드로 보는 싱가포르 여행 팁
28 싱가포르를 즐기는 방법 7
30 음식, 다양한 식문화가 공존하는 미식 천국
34 음료, 싱가포르 로컬 드링크의 세계
36 야경, 싱가포르를 낭만적으로 즐기는 방법
38 쇼핑, 추천 쇼핑몰과 로컬 브랜드
40 기념품, 싱가포르를 추억하는 물건들
42 역사, 싱가포르를 깊게 여행하는 지도
44 지도로 파악하는 싱가포르 구석구석
46 MRT로 여행하는 싱가포르 구석구석
48 3박 5일, 기본 코스
50 4박 6일, 부모님과 알차게 즐기는 여행
52 4박 6일, 친구·연인과 즐겁고 맛있는 여행
54 4박 6일, 아이와 테마파크부터 동물원까지
56 2박 3일, 재방문자를 위한 색다른 여행
57 1박 2일, 스톱오버 여행자의 특별한 여정

Part 02
# 가장 기본적인 싱가포르 여행

**싱가포르 여행의 시작**
**시빅 디스트릭트&마리나 베이**

- 62  시빅 디스트릭트&마리나 베이로의 여행
- 64  시빅 디스트릭트 지도
- 66  마리나 베이 지도
- 68  유서 깊은 박물관과 공연장
     시빅 디스트릭트로 떠나는 문화 예술 여행
- 75  싱가포르 여행의 판도를 바꾸다
     마리나 베이 샌즈 산책
- 83  기술과 자연이 만든 아름다운 정원
     가든스 바이 더 베이 탐방
- 86  한눈에 보는 가든스 바이 더 베이
- 91  시빅 디스트릭트&마리나 베이 추천 스폿

**엔터테인먼트 섬에서의 하루**
**센토사&하버프론트**

- 128  센토사&하버프론트로의 여행
- 130  센토사로 이동하기
- 133  센토사에서 이동하기
- 134  센토사 버스&비치 셔틀 노선도
- 136  센토사&하버프론트 지도
- 138  센토사 상세 지도
- 140  테마파크부터 해변의 석양까지
      센토사 하루 여행
- 151  센토사&하버프론트 추천 스폿

**강변 산책과 크루즈 여행**
**리버사이드**

- 112  리버사이드로의 여행
- 114  리버사이드 지도
- 116  사부작사부작 걸어서 강변 산책
      리버사이드 반나절 여행
- 120  리버크루즈 주요 선착장과 랜드마크
- 122  리버사이드 추천 스폿

## Part 03
### 먹고 마시고 쇼핑하는 싱가포르 여행

**유서 깊은 쇼핑몰들의 접전**
**오차드 로드**

- 164 오차드 로드로의 여행
- 166 오차드 로드 지도
- 168 눈도 입도 마음도 즐겁게!
  오차드 로드 하루 여행
- 173 오차드 로드 추천 스폿

**로컬들도 인정한 미식 천국**
**차이나타운**

- 182 차이나타운으로의 여행
- 184 차이나타운 지도
- 186 취향대로 골라 즐기다!
  차이나타운 미식 여행
- 194 차이나타운 추천 스폿

## Part 04
### 다양성을 만나는 싱가포르 여행

**아기자기 이국적인 골목을 따라서**
**캄퐁 글램&부기스**

- 208 캄퐁 글램&부기스로의 여행
- 210 캄퐁 글램&부기스 지도
- 211 이색적인 좁은 골목을 따라서
  하지 레인 탐방
- 214 캄퐁 글램&부기스 추천 스폿

**오감을 자극하는 작은 인도**
**리틀 인디아**

- 222 리틀 인디아로의 여행
- 224 리틀 인디아 지도
- 225 자유분방함 속의 질서
  리틀 인디아 반나절 여행
- 229 리틀 인디아 추천 스폿

**하루쯤 소풍 가듯 예쁜 여행**
**카통&이스트 코스트**

- 236 카통&이스트 코스트로의 여행
- 238 카통&이스트 코스트 지도
- 239 현지인처럼 즐기는
  카통&이스트 코스트 하루 여행
- 243 카통&이스트 코스트 추천 스폿

## Part 05
## 우리들의 작은 여행

**녹음 가득한 싱가포르의 한남동**
**뎀시 힐**
252  뎀시 힐로의 여행
254  뎀시 힐 추천 스폿 지도

**캐주얼한 싱가포르의 이태원**
**홀랜드 빌리지**
260  홀랜드 빌리지로의 여행
262  홀랜드 빌리지 추천 스폿 지도

**고즈넉한 부촌에서 동네 산책**
**티옹 바루**
268  티옹 바루로의 여행
270  티옹 바루 추천 스폿 지도

**사려 깊은 테마파크**
**만다이 야생동물 보호구역**
276  만다이 야생동물
     보호구역으로의 여행
278  만다이 야생동물
     보호구역으로 이동하기
280  만다이 야생동물
     보호구역 지도
282  만다이 야생동물
     보호구역 추천 스폿

## Part 06
## 우리들의 여행 준비

**차근차근 하나씩, 싱가포르 여행 준비**
293  출국 준비 체크리스트
294  싱가포르 항공편 정보
295  전자입국신고서 작성법
299  짐 싸기

**더 편하고 유용하게, 싱가포르 여행 애플리케이션**
301  추천 애플리케이션

**입국부터 출국까지, 실전 싱가포르 여행**
304  창이 국제공항으로 입국
306  창이 국제공항에서 시내로
308  싱가포르 시내 교통
310  대중교통 카드: 이지링크 vs 체크/신용 카드
311  싱가포르 시티투어 버스
312  실전! 그랩 이용법
313  창이 국제공항에서 출국
314  GST 환급받는 법
315  여행 그 자체, 주얼 창이 즐기기
317  지역별 추천 숙소

321  색인

# Part 01
## 우리가 싱가포르로 떠나는 이유

Explore Singapore

*Interview 01*

---

# 주재원이
# 싱가포르를 사랑한 이유

### 전 메타 싱가포르 마케터 유소희

메타(Meta)의 싱가포르 지사에서 마케터로 4년을 일했다. 싱가포르에서도 직장인 라이프는 똑같다. 매일 야근하느라 좀처럼 사무실을 벗어나지 못하던 때, 기분 전환으로 찾던 곳이 바로 마리나 배라지(Marina Barrage)p.90다. 가든스 바이 더 베이(Gardens by the Bay) 외곽에 자리한 마리나 배라지는 야경이 꽤나 멋진 곳이다. 인공 댐이라고 하면 삭막한 콘크리트 건축물을 연상하지만 막상 가보면 드넓은 공원의 잔디밭과 탁 트인 바다, 밤 풍경이 한눈에 들어와 '이게 바로 싱가포르구나' 하는 생각이 절로 든다.

가볍게 찾을 수 있는 또 하나의 장소는 다운타운 한가운데 자리한 라우 파 삿 사테 거리(Lau Pa Sat Satay Street)p.97다. 저녁이 되면 주변 고층 빌딩에서 퇴근한 직장인들과 여행자들이 이곳으로 모여든다. 그 사이에 뒤섞여 인도네시아식 꼬치 요리 사테에 땅콩 소스를 듬뿍 찍고 시원한 맥주를 곁들이면 어떤 날이든 '최고의 하루'로 마무리된다.

*Interview 02*

# 그곳에선 관광객도
# 그림이 되는 이유

### 그림 그리는 사람 김예령

싱가포르에선 관광객도 문화의 일부가 된다. 3박 4일 일정 동안 가장 인상 깊었던 차이나타운, 그곳에서도 나를 놀라게 했던 곳은 스리 마리암만 사원(Sri Mariamman Temple)p.196이다. 불교 사원이 아닌 힌두교 사원이 차이나타운에 있다니! 햇빛에 밝게 빛나는 사원의 백색 돌담 너머 하늘을 가르듯 홍등이 늘어진 풍경이 참으로 이색적이었다. 여행 둘째 날엔 싱가포르에서 지내고 있는 친구가 가장 좋아하는 곳이라며 이스트 코스트 파크(East Coast Park)p.241로 데려갔다. 바닷가 앞 잔디밭에서 아이들은 공놀이를 하고, 어른들은 해먹에 누워 일광욕을 즐겼다. 꼭 호주에 온 것만 같았다.
할랄(Halal) 표기가 당연한 호커센터(Hawker Centre)와 기도방이 마련된 쇼핑몰, 영국식 횡단보도(Zebra Crossing)를 건너 마주한 숍 하우스(Shop House)까지. 인종과 문화권이 다양한 사회 구성원들이 자신의 정체성과 가치관을 지키며 더불어 살아가는 풍경들이 하나의 조화로운 그림처럼 오래도록 기억에 남는다.

*Interview 03*

# 정원 디자이너가 싱가포르를 산책하는 이유

### 서울가드닝클럽 권오은

정원 도시 싱가포르는 도심에서도 바로 자연에 몰입할 수 있는 경험을 선사했다. 도심 주거지에서 횡단보도만 건너면 바로 열대 우림에서 볼 법한 풍경이 펼쳐지는 서던 리지스(Southern Ridges) 트레일은 싱가포르의 자연을 만끽할 수 있는 곳이었다. 기회가 되면 자연보호구역까지 연결되는 10km 트레일 여행을 꼭 해보리라 기약했다.
어떤 날은 공원에 가지 않고 빌딩 안에 조성된 정원만 산책했다. 고층 오피스 빌딩인 캐피타 스프링(Capita Spring)p.64-B4은 4개 층을 정원으로 만들어 나선형 슬로프를 따라 거닐 수 있다. 이곳에서 일하는 사람들의 표정은 기억에 남을 만큼 여유로웠다. 녹음에 둘러싸여 비즈니스 미팅을 하고, 퇴근 후 가든 요가를 즐기는 모습은 싱가포르에서의 그린 라이프를 꿈꾸게 했다. 정원 산책의 피날레는 루프톱의 펍에서 즐긴 칵테일 한잔. 정원에서 수확한 허브를 곁들여 더욱 의미 있었다. 더 나은 일상을 만들어주는 정원의 강력한 힘을 느끼며 나의 일에 많은 인사이트를 얻을 수 있는 산책이었다.

# How to Reach Singapore
## 싱가포르까지는 얼마나 걸릴까

싱가포르는 1개의 주도와 63개의 군도, 1개의 외곽 섬으로 구성된 섬나라이자 하나의 도시로 이루어진 도시국가다. 면적은 745.6km²로 서울(605.2km²)보다는 크고 부산(771km²)보다는 작다.

대한민국
Republic of Korea

Incheon
인천

인천 국제공항
Incheon International Airport

Busan
부산

김해 국제공항
Gimhae International Airport

중국
China

직항, 약 6시간 30분

태국
Thailand

베트남
Vietnam

말레이시아
Malaysia

싱가포르 창이 국제공항
Singapore Changi Airport

Singapore
싱가포르

인도네시아
Indonesia

시차
한국 -1시간

# About Singapore
## 싱가포르는 어떤 곳일까

### 국가명
싱가포르 공화국
Republic of Singapore

### 수도
싱가포르
Singapore

### 위치
동남아시아
말레이 반도의 남쪽

### 한국과의 거리/시차
비행기로 약 6시간 30분,
한국보다 1시간 느림

### 면적과 인구
745.6㎢
약 6,052,709명 (세계 113위)

### 비자
관광이 목적인 경우 최대
90일까지 무비자

### 민족
중국계 74.3%, 말레이계 13.5%,
인도계 9%, 기타 3.2%

### 공용어
말레이어, 영어, 중국어, 타밀어

### 종교
불교 31.1%, 기독교 18.9%,
이슬람교 15.6%, 도교 8.8%,
힌두교 5%, 기타 0.6%, 무교 20%

### 통화 단위
싱가포르 달러
Singapore Dollar, SGD, S$
Cent, ¢
* 지폐: S$2, S$5, S$10, S$50, S$100, S$1,000
* 동전: 1¢, 5¢, 10¢, 20¢, 50¢, S$1

### 환율
S$1=약 1,089원
* 출처: 한국은행 경제통계시스템, 2025년 4월 평균 환율

### 전압
220~240V, 50Hz
* 구멍이 3개 있는 G형 또는 M형 콘센트를 사용한다. 구멍이 원형인 M형은 한국 전자제품을 그대로 사용할 수 있으나 구멍이 사각형인 G형의 경우 멀티 어댑터가 필요하다.

### 통행/보행
차량: 좌측 통행
보행자: 좌측 보행

### 전화번호
국가 번호 +65

### 주싱가포르 대한민국 대사관
대표 전화 +65-6256-1188
긴급 전화 +65-9654-3528
영사 콜센터 +82 2 3210-0404

# Singapore Weather

## 싱가포르는 언제 가야 할까

### 싱가포르 날씨

적도에 가깝고 해양의 영향을 많이 받는 위치라 연중 기온이 높고 강수량이 많은 열대 우림 기후다. 연간 강수일수는 약 171일, 연평균 습도는 약 82%로 매우 높은 편이다.
싱가포르 사람들은 "더운 날", "더 더운 날", "더더더 더운 날"로 날씨를 표현할 만큼 1년 내내 더운 날이 지속되며, 우기와 건기의 구분이 무의미할 정도로 연중 비가 많이 내리지만 보통 3월부터 8월까지를 건기, 9월부터 2월까지를 우기라 한다.
관광지와 액티비티 위주의 여행이라면 1년 중 강수량이 적은 2~4월, 쇼핑을 즐기고 싶다면 그레이트 싱가포르 세일 p.38 이 있는 6~8월, 호캉스를 원한다면 비는 많이 내리지만 숙박비가 상대적으로 저렴한 11월을 추천한다.

* 출처: 싱가포르 기상청(1991~2020년 기준)

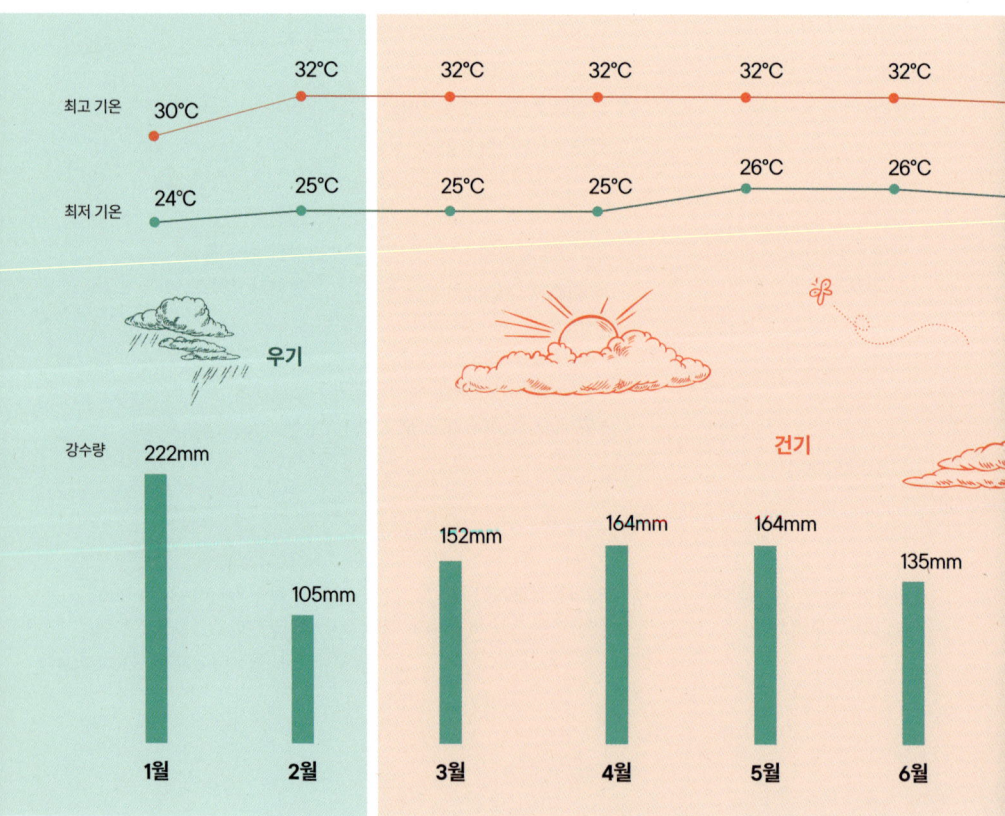

### 시기별 날씨

- **12~3월 초** 바람이 많이 불고 소나기가 자주 내린다.
- **3월 말~5월** 최고 기온이 32℃가 넘는 가장 무더운 시기이며 오후에 천둥 번개를 동반한 소나기가 자주 내린다.
- **6~9월** 새벽부터 정오 사이 돌풍을 동반한 스콜이 가끔 발생하며 오후에는 소나기가 자주 내린다.
- **10~11월** 가장 습한 시기로 오후 또는 초저녁에 천둥 번개를 동반한 비가 내린다.

### 옷차림과 준비물

짧은 소매의 옷과 선크림, 선글라스, 모자는 필수. 스콜뿐만 아니라 돌풍과 함께 천둥 번개가 치는 날도 있으므로 우산은 항상 가지고 다닌다. 에어컨이 있는 대형 쇼핑몰, 식당 등 실내에서 입을 긴 소매의 옷도 준비하자.

### 싱가포르 공휴일

**1월** 1일 신년(New Year's Day)
**1월** 29~30일 음력 설(Chinese New Year)
**3월** 31일 하리 라야 푸아사(Hari Raya Puasa)
* 이슬람교도의 금식 기간인 라마단이 끝난 것을 기념하는 날
**4월** 18일 성 금요일(Good Friday)
* 그리스도가 십자가에서 당한 고난과 죽음을 기념하는 날
**5월** 1일 노동절(Labour Day)
**5월** 12일 석가탄신일(Vesak Day)
**6월** 7일 하리 라야 하지(Hari Raya Haji)
* 이슬람교도들이 순례를 마치고 돌아온 것을 축하하는 날
**8월** 9일 독립기념일(National Day)
* 말레이시아로부터 싱가포르 독립을 기념하는 날
**10월** 20일 디파발리(Deepavali)
* 힌두교 빛의 축제
**12월** 25일 성탄절(Christmas Day)

* 출처: 자카르타경제신문(PAGI.co.id)

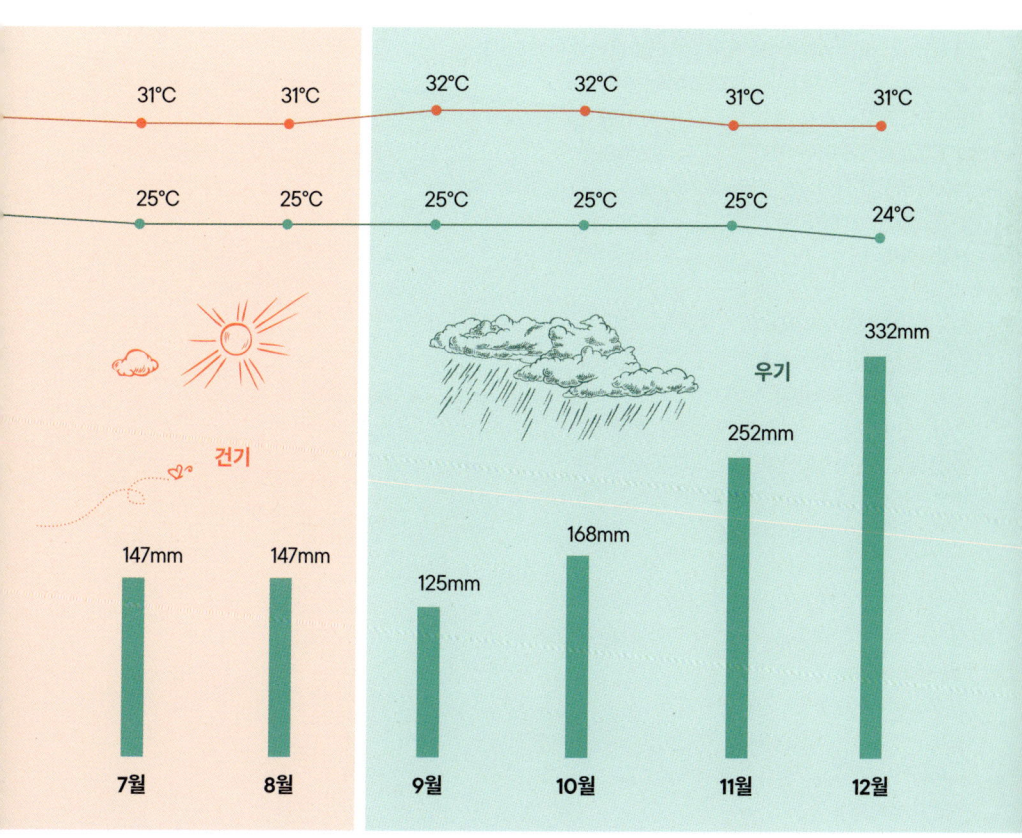

## *Best Places to Travel*
# 싱가포르에선 어디를 갈까

가장 기본적인 싱가포르를 만나고 싶다면 시빅 디스트릭트와 마리나 베이, 리버사이드, 센토사를 여행하자. 먹고 마시고 쇼핑하는 즐거움을 누리고자 한다면 오차드 로드와 차이나타운을, 싱가포르의 다문화를 만나고 싶다면 캄퐁 글램과 부기스, 리틀 인디아, 카통과 이스트 코스트를 찾자.

**7 리틀 인디아**

**4 오차드 로드**

**6 캄퐁 글램&부기스**

**❶ 시빅 디스트릭트&마리나 베이 Civic District&Marina Bay**
'올드 시티'로도 알려진 시빅 디스트릭트는 싱가포르 정치와 경제, 문화의 중심지이자 전통과 현대가 조화롭게 어우러진 곳이다. 마리나 베이는 간척의 역사가 함께하는 지역으로, 바다를 막아서 만든 이 매립지를 채운 것은 세계적인 건축물이다.

**2 리버사이드**

**1 시빅 디스트릭트&마리나 베이**

**5 차이나타운**

**❷ 리버사이드 Riverside**
마리나 베이 맞은편인 보트 키부터 싱가포르강을 따라 내륙 방향으로 클라크 키와 로버트슨 키로 이어지는 지역이다. 이곳에는 레스토랑, 클럽, 바가 즐비하며 낮보다 밤이 더 번화하다. 아름다운 강변 전경을 즐길 수 있는 리버크루즈를 타고 싱가포르의 낭만을 만끽해보자.

**3 센토사&하버프론트**

**❸ 센토사&하버프론트 Sentosa&HarbourFront**
싱가포르 본섬 아래쪽에 위치한 하버프론트는 인공 섬 센토사로 가는 관문이다. 센토사는 싱가포르의 대표 휴양지이자 관광지로, 유니버설 스튜디오와 아쿠아리움, 워터파크 등의 엔터테인먼트 시설과 아름다운 해변을 즐기는 여행자들로 늘 북적인다.

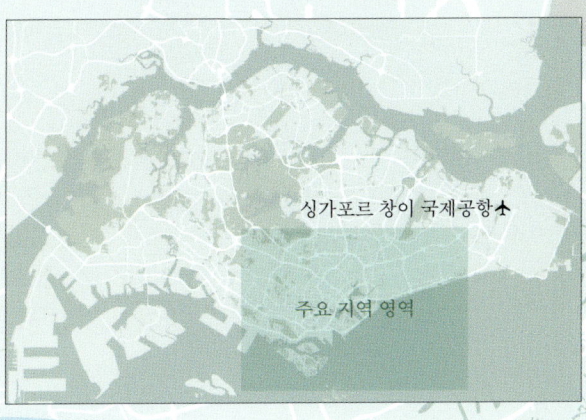

싱가포르 창이 국제공항

주요 지역 영역

8
카통&이스트 코스트

### ④ 오차드 로드 Orchard Road
싱가포르 쇼핑의 메카로 불리는 지역. 일자로 길게 이어진 약 2./km의 거리 양쪽으로 대형 쇼핑몰과 고급 호텔들이 밀집해 있어 다양한 신상품을 구경하고 로컬 브랜드 상품을 구매하고자 하는 사람들에게 최적의 장소다.

### ⑤ 차이나타운 Chinatown
싱가포르로 건너온 초기 중국 이민자들이 정착한 지역. 싱가포르의 옛 주거 형태인 숍 하우스부터 힙한 레스토랑과 카페까지 조화롭게 어우러져 차이나타운만의 독특한 분위기를 자아낸다. 뿐만 아니라 맛집도 많아 식도락을 즐기기에도 제격이다.

### ⑥ 캄퐁 글램&부기스 Kampong Glam&Bugis
차이나타운과 더불어 싱가포르의 다양성을 발견할 수 있는 지역 중 하나. 아랍의 전통 문화와 젊은이들의 트렌디함이 어우러진 곳이다. 시빅 디스트릭트 지역과 가까워 편리한 접근성을 자랑한다.

### ⑦ 리틀 인디아 Little India
관광객들이 자주 찾는 지역은 아니지만 싱가포르에서 가장 사람 냄새가 나는 곳이다. 메인 거리인 세랑군 로드를 걷다 보면 향신료 냄새와 인도 전통 의상을 입은 사람들을 마주하게 돼 마치 인도에 있는 듯한 착각을 불러일으킨다.

### ⑧ 카통&이스트 코스트 Katong&East Coast
싱가포르만의 혼합 문화 개념인 '페라나칸 문화'가 잘 보존된 카통, 해변과 공원이 있는 이스트 코스트는 현지인이 사랑하는 주말 나들이 장소다. 싱가포르 사람들의 삶과 생활을 엿보고 싶다면 충분히 방문할 가치가 있다.

# Secret Places to Travel
## 한 걸음 더, 현지인은 어디를 갈까

주요 여행지에서 조금 더 이동하면 현지인들이 즐겨 찾는 보물 같은 동네들이 나온다. 오차드 로드에서 쇼핑을 했다면 뎀시 힐과 홀랜드 빌리지로 이동해 식도락을 즐기고, 차이나타운의 식당에서 한껏 부른 배는 티옹 바루의 디저트 가게로 이동하며 꺼뜨리자. 관광객도 많이 찾는 싱가포르 북부의 만다이 야생동물 보호구역에선 인간 중심의 동물원이 아닌 새로운 개념의 테마파크를 만날 수 있다.

### 만다이 야생동물 보호구역 Mandai Wildlife Reserve
싱가포르 북부에 위치한 자연 친화 지역으로 버드 파라다이스, 싱가포르 동물원, 리버 원더스, 나이트 사파리, 레인포레스트 와일드 아시아가 있다.

### 홀랜드 빌리지 Holland Village
다양하면서도 수준 높은 식당이 즐비한 홀랜드 빌리지는 현지인들의 외식 장소로 인기가 많다. 여유로운 뎀시 힐보다는 캐주얼하고 활기찬 분위기다.

### 뎀시 힐 Dempsey Hill
언덕에 자리한 뎀시 힐은 무엇보다 울창한 녹음으로 기억되는 동네다. 과거 육두구(Nutmeg) 농장이었던 이곳을 채우는 건 감각적인 레스토랑과 카페, 바, 작은 상점들이다.

### 티옹 바루 Tiong Bahru
누군가는 티옹 바루 베이커리의 본점이 있는 동네로 기억하겠지만 싱가포르의 가장 오래된 주거 지역 중 하나다. 도심의 복잡함을 벗어나 과거와 현재가 공존하는 동네 분위기를 느끼고 싶은 이들에게 추천한다.

# Singapore Travel Info

## 키워드로 보는 싱가포르 여행 팁

싱가포르가 세계에서 가장 깨끗한 도시이자 여행하기에 안전한 국가로 꼽히는 데는
엄격한 법규가 한몫한다. 싱가포르 입국과 여행 중 알아야 할 유의사항, 벌금 정책을 미리 숙지하자.

*출처: 주싱가포르 대한민국 대사관(overseas.mofa.go.kr/sg-ko/index.do)

### 담배
- 입국 시 0.4kg 미만 담배 반입: 1개비당 약 S$0.9, 1갑 S$17 관세.
- 담배 0.4kg 이상 반입: 싱가포르 출국 전 사전 세관 승인 필요.
- 세관 신고 없이 담배 반입: 1갑당 S$200 벌금.
- 전자담배: 싱가포르는 전자담배를 허용하지 않음. S$10,000 이하 벌금/6개월 이하 징역.

### 현금
- 총 합산 금액 S$20,000 초과: 경찰에 반입/반출 신고 필수.
- 신고 없이 반입: 최대 S$50,000 벌금/3년 이하 징역 또는 둘 다.

### 껌
- 껌 반입: 껌을 씹는 행위 자체는 처벌 대상이 아니지만 껌을 반입하면 처벌.
- 최대 S$10,000 벌금/1년 이하 징역 또는 둘 다.

### 흡연
- 흡연 금지 구역: 모든 건물 실내, 오차드 전 지역, 해변가, 병원 및 학교 부근(5m 이내), 버스 정류장 등.
- S$200~1,000 벌금/3개월 이하 징역 또는 둘 다.

### 쓰레기 무단 투기
- S$300~2,000 벌금/3개월 이하 징역 또는 둘 다.

### 새 모이 주는 행위
- 최대 S$500 벌금.

### 와이파이 무단 사용
- 최대 S$10,000 벌금/3년 이하 징역 또는 둘 다.

### 대중교통에서 음식물 섭취
- 버스나 지하철인 MRT에서 음식물 섭취 금지.
- 최대 S$500 벌금.

### 무단횡단
- S$20~1,000 벌금/3개월 이하 징역 또는 둘 다.

# Singapore Highlights

## 싱가포르를 즐기는 방법 7

싱가포르에선 어떤 즐거운 일들이 펼쳐질까? 오래도록 사랑받아 온 싱가포르 여행 위시리스트와 함께 새로운 싱가포르를 즐길 수 있는 방법을 더해보았다.

**Highlight ❶**
싱가포르 하면 딱 떠오르는 그곳
물 뿜는 머라이언 동상과 사진 찍기 »p.94

**Highlight ❷**
밤하늘 아래, 거대한 인공 정원에 누워
가든스 바이 더 베이에서 나이트쇼 즐기기 »p.88

**Highlight ❸**
마리나 베이 샌즈 싱가포르의 하이라이트
하늘 위 인피니티 풀에서 스카이라인 감상하기 »p.76

**Highlight ❹**
인공 섬 센토사에선 모든 것이 즐길 거리!
유니버셜 스튜디오부터 해변의 석양까지 »p.141

**Highlight ❺**
카통의 싱가포르 전통 가옥 만나러 타임 슬립
알록달록 숍 하우스로 떠나는 여행 »p.240

**Highlight ❻**
싱가포르에서 가장 오래된 정원 속으로
여행지에서 만난 평온함, 보태닉 가든 산책 »p.174

**Highlight ❼**
하루쯤은 현지인처럼 동네 마실
맛있는 브런치부터 아기자기한 소품 구경까지
»뎀시 힐p.252, 티옹 바루p.268

*Food-heaven*

# 음식, 다양한 식문화가 공존하는 미식 천국

여행의 큰 즐거움 중 하나는 바로 '음식'이다. 중국, 말레이시아, 인도 등 다양한 민족이 공존하는 다문화 사회라는 점, 매 끼니를 외식으로 해결하는 라이프 스타일 덕에 싱가포르는 특별한 미식 문화를 만들어냈다. 싱가포르에서 즐길 수 있는 대표 음식을 소개한다.

### 칠리크랩 Chilli Crab

칠리크랩은 튀긴 게에 칠리소스와 달걀 등을 넣고 볶은 게 요리로 일반적으로 남방톱날꽃게인 머드크랩(Mud Crab)을 사용한다. 부드러운 게살과 매콤달콤한 소스가 어우러져 식욕을 자극하는데, 밥 또는 중국식 빵인 만터우(Mantou)나 번(Bun)과 함께 먹으면 더 맛있다. 칠리소스 대신 후추로 매운맛을 더한 페퍼크랩도 인기다. »홀리크랩 p.101, 점보 시푸드 p.118, 신 호 사이 시푸드 레스토랑 p.273

### 치킨라이스 Chicken Rice

삶은 닭고기에 윤기 나는 쌀밥과 칠리소스, 생강, 마늘 페이스트 등을 곁들어 먹는 싱가포르 국민 음식. 중국 하이난 출신 이주민을 통해 전해져 하이난식 치킨라이스(Hainanese Chicken Rice)라고도 한다. 삶은 닭고기 대신 구운 닭고기나 양념한 닭고기를 얹은 다양한 종류의 치킨라이스도 있다.
»티안 티안 하이난 치킨라이스(맥스웰 푸드센터) p.190, 랴오 판 호커 찬(차이나타운 콤플렉스 마켓 앤 푸드센터) p.191, 티옹 바루 하이난 본니스 치킨라이스(티옹 바루 마켓) p.272

### 차 퀘이테오 Char Kway Teow

태국에 팟타이가 있다면 싱가포르에는 차 퀘이테오가 있다. 넓적한 쌀국수에 간장 소스, 숙주를 포함한 다양한 채소, 새우 등을 넣고 볶은 요리다. 달콤한 맛보다는 불맛의 풍미가 더 잘 느껴진다.

### 나시르막 Nasi Lemak

나시르막은 코코넛 밀크와 판단 잎을 넣고 지은 쌀밥에 튀긴 멸치, 오이, 볶은 땅콩, 달걀, 삼발 소스 등을 곁들인 말레이시아 대표 음식으로 싱가포르, 인도네시아 등지에서도 즐겨 먹는다. 말레이어로 나시(Nasi)는 밥, 르막(Lemak)은 기름을 뜻하는데 코코넛 밀크를 넣고 지어 '기름진 밥'이 되기 때문에 '나시르막'이라는 이름이 붙었다. 닭 날개, 닭다리, 생선, 새우 등을 사이드 메뉴로 선택할 수 있다.

»풍골 나시르막 p.232

### 카야 토스트 Kaya Toast

바삭하게 구운 식빵에 코코넛 밀크를 넣어 만든 달콤한 카야잼과 버터를 바른 싱가포르 대표 음식. 싱가포르식 커피와 반숙 달걀이 함께 나오는 세트 메뉴를 주문하면 가벼우면서 맛있는 아침 식사가 완성된다. 식빵 대신 햄버거 빵처럼 둥근 형태의 번을 사용하기도 한다.

»동아 이팅 하우스 p.197, 야쿤 카야 토스트 p.197, 친미친 컨펙셔너리 p.240

### 로티 프라타 Roti Prata

싱가포르, 말레이시아, 인도네시아 등지에서 아침 식사나 간식으로 즐겨 찾는 음식. 말레이어로 로티(Roti)는 빵, 프라타(Prata)는 '평평하다'를 뜻하며 이름 그대로 '납작빵'을 말한다. 기름 두른 팬에 밀가루 반죽을 넓고 얇게 펴서 구워내는데 채소, 고기 등을 넣어 속을 채우기도 한다. 주로 커리와 함께 먹는다.

»싱가포르 잠잠 p.216

### 호키엔 미 Hokkien Mee

싱가포르식 볶음국수로 중국 푸젠성에서 유래했다. 달걀을 섞어 노란색을 띠는 면에 새우, 오징어, 돼지고기, 숙주나물 등을 넣고 볶아 만든다.

»블랑코 코트 프라운 미p.216

### 락사 Laksa

싱가포르와 말레이시아 등지에서 즐겨 먹는 국수 요리로, 크게 타마린드 즙을 넣고 만드는 새콤한 아쌈 락사(Assam Laksa)와 코코넛 밀크를 넣는 락사르막(Laksa Lemak)으로 나뉜다. 싱가포르에서는 락사르막이 발달했다. 싱가포르 락사는 얇은 쌀국수에 코코넛 밀크, 새우, 조개, 숙주, 두부, 칠리 페이스트 등을 넣어 부드러우면서도 매콤한 맛이 특징이다. 카통 지역의 락사는 면의 길이가 짧은 국수를 사용하기 때문에 젓가락 대신 숟가락으로 떠먹는다. »328 카통 락사p.244

### 바쿠테 Bak Kut Teh

돼지갈비에 계피, 정향, 당귀, 마늘 등의 각종 약재와 향신료를 넣고 장시간 끓여 만든 음식이다. 중국 푸젠성 출신 이주민들이 원기 회복을 위해 보양식으로 먹기 시작했다고 전해진다. 우리나라의 갈비탕과 비슷해 "싱가포르식 갈비탕"이라고도 하는데 고기 잡내와 향신료 때문에 호불호가 갈린다. 국물은 리필이 되며 밥과 튀긴 빵, 모닝글로리 등의 채소를 함께 곁들이면 든든한 한 끼 식사로 손색이 없다.

»송 파 바쿠테p.117, 레전드리 바쿠테p.124

**Tips. 싱가포르 호커센터 및 식당 이용법**

호커센터는 다양한 문화권의 음식을 판매하는 가판형 식당이 모여 있는 곳을 의미한다. 싱가포르의 대표적인 호커센터로는 라우 파 삿 p.97, 뉴턴 푸드센터 p.175, 맥스웰 푸드센터 p.190가 있다.

· 먼저 자리를 잡고 음식을 주문하러 간다. 호커센터의 경우 보통 가게 앞에서 기다렸다가 음식을 받아오지만 직원이 직접 가져다주는 경우도 있다. 식기는 스스로 퇴식구에 반납하는 것이 원칙.

· QR코드로 주문하는 식당이 늘고 있다. 테이블마다 부착된 QR코드를 휴대폰 카메라로 스캔해 메뉴를 확인하고 주문과 결제를 한다. 식당에 따라 결제는 식사 후 매장을 나가며 할 수도 있다.

· 계산 시 메뉴판에 표시된 가격보다 더 비싸게 청구되는 경우가 있다. 호커센터, 푸드 코트, 소규모 식당을 제외한 대다수의 식당에서 10%의 봉사료(Service Charge)와 9%의 부가가치세(Goods and Services Tax/GST)를 추가하니 참고할 것.

· 호커센터에선 대부분 현금 결제만 가능하다.

· 식당에서 제공하는 물티슈는 대체로 유료다. 물티슈를 사용하지 않을 경우 직원에게 물티슈를 반납하고 계산 시 영수증에 추가 금액이 붙었는지 확인한다.

# National Drink

## 음료, 싱가포르 로컬 드링크의 세계

싱가포르식 커피인 '코피(Kopi)'는 말레이어로 커피를 뜻한다. 버터와 설탕을 넣고 고열에서 로스팅한 로부스타(Robusta) 원두를 사용해 진득하고 달달한 특유의 풍미가 느껴진다. 연유와 무가당 연유, 설탕의 유무 등에 따라 다양한 형태로 나뉜다. 코피부터 말레이시아와 인도네시아에서 시작된 음료와 디저트까지, 문화와 이야기가 녹아 있는 로컬 음료의 세계를 여행해보자.

### 싱가포르 코피 종류

**코피 Kopi**
연유를 넣은 블랙커피.

**코피 오 Kopi O**
설탕을 넣은 블랙커피.

**코피 시 Kopi C**
설탕과 무가당 연유를 넣은 블랙커피.

**코피 오 코송 Kopi O Kosong**
블랙커피.

**코피 시 코송 Kopi C Kosong**
무가당 연유만 넣은 블랙커피.

**코피 가 다이 Kopi Gah Dai**
연유를 더 추가한 블랙커피.

**코피 시우 다이 Kopi Siew Dai**
연유를 적게 넣은 블랙커피.

**코피 폭 Kopi Pok**
연유를 넣은 블랙커피로, 커피 가루를 적게 넣고 물을 많이 넣은 커피.

**코피 가우 Kopi Gau**
연유를 넣은 진한 커피.

**코피 펭 Kopi Peng**
연유를 넣은 아이스커피.

**코피 구 요우 Kopi Gu You**
연유와 버터를 넣은 커피.

**코피 타릭 Kopi Tarik**
연유를 넣고 거품이 있는 커피.

**Tips. 이 용어만 알면 코피 주문이 쉽다!**

· Kopi [코-피] 커피
· Teh [테] 차
· C [씨] 연유
· Peng [페-엥] 얼음
· Gau [가우] 아주 진하다
· Gah Dai [가 다이] 더 달다(설탕이나 연유 추가)
· Siew Dai [시-우 다이] 덜 달다(설탕이나 연유 적게)
· Kosong [코-소-엉] 아무것도 넣지 않다

## 싱가포르 대표 음료

**슈거케인 주스 Sugarcane Juice**
껍질을 벗긴 사탕수수로 만든 음료.

**테 타릭 Teh Tarik**
홍차에 연유를 섞어 만든 음료로 부드러운 거품이 일품이다.

**발리 워터 Barley Water**
익힌 보리로 만든 달달한 음료.

**반둥 Bandung**
로즈 시럽과 우유를 넣어 만든 음료.

**마일로 다이노소어 Milo Dinosaur**
네슬레(Nestle)의 초콜릿 파우더인 마일로와 우유, 얼음을 넣고 섞은 뒤 마일로 가루를 듬뿍 올린 초콜릿 음료.

**싱가포르 슬링 Singapore Sling**
래플스 호텔의 롱 바에서 탄생한 칵테일. 진과 체리 브랜디, 파인애플 주스, 라임 주스 등을 넣어 만든다.

**첸돌 Chendol**
코코넛 우유에 녹색 젤리, 팜 슈거, 간 얼음 등을 넣어 만들어 달콤한 맛이 난다.

# City Nightscape

## 야경, 싱가포르를 낭만적으로 즐기는 방법

도시 여행에서 야경이 빠지면 왠지 섭섭하다. 반짝이는 불빛이 아름답게 수놓는 도심의 야경은 여행 중 가장 낭만적인 순간일지도 모른다. 싱가포르의 야경은 어느 곳에서 즐겨야 할까? "이 밤의 끝을 잡고" 싶을 만큼 시간 가는 줄 모르고 풍경에 빠지게 되는 야경 스폿을 소개한다.

### 루프톱 바 Rooftop Bar
**낭만이 흐르는 맛있는 풍경**

도심 속 야경을 즐기는 스테디셀러! 건물 맨 꼭대기 층에 있는 바로 가자. 루프톱 바는 시그니처 칵테일과 함께 황금빛 노을이 내려앉는 스카이라인을 즐기기에 최적의 장소. 도시의 스카이라인뿐만 아니라 마리나 베이의 아름다운 전경이 눈앞에 펼쳐지는 루프톱 바를 소개한다.

`Pick` 보트 키에 위치한 사우스브리지 p.119, 풀러턴 베이 호텔 싱가포르(The Fullerton Bay Hotel Singapore)의 랜턴(Lantern) p.105, 마리나 베이 샌즈 싱가포르의 세라비(CÉ LA VI)

### 싱가포르 리버크루즈 Singapore River Cruise
**시원한 바람을 맞으며**

크루즈를 타고 돌면서 싱가포르의 유명 스폿을 만날 수 있는 투어로 리버사이드를 비롯해 시빅 디스트릭트 지역과 마리나 베이 일대의 야경을 감상할 수 있어 인기가 많다. 해가 질 무렵인 오후 7시경에 탑승하면 일몰과 야경 두 마리의 토끼를 모두 잡을 수 있다. »p.118

## 싱가포르 플라이어 Singapore Flyer
### 짜릿한 고요함

최고 높이가 165m에 달하는 대관람차. 해가 질 무렵에는 마리나 베이를 따라 펼쳐지는 도심의 스카이라인을, 밤에는 반짝이는 불빛 속 야경을 감상할 수 있다. 시끌벅적한 분위기보다는 조용하고 오붓한 시간을 원하는 이들에게 추천한다. »p.94

## 샌즈 스카이 파크 전망대 Sands Sky Park Observation Deck
### 가장 멀리까지 탁 트인 시야

마리나 베이 샌즈 싱가포르 56층에 위치한 샌즈 스카이 파크 전망대에서는 싱가포르의 경치를 360° 파노라마로 즐길 수 있다. 엘리베이터에서 내려 입구로 들어서면 싱가포르 도심을 비롯해 마리나 베이 일대와 가든스 바이 더 베이까지 보인다. 특히 해 질 무렵에 아름답게 펼쳐지는 석양은 특별하다. »p.77

## 에스플러네이드 시어터스 온 더 베이
Esplanade Theatres on the Bay
### 가장 저렴하게 즐기는 야경

싱가포르의 "예술의 진당"으로 불리며 많은 사랑을 받고 있는 복합 문화 예술 공간이지만 여행자들에게는 멋진 야경을 감상할 수 있는 스폿으로도 잘 알려져 있다. 에스플러네이드 옥상에 위치한 야외 정원, 루프 테라스와 극장 앞에서는 바다와 하늘, 빌딩이 어우러진 마리나 베이 샌즈 경관을 조망할 수 있다. »p.73

# Singapore Shopping

## 쇼핑, 추천 쇼핑몰과 로컬 브랜드

싱가포르는 "쇼핑의 천국"이라 불릴 만큼 지역마다 쇼핑몰이 많고 규모도 상당하다. 따라서 아무런 정보 없이 무턱대고 둘러보다가는 한두 군데의 쇼핑몰에서 하루를 다 보내버리기 십상이다. 쇼핑 스타일에 따른 추천 쇼핑몰과 로컬 브랜드를 알아두면 일정 짜기가 한결 수월해진다.

**Tips.** 세일 기간에 알뜰하게 쇼핑을!
그레이트 싱가포르 세일(Great Singapore Sale)은 싱가포르의 가장 큰 세일 축제로 "GSS"라고 불린다. 기간은 매년 조금씩 달라지는데 보통 6~8월 사이에 열리며, 싱가포르 전역의 쇼핑몰과 상점에서 최대 70%까지 대대적인 할인 행사를 진행한다. 그레이트 싱가포르 세일 기간이 끝나면 크리스마스 세일이 기다리고 있다.

### 나의 쇼핑 스타일은?

**럭셔리 명품 쇼핑을 하고 싶다면?**
· 더 숍스 앳 마리나 베이 샌즈 마리나 베이 »p.78
· 아이온 오차드 오차드 로드 »p.169
· 니 안 시티와 다카시마야 백화점 오차드 로드 »p.170

**중저가 브랜드를 선호한다면?**
· 래플스 시티 쇼핑센터 시빅 디스트릭트 »p.106
· 선텍 시티 몰 시빅 디스트릭트 »p.108
· 비보시티 하버프론트 »p.157

**기념품을 사고 싶다면?**
· 차이나타운 스트리트 마켓
  차이나타운 »p.202
· 무스타파센터 리틀 인디아 »p.228

**일정이 짧아 쇼핑몰 단 한 곳만 간다면?**
· 더 숍스 앳 마리나 베이 샌즈
  마리나 베이 »p.78

**색다른 콘셉트의 쇼핑몰을 구경해보고 싶다면?**
· 푸난 몰 시빅 디스트릭트 »p.107

### 싱가포르 로컬 브랜드

### 비욘드 더 바인스 Beyond The Vines
**싱가포르 가방 쇼핑은 여기!**

색색깔을 사용한 심플한 디자인의 가방과 옷을 선보인다. 캐주얼하면서도 귀여운 스타일로 20~30대 여성들의 절대적인 지지를 받고 있다.

📍 래플스시티점, 푸난몰점, 더숍스점, 아이온오차드점, 다카시마야백화점, 창이공항점 👜 가방 S$39~159
✈ beyondthevines.com

### 인 굿 컴퍼니 In Good Company
**모던한 분위기를 좋아한다면**

좋은 소재와 미니멀한 디자인, 감각적인 디테일이 돋보이는 싱가포르 로컬 패션 브랜드다. 여성복뿐만 아니라 남성복, 가방, 모자, 액세서리 등도 만나볼 수 있다.

📍 아이온오차드점, 탕스앳탕플라자점
👕 의류 S$89~289 ✈ ingoodcompany.asia

### 산스앤산스 Sans&Sans
**실루엣이 예쁜 여성복**

다양한 스타일에 활용할 수 있는 아이템을 선보이는 여성복 브랜드. 유행을 타지 않고 오래도록 입을 수 있는 클래식한 디자인과 합리적인 가격이 강점이다.

📍 선텍시티몰점, 마리나스퀘어점, 다카시마야백화점, 위스마아트리아점, 부기스정션점 비보시티점 👕 의류 S$29~99 ✈ sans-sans.com.sg

### 러브, 보니토 Love, Bonito
**가성비 좋은 SPA 브랜드**

군더더기 없이 깔끔한 디자인의 옷을 판매한다. 일상복으로도, 비즈니스 캐주얼 룩으로도 연출할 수 있는 세련된 감성으로 젊은 세대를 겨냥한다.

📍 푸난몰점, 비보시티점, 아이온오차드점, 313@서머셋점
👕 의류 S$19~129 ✈ lovebonito.com

### 찰스앤키스 Charles&Keith
**단연, 싱가포르 잡화 브랜드**

싱가포르의 유명 쇼핑몰에는 거의 다 입점돼 있을 정도로 싱가포르를 대표하는 패션 잡화 브랜드. 우리나라에서도 구힐 수 있지만 현지 가격이 더 저렴하고 종류도 다양해 싱가포르 여행 시 꼭 사야 하는 쇼핑템으로 인기를 끌고 있다.

📍 래플스시티점, 선텍시티몰점, 더숍스점, 클라크키센트럴점, 비보시티점, 아이온오차드점, 다카시마야백화점, 313@서머셋점, 부기스정션점, 창이공항점 👞 신발 S$49.9~169, 가방 S$19.9~169
✈ charleskeith.com

# Shopping List

## 기념품, 싱가포르를 추억하는 물건들

직접 고르고 구입한 기념품은 여행의 기억을 오래도록 간직하게 하고, 받는 이에게는 여행을 꿈꾸게 한다. 싱가포르 쇼핑의 '필수템'부터 취향이 오롯이 묻어나는 물건까지 기념품 리스트를 모아보았다.

① **종이 코스터** 아시아 문명 박물관 S$12(4개 1세트)
② **바틱 코스터** 아시아 문명 박물관 S$12(2개 1세트)
③ **엽서** 아시아 문명 박물관 S$3.50
④ **책갈피** 북스 비욘드 보더스 S$3
⑤ **코스터** 차이나타운 스트리트 마켓 S$5
⑥ **호랑이 연고** 유화 차이니스 프로덕트 각 S$2.70
⑦ **바틱 헤어밴드** 아시아 문명 박물관 S$12
⑧ **키링** 불아사 S$12
⑨ **마그넷** 차이나타운 스트리트 마켓 S$10(4개)
⑩ **문고본** 아시아 문명 박물관 S$18
⑪ **노트** 바인드 아티산 S$38

⑫ **가방** 비욘드 더 바인스(푸난 몰) S$89
⑬ **에코백** 리터드 위드 북스 S$15.50
⑭ **벵가완솔로 쿠키** 창이 국제공항 S$28.26
⑮ **머그잔** 인디펜던트 마켓(홀랜드 로드 쇼핑센터) S$18.90
⑯ **야쿤 카야잼** 야쿤 카야 토스트(본점) S$13.60
⑰ **보이차** 디 캡터 S$17(50g)
⑱ **싱가포르 슬링 칵테일** 페어프라이스 엑스트라(비보시티) S$6.87
⑲ **싱가포르 슬링 원액** 페어프라이스 엑스트라(비보시티) S$39.73(40ml/2병)
⑳ **접시** 캣 소크라테스 S$22.90(2개)
㉑ **칠리크랩 페이스트** 무스타파센터 S$8.70
㉒ **TWG 티백** 창이 국제공항 S$27.52
㉓ **바샤 커피 드립백** 창이 국제공항 S$27.52

# *History of Singapore*

## 역사, 싱가포르를 깊게 여행하는 지도

2024년 기준 1인당 GDP 아시아 1위, 세계 5위. 서울보다 작은 도시국가였던 싱가포르는 끊임없는 간척 사업을 통해 현재 서울 면적의 1.2배까지 영토를 확장했으며, 문화·복지·교육을 비롯한 모든 경제 지표 역시 세계 최고 수준을 자랑한다. 작은 어촌 마을에서 아시아 금융과 무역의 중심지가 되기까지, 한정된 자원과 열강들의 잦은 침입에 맞서 자신만의 길을 만든 나라. 역사의 변곡점을 따라 싱가포르 여행을 시작해보자.

### 1299~1818년
**고대 싱가포르**

13세기, 수마트라의 왕자인 상 닐라 우타마(Sang Nilla Utama)는 사냥 도중 폭풍우를 만나 테마섹(Temasek)이라는 섬에 상륙한다. 그곳에는 붉은 몸에 검은 머리, 하얀 가슴을 가진 동물이 살고 있었는데, 왕자의 부하가 이르길 '사자'라 했다. 이에 훗날 왕자가 그곳에 새로운 도시를 건설하면서 산스크리트어로 사자를 뜻하는 '싱가'와 도시를 의미하는 '푸라'를 결합해 '사자의 도시', 싱가푸라(Singapura)로 명명했다. 이 가설은 말라카 술탄국의 기원과 진화를 다룬 문학 작품 《말레이 연대기(Malay Annal)》로 전해지고 있다.

싱가푸라는 여러 항로가 지나는 지리적 장점을 활용해 해상 무역의 중심지로 부상했지만, 평화는 오래가지 못했다. 14~15세기에는 믈라카 술탄국과 조호르 술탄국의 통치를 받았고, 16세기에는 포르투갈, 17세기에는 네덜란드의 지배하에 놓였다.

### 1819~1941년
**영국 식민지**

동인도 회사 소속 토머스 스탬퍼드 래플스(Thomas Stanford Raffles)는 영국의 영토 확장을 위해 새로운 거점을 모색하던 중 고대 도시 싱가푸라에 관심을 갖게 되고, 1819년 마침내 그곳에 상륙한다. 이후 싱가포르와 믈라카 해협은 영국의 무역항이자 중국에서 유럽까지, 동서양을 잇는 해상 운송로로서 나날이 그 위상이 높아진다. 1824년 영국-네덜란드 조약으로 싱가포르섬 전체가 영국 동인도 회사의 지배를 받게 되며, 1867년 정식으로 영국의 식민지로 편입된다.

> **Tips. 싱가포르의 오늘을 만든 래플스 경의 도시계획**
> 19세기 영국 식민지 시기, 래플스 경은 밖으로는 세계적인 무역항을 건설함과 동시에 싱가포르의 도시계획에 착수해 싱가포르강 서남쪽을 상업 지구, 동쪽은 관공서와 유럽인들을 위한 거주지로 할당했다. 또한 중국인에게는 상업 지구와 인접한 서쪽을, 아랍인들에게는 부기스역 인근 아랍 스트리트 일대를 거주 지역으로 배치했는데, 이는 현대 싱가포르 정책의 기반이 되었다. 이처럼 싱가포르의 탄생과 성장에 위대한 업적을 남긴 래플스 경은 "싱가포르 건국의 아버지"라 불리며 유명 장소 곳곳에 이름이 붙게 되었다.

### 1942~1945년
#### 일본 점령기
제2차 세계 대전에서 영국에 승리한 일본은 싱가포르를 차지하고 '쇼난토(昭南島)'로 이름을 바꿔버린다. 점령 기간은 1942년부터 1945년까지 3년 반 정도였지만, 이 시기에 수만 명의 중국계 싱가포르인이 목숨을 잃었다. 1945년 일본이 연합군에 항복하며 일본 점령기는 막을 내린다.

### 1946~1965년
#### 전후 시대
다시 영국에 귀속된 싱가포르는 1955년 영국으로부터 조건부 자치를 승인받아 1959년 자치정부를 수립하기에 이른다. 싱가포르 최초의 총선에서 큰 승리를 거둔 인민행동당(PAP)의 리콴유(Lee Kuan Yew)는 싱가포르 초대 총리로 당선되며 래플스에 이어 "싱가포르의 국부"로 불리게 된다. 1963년 말레이시아 연방에 편입되기도 했으나, 끊임없는 갈등과 마찰로 1965년 8월 9일 말레이시아에서 분리된 독립 국가가 된다.

### 1965년~현재
#### 아시아 최고의 경제 강국으로
갑작스럽게 독립이 진행되면서 심각한 실업난과 주택, 교육, 토지 부족에 시달리기도 했다. 그러나 리콴유의 지휘하에 대규모 공공 주택 개발, 제조업 분야 지원, 외국인 투자 유치, 공교육 확대 등 현대화 정책을 펼치며 놀라운 경제 성장을 이뤄낸다. 1959년부터 1990년까지 집권한 리콴유에 이어 2004년부터는 그의 아들인 리센룽(Lee Hsien Loong)이 총리 자리를 지켰다. 그러다 2024년 로런스 웡(Lawrence Wong) 신임 총리가 취임하면서 50년이 넘는 리콴유 가문의 시대는 막을 내렸다.

1960년대 초 싱가포르강 풍경.
Don Christie, CC BY-SA 4.0 〈https://creativecommons.org/licenses/by-sa/4.0〉, via Wikimedia Commons

# *Plan Your Journey*
## 지도로 파악하는 싱가포르 구석구석

싱가포르는 생각보다 여행지가 다양하고 지역별 특징도 뚜렷하다. 상세 일정을 짜기 전, '나는 과연 어떤 여행자이며 누구와 함께 여행하는지'부터 생각해보자. 다양한 여행자를 고려해 추천 지역부터 일정, 교통수단, 숙소 위치, 꼭 들르면 좋은 스폿까지 한눈에 비교할 수 있게 정리했다.

### 싱가포르가 처음인 여행자
**추천 지역** 시빅 디스트릭트&마리나 베이, 리버사이드, 오차드 로드
**일정** 3박 5일 또는 4박 6일
**교통수단** 도보, 버스, MRT
**숙소 위치** 시빅 디스트릭트&마리나 베이 또는 리버사이드
**Must See** 머라이언 파크, 마리나 베이 샌즈, 가든스 바이 더 베이

### 부모님과 알차게 즐기는 여행
**추천 지역** 시빅 디스트릭트&마리나 베이, 차이나타운, 캄퐁 글램
**일정** 4박 6일
**교통수단** 택시/차량 공유 서비스
**숙소 위치** 시빅 디스트릭트&마리나 베이
**Must See** 싱가포르 보태닉 가든, 불아사, 술탄 모스크

### 친구·연인과 즐겁고 맛있는 여행
**추천 지역** 시빅 디스트릭트&마리나 베이, 리버사이드, 티옹 바루
**일정** 4박 6일
**교통수단** 도보, 버스, MRT
**숙소 위치** 시빅 디스트릭트&마리나 베이 또는 리버사이드
**Must See** 내셔널 갤러리 싱가포르, 더 숍스 앳 마리나 베이 샌즈, 리버 크루즈

1 시빅 디스트릭트&마리나 베이
2 리버사이드
3 센토사&하버프론트
4 오차드 로드
5 차이나타운
6 캄퐁 글램&부기스
7 리틀 인디아

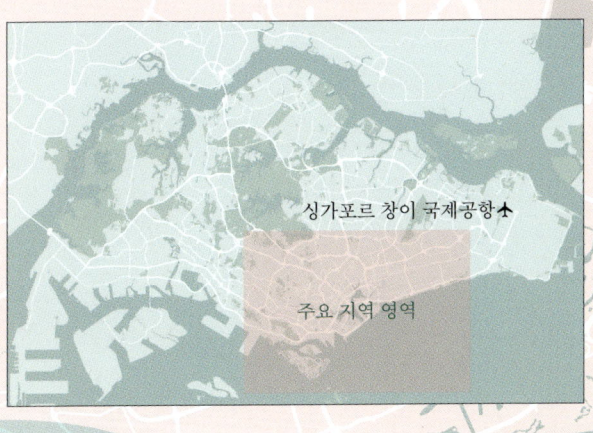

싱가포르 창이 국제공항
주요 지역 영역

8
카통&이스트 코스트

### 아이와 함께하는 여행
**추천 지역** 시빅 디스트릭트&마리나 베이, 센토사, 만다이 야생동물 보호구역
**일정** 4박 6일
**교통수단** 도보, 택시/차량 공유 서비스
**숙소 위치** 시빅 디스트릭트&마리나 베이 또는 센토사
**Must See** 가든스 바이 더 베이, 유니버셜 스튜디오 싱가포르, 나이트 사파리

### 재방문자를 위한 색다른 여행
**추천 지역** 차이나타운, 리틀 인디아, 카통&이스트 코스트
**일정** 2박 3일
**교통수단** 도보, 버스, MRT
**숙소 위치** 차이나타운 또는 캄퐁 글램
**Must See** 불아사, 하지 레인, 페라나칸 하우스

### 스톱오버 여행자의 특별한 여정
**추천 지역** 시빅 디스트릭트&마리나 베이, 리버사이드, 오차드 로드
**일정** 1박 2일
**교통수단** 도보, 택시/차량 공유 서비스
**숙소 위치** 시빅 디스트릭트&마리나 베이
**Must See** 머라이언 파크, 마리나 베이 샌즈, 가든스 바이 더 베이, 아이온 오차드

# Singapore MRT Guide
## MRT로 여행하는 싱가포르 구석구석

**보태닉가든역**
Botanic Gardens
보태닉 가든 싱가포르

**무스타파센터, 시티 스퀘어 몰**

**뉴턴역**
Newton

**패러파크역**
Farrer Park

**네이피어역**
Napier

테카센터, 인디안 헤리티지센터
**리틀인디아역**
Little India

**오차드역**
Orchard
아이온 오차드,
니 안 시티와 다카시마야 백화점

**도비고트역**
Dhoby Ghaut

**부기스역**
Bugis
하지 레인, 술탄 모스크,
부기스+정션, 부기스 스트리트

**서머셋역**
Somerset
313@서머셋, 오차드 센트럴

**브라스바사역**
Bras Basah
싱가포르 국립 박물관,
굿 셰퍼드 성당

차임스, 래플스 호텔,
내셔널 갤러리 싱가포르

**프롬나드역**
Promenade

클라크 키, 보트 키, 클라크 키 센트럴

**시티홀역**
City Hall

**에스플러네이드역** 선텍 시티, 마리나스퀘어
Esplanade

**클라크키역**
Clarke Quay

차이나타운 스트리트 마켓
**차이나타운역**
Chinatown

마리나 베이 샌즈 싱가포르,
더 숍스 앳 마리나 베이 샌즈,
가든스 바이 더 베이

**티옹바루역**
Tiong Bahru

**아웃트램파크역**
Outram Park

**맥스웰역**
Maxwell

**베이프론트역**
Bayfront

불아사, 맥스웰 푸드센터,
싱가포르 시티 갤러리

**가든 바이더베이역**
Gardens by the Bay
가든스 바이 더 베이,
마리나 배라지

**텔록에이어역**
Telok Ayer
라우 파 삿
사테 거리

**래플스플레이스역**
Raffles Place
머라이언 파크, 풀러턴 호텔,
아시아 문명 박물관

**하버프론트역**
Harbourfront

싱가포르의 지하철, MRT(Mass Rapid Transit)는 여행지 곳곳을 촘촘히 연결한다. 동서남북 방위에 따라 이름 붙인 6개의 노선에는 저마다 인기 관광지와 인접한 주요 역이 포진하고 있다. 이 책에 소개한 주요 역에 들렀다면 근처 인기 명소도 함께 방문해보면 어떨까.

타나메라역
Tanah Merah

싱가포르 창이 국제공항
엑스포역 Expo

페라나칸 하우스,
i12 카통
마린퍼레이드역
Marine Parade

### EWL 이스트 웨스트 라인 East West Line
싱가포르의 동쪽과 서쪽을 연결하는 노선으로, 창이 국제공항과 시내를 오갈 때 주로 이용한다. 타나메라역에서 갈아타면 시내로 이동할 수 있으며, 주요 관광 지역을 통과한다.
주요 역: 타나메라역, 부기스역, 시티홀역, 래플스플레이스역, 아우트램파크역, 티옹바루역

### DTL 다운타운 라인 Downtown Line
이스트 웨스트 라인과 마찬가지로 창이 국제공항과 시내를 연결하는 노선으로 엑스포역에서 갈아타면 된다.
주요 역: 부기스역, 프롬나드역, 텔록에이어역, 차이나타운역, 리틀인디아역, 뉴턴역

### NSL 노스 사우스 라인 North South Line
싱가포르의 MRT는 노스 사우스 라인의 단 5개 역으로 시작되었다. 현재는 여행객들이 가장 자주 이용하는 노선 중 하나다.
주요 역: 래플스플레이스역, 시티홀역, 도비고트역, 서머셋역, 오차드역, 뉴턴역

### NEL 노스 이스트 라인 North East Line
싱가포르 북동쪽 주거 지역을 리버사이드의 클라크 키, 차이나타운 등 도심과 연결하는 노선으로 자율 주행, 무인 대중교통 시스템으로 주목받는다. 싱가포르 남쪽 센토사섬의 관문인 하버프론트로 갈 때 유용하다.
주요 역: 하버프론트역, 아우트램파크역, 차이나타운역, 클라크키역, 도비고트역, 리틀인디아역

### CCL 서클 라인 Circle Line
이름 그대로 싱가포르 외곽 지역을 순환하는 노선이다. 하버프론트와 마리니 베이 구간은 2025년 완공 예정이다.
주요 역: 하버프론트역, 베이프론트역, 프롬나드역

### TEL 톰슨-이스트 코스트 라인
Thomson-East Coast Line
북쪽 지역과 공항 근처인 동쪽 지역을 연결하는 노선이다.
주요 역: 가든스바이더베이역, 맥스웰역, 아우트램파크역, 네이피어역

# Course 01

## 3박 5일, 기본 코스

싱가포르가 처음인 여행자들이 선호하는 일정은 3박 5일 또는 4박 6일이다. 4박 6일 기본 코스를 경험하고 싶은 여행자라면 3박 5일 코스에 센토사에서의 하루를 추가해보자.

» 싱가포르 항공편 정보 p.294

| 교통수단 | 🚶 도보 | 🚆 MRT | 🚗 택시/공유 차량 | 🚌 버스 | 🚝 모노레일 |

### DAY 1 한국 출발

- **23:35** 인천 국제공항 출발 → ✈ 약 6시간 30분(시차 -1시간)
  - \* 대한항공 기준(인천 출발, 2025년 4월)
  - \* 이 책에 소개된 3박 5일, 4박 6일 코스는 한국에서 출발하는 첫날, 싱가포르를 떠나는 마지막 날의 일정 모두 동일하다.

### DAY 2 싱가포르 도착/시빅 디스트릭트

- **05:00** 창이 국제공항 도착, 숙소로 이동 → 🚗 30~40분
- **07:00** 숙소에 짐 맡기고 잠시 휴식 → 🚆+🚶 10~30분
- **09:00** 와이와이 카페 디안에서 아침 식사 → 🚶 17분 또는 🚆+🚶 20분
- **10:30** 싱가포르 국립 박물관 돌아보기 → 🚶 9분
- **12:00** 차임스 1층 프리베에서 점심 식사 → 🚶 7분
- **13:30** 래플스 호텔 정문에서 도어맨과 사진 촬영&래플스 호텔 아케이드 구경 → 🚶 3분
- **14:00** 롱 바에서 싱가포르 슬링 맛보기 → 🚶 7분
- **15:30** 세인트 앤드류 성당 둘러보기 → 🚶 3분
- **16:00** 내셔널 갤러리 싱가포르에서 작품 감상 → 🚆+🚶 16분
- **19:00** 라우 파 삿 사테 거리에서 사테와 맥주

### DAY 3 마리나 베이

- **10:00** 가든스 바이 더 베이, 클라우드 포레스트와 플라워 돔 구경 → 🚶 5분
- **12:00** 쥬라식 네스트 푸드홀에서 점심 식사 → 🚶 13분
- **13:30** 마리나 배라지에서 마리나 베이 샌즈를 배경으로 사진 → 🚗 10분 또는 🚶 28분
- **15:00** 더 숍스 앳 마리나 베이 샌즈에서 쇼핑 → 더 숍스 1층으로 이동

| 17:30 | **블랙 탭 크래프트 버거스 앤 비어스**에서 저녁 식사 → 🚶11분 |
| 19:00 | **샌즈 스카이 파크 전망대**에서 야경 감상 → 🚶9분 |
| 20:00 | **스펙트라 라이트 앤 워터 쇼** 구경 → 🚶18분 |
| 20:45 | **가든 랩소디** 나이트쇼 즐기기 |

## DAY 4 뎀시 힐+오차드 로드+리버사이드

| 08:30 | 뎀시 힐, **피에스 카페**에서 아침 식사 → 🚗4분 또는 🚶18분 |
| 10:00 | **싱가포르 보태닉 가든** 산책 → 🚗8분 또는 🚌+🚶20분 |
| 11:30 | **아이온 오차드**에서 쇼핑 → 🚶3분 |
| 12:30 | **엉클 치엥** 노점에서 아이스크림 샌드위치 → 🚗9분 또는 🚌+🚶25분 |
| 13:00 | **머라이언 파크**에서 사진 찰칵 → 🚶6분 |
| 13:30 | **에스플러네이드 시어터스 온 더 베이** 구경 → 🚶16분 |
| 14:00 | **송 파 바쿠테**(본점)에서 점심 식사 → 🚶4분 |
| 15:30 | **클라크 키 센트럴**에서 쇼핑 → 클라크 키 센트럴 1층으로 이동 |
| 16:30 | **크래프트맨 커피**(클라크키센트럴점)에서 한잔의 여유 → 🚶5분 |
| 18:30 | **리버 크루즈** 타고 야경 감상 → 🚶4분 |
| 19:00 | **점보 시푸드**(리버사이드포인트점)에서 칠리크랩으로 저녁 식사 |

## DAY 5 싱가포르 출발/한국 도착

| 05:00 | 호텔 체크아웃 후 창이 국제공항으로 출발 → 🚗30~40분 |
| 05:30 | 창이 국제공항 도착 |
| 07:30 | 싱가포르 출발 |
| 15:00 | 인천 국제공항 도착 |

## +1 DAY 센토사 즐기기

| 10:00 | **유니버설 스튜디오 싱가포르** 즐기기 → 🚶4분 |
| 14:00 | **S.E.A. 아쿠아리움** 둘러보기 → 🚝센토사 익스프레스 10분 또는 🚌센토사 버스 A 13분 |
| 16:00 | **스카이라인 루지** 타기 → 🚶1분 |
| 17:30 | 해변의 **코스테스**에서 저녁 식사 → 🚶1분 |
| 19:40 | **윙스 오브 타임** 공연 감상 |

## Course 02
# 4박 6일, 부모님과 알차게 즐기는 여행

깨끗하고 안전한 싱가포르는 부모님과 함께 가기 좋은 여행지다. 주요 관광지가 모여 있는 시빅 디스트릭트와 마리나 베이를 중심으로 다문화 국가 싱가포르를 경험할 수 있는 지역들로 코스를 짜보자. 우리나라의 택시 요금과 비슷한 수준이므로 이동 수단으로는 택시를 권한다.

**DAY 1** 한국 출발

**DAY 2** 싱가포르 도착/시빅 디스트릭트+리버사이드

- **05:00** 창이 국제공항 도착, 숙소로 이동 → 🚗 30~40분
- **07:00** 숙소에 짐 맡기고 잠시 휴식 → 🚗+🚶 10~30분
- **09:00** 래플스 호텔 아케이드, **싱가포르 커피**에서 아침 식사 → 🚶 4분
- **10:30** **래플스 호텔** 정문에서 도어맨과 사진 촬영 → 🚗 6분 또는 🚶 12분
- **11:30** **내셔널 갤러리 싱가포르**에서 작품 감상 → 🚶 6분
- **13:30** **홀리크랩**에서 점심 식사 → 🚶 2분
- **15:30** **세인트 앤드류 성당** 둘러보기 → 🚶 8분
- **16:00** **푸난 몰**에서 쇼핑 → 🚶 5분
- **18:00** **올드 힐 스트리트 폴리스 스테이션** 배경으로 사진 → 🚶 9분
- **18:30** **리버 크루즈** 타고 싱가포르 야경 감상 → 🚶 6분
- **19:30** **송 파 바쿠테**(본점)에서 저녁 식사

**DAY 3** 캄퐁 글램+마리나 베이

- **10:00** **술탄 모스크** 구경 → 🚶 3분
- **11:00** **블랑코 코트 프라운 미**에서 새우국수로 식사 → 🚶 2분
- **12:00** **% 아라비카**(아랍스트리트점)에서 커피 한잔 → 🚶 1분
- **13:00** **하지 레인** 구경 → 🚗 11분
- **14:30** **가든스 바이 더 베이** 둘러보기 → 🚶 10분

- 17:00 더 숍스 앳 마리나 베이 샌즈에서 쇼핑 → 더 숍스 1층으로 이동
- 18:30 푸티엔(마리나베이샌즈점)에서 저녁 식사 → 🚶 3분
- 19:00 샌즈 스카이 파크 전망대에서 야경 → 🚶 12분 또는 🚌 6분
- 20:45 가든 랩소디 나이트쇼 즐기기

## DAY 4  오차드 로드+뎀시 힐

- 10:00 싱가포르 보태닉 가든 산책 → 🚌 8분 또는 🚌+🚶 20분
- 11:30 아이온 오차드에서 쇼핑 → 아이온 오차드 4층으로 이동
- 12:30 마멀레이드 팬트리(아이온오차드점)에서 점심 식사 → 🚶 3분
- 14:00 엉클 치엥 노점에서 아이스크림 샌드위치 → 🚶 1분
- 14:10 니안 시티와 다카시마야 백화점 구경 → 🚌 8분
- 16:00 뎀시 힐, 피에스 카페(하딩로드점)에서 음료 한잔 → 🚶 4분
- 17:30 캔들너트에서 저녁 식사

## DAY 5  차이나타운+티옹 바루

- 10:00 불아사 구경 → 🚶 3분
- 11:00 티 챕터에서 전통 차 즐기기 → 🚶 5분
- 12:30 동방미식에서 점심 식사 → 🚶 1분
- 13:30 차이나타운 스트리트 마켓에서 기념품 쇼핑 → 🚌 7분
- 14:30 티옹 바루의 캣 소크라테스(용시악점)에서 소품 구경 → 🚶 8분
- 16:00 티옹 바루 베이커리(본점)에서 커피 힌잔의 여유 → 🚶 1분
- 17:00 리틀 엘리펀트에서 저녁 식사

## DAY 6  싱가포르 출발/한국 도착

# Course 03
## 4박 6일, 친구·연인과 즐겁고 맛있는 여행

싱가포르에선 관광, 쇼핑, 미식 여행부터 낭만 여행까지 다채로운 경험이 가능하다. 소중한 친구 혹은 사랑하는 연인과 함께라면 즐길 거리와 추억은 배로 늘어난다.

**DAY 1** 한국 출발

**DAY 2** 싱가포르 도착/시빅 디스트릭트+마리나 베이

- 05:00 창이 국제공항 도착, 숙소로 이동 → 🚗 30~40분
- 07:00 숙소에 짐 맡기고 잠시 휴식 → 🚇+🚶 10~30분
- 08:30 야쿤 카야 토스트(본점)에서 아침 식사 → 🚶 14분
- 10:00 내셔널 갤러리 싱가포르에서 작품 감상 → 🚶 8분
- 12:00 래플스 호텔 정문에서 도어맨과 사진 촬영 → 🚶 3분
- 12:30 롱 바에서 싱가포르 슬링 맛보기 → 🚶 5분
- 14:00 홀리크랩에서 점심 식사 → 🚗 11분 또는 🚇+🚶 17분
- 15:30 가든스 바이 더 베이 돌아보기 → 🚶 10분
- 17:30 더 숍스 앳 마리나 베이 샌즈에서 쇼핑 → 더 숍스 지하 2층으로 이동
- 18:00 라사푸라 마스터스 푸드 코트에서 저녁 식사 → 🚶 3분
- 19:00 샌즈 스카이 파크 전망대에서 야경 → 🚶 9분
- 20:00 스펙트라 라이트 앤 워터 쇼 감상 → 🚶 18분
- 20:45 가든 랩소디 나이트쇼 즐기기

**DAY 3** 뎀시 힐+오차드 로드+리틀 인디아+리버사이드

- 08:30 뎀시 힐, 피에스 카페에서 아침 식사 → 🚗 4분 또는 🚶 18분
- 10:00 싱가포르 보태닉 가든 산책 → 🚇 8분 또는 🚇+🚶 20분
- 11:30 아이온 오차드에서 쇼핑 → 🚶 3분

| 12:30 | **엉클 치엥** 노점에서 아이스크림 샌드위치 → 🚗11분 또는 🚌+🚶23분 |
| 13:30 | **섬 딤섬**에서 점심 식사 → 🚶7분 |
| 15:00 | **어사일럼 커피하우스**에서 커피 한잔의 여유 → 🚶8분 |
| 16:30 | **무스타파센터**에서 기념품 쇼핑 → 🚗12분 또는 🚌+🚶25분 |
| 18:00 | **머라이언 파크**에서 사진 찰칵 → 🚶1분 |
| 18:30 | **워터비** 타고 노을 감상 → 🚶15분 |
| 19:30 | **송 파 바쿠테**(본점)에서 저녁 식사 → 🚗7분 |
| 21:00 | **라우 파 삿 사테 거리**에서 사테와 맥주 |

**DAY 4**  **티옹 바루+차이나타운+캄퐁 글램+부기스**

| 10:30 | **티옹 바루 베이커리**(본점)에서 아침 식사 → 🚶6분 |
| 12:00 | **캣 소크라테스**(용시악점)에서 쇼핑 → 🚗8분 또는 🚌+🚶22분 |
| 13:00 | **동방미식**에서 점심 식사 → 🚶1분 |
| 14:30 | **차이나타운 스트리트 마켓**에서 기념품 쇼핑 → 🚶1분 |
| 15:00 | **미향원**(차이나타운아웃렛점)에서 망고 빙수 맛보기 → 🚌+🚶23분 또는 🚌+🚶26분 |
| 16:00 | **하지 레인**에서 쇼핑 → 하지 레인의 음식점으로 이동 |
| 17:30 | **매드 피자**에서 저녁 식사 → 🚶6분 |
| 19:00 | 지금 가장 핫한 **아틀라스**에서 칵테일 |

**DAY 5**  **센토사**

| 10:00 | **유니버설 스튜디오 싱가포르** 즐기기 → 🚶4분 |
| 14:00 | **S.E.A. 아쿠아리움** 둘러보기 → 🚌센토사 익스프레스 10분 또는 🚌센토사 버스 A 13분 |
| 16:00 | **스카이라인 루지** 타기 → 🚌비치 셔틀 5분 |
| 17:30 | **탄종 비치 클럽**에서 저녁 식사&칵테일 |

**DAY 6**  **싱가포르 출발/한국 도착**

# Course 04

## 4박 6일, 아이와 테마파크부터 동물원까지

즐길 거리가 다양해 가족 여행지로 사랑받고 있는 싱가포르. 센토사섬은 도심과 멀지 않아 당일치기로도 다녀올 수 있지만, 여유로운 시간을 보내고 싶다면 1박을 권한다. 만다이 야생동물 보호구역은 싱가포르 북부에 위치해 시내에서 차로 30분 이상 걸리지만, 인간 중심의 동물원이 아닌 새로운 개념의 테마파크를 보여준다.

### DAY 1  한국 출발

### DAY 2  싱가포르 도착/시빅 디스트릭트+마리나 베이

- **05:00**  창이 국제공항 도착, 숙소로 이동 → 🚗 30~40분
- **07:00**  숙소에 짐 맡기고 잠시 휴식 → 🚗+🚶 10~30분
- **10:00**  **선텍 시티 몰**에서 아침 식사 → 선텍 시티 몰 시티버스 정류장으로 이동
- **11:00**  **싱가포르 덕 투어** → 🚗 5분 또는 🚶 14분
- **12:30**  **민트 장난감 박물관** 구경 → 🚶 1분
- **13:30**  **래플스 호텔** 정문에서 도어맨과 사진 촬영 → 🚗+🚶 18분 또는 🚗+🚶 25분
- **14:00**  **블랙 탭 크래프트 버거스 앤 비어스**에서 점심 식사 → 더 숍스 지하 2층으로 이동
- **15:00**  **삼판 라이드, 디지털 라이트 캔버스** 체험 → 🚶 12분
- **16:30**  **가든스 바이 더 베이** 구경 → 🚶 5분
- **18:30**  **쥬라식 네스트 푸드홀**에서 저녁 식사 → 🚶 3분
- **19:45**  **가든 랩소디** 나이트쇼 즐기기

### DAY 3  마리나 베이+센토사

- **10:00**  대관람차 **싱가포르 플라이어** 타기 → 🚗+🚶 30분 또는 🚗 30분
- **12:00**  하버프론트 비보시티 도착, **댄싱 크랩**에서 점심 식사 → 🚃 센토사 익스프레스 20분
- **14:00**  **어드벤처 코브 워터파크**에서 물놀이 → 🚃 센토사 익스프레스 24분 또는 🚌 센토사 버스 A 30분
- **18:00**  **트라피자**에서 저녁 식사

**DAY 4**    센토사

- 10:00   **유니버설 스튜디오 싱가포르** 즐기기 → 🚶 4분
- 14:00   **S.E.A. 아쿠아리움** 구경 → 🚌 센토사 익스프레스 10분 또는 🚌 센토사 버스 A 13분
- 16:00   **스카이라인 루지** 타기 → 🚶 1분
- 17:30   **코스테스**에서 저녁 식사 → 🚶 1분
- 19:40   **윙스 오브 타임** 공연 감상

**DAY 5**    만다이 야생동물 보호구역

- 09:00   **버드 파라다이스** 입장
- 09:30   찌르레기 먹이 주기 프로그램(예약 필수)
- 10:30   날개 위의 포식자 공연 → 🚌 만다이 카팁 셔틀버스로 6분
- 13:00   **싱가포르 동물원** 입장
- 14:15   얼룩말 먹이 주기 프로그램(예약 필수)
- 17:00   스플래시 사파리 공연 → 🚶 2분
- 19:15   **나이트 사파리** 입장, 트램 타고 한 바퀴
- 20:00   트와일라잇 퍼포먼스 관람
- 20:30   크리처스 오브 더 나이트 공연(2시간 전 예약 필수)

**DAY 6**    싱가포르 출발/한국 도착

# Course 05

## 2박 3일, 재방문자를 위한 색다른 여행

첫 여행이 주요 관광지 위주로 돌아보는 일정이었던 재방문자를 위해 싱가포르의 다양한 문화와 음식을 즐길 수 있는 코스를 소개한다.

### DAY 1  차이나타운+티옹 바루

- **09:00** 불아사 방문 → 🚶 4분
- **10:00** 싱가포르 시티 갤러리 구경 → 🚶 2분
- **11:00** 북스 비욘드 보더스에서 책 구매 → 🚶 6분
- **11:30** 동북소주에서 점심 식사 → 🚶 5분
- **13:00** 차이나타운 스트리트 마켓에서 기념품 쇼핑 → 🚶 1분
- **13:30** 미향원(차이나타운아웃렛점)에서 망고 빙수 맛보기 → 🚌 19분
- **15:00** 티옹 바루 도착, 캣 소크라테스(용시악점)에서 소품 구경 → 🚶 8분
- **16:00** 티옹 바루 베이커리(본점)에서 커피 타임 → 🚶 1분
- **17:30** 신 호 사이 시푸드 레스토랑에서 칠리크랩

### DAY 2  캄퐁 글램+부기스+리틀 인디아

- **10:00** 술탄 모스크 방문 → 🚶 4분
- **11:00** 블랑코 코트 프라운 미에서 새우국수 → 🚶 1분
- **12:00** 하지 레인에서 쇼핑 → 🚌 17분 또는 🚌🚶 25분
- **14:00** 체셍홧 하드웨어에서 커피 타임 → 🚶 12분
- **15:30** 롱산시 사원과 사캬무니 붓다 가야 사원 방문 → 🚶 11분
- **16:30** 무스타파센터에서 기념품 쇼핑 → 🚶 5분
- **18:30** 섬 딤섬(잘란베사르점)에서 저녁 식사

### DAY 3  카통+이스트 코스트

- **09:00** 친미친 컨펙셔너리에서 아침 식사 → 🚶 11분
- **10:00** 카통 산책, 페라나칸 하우스를 배경으로 사진 → 🚶 11분
- **12:00** 328 카통 락사(본점)에서 점심 식사 → 🚶 1분
- **13:00** 버드 오브 파라다이스 젤라토 부티크(본점)에서 아이스크림 → 🚌 8분 또는 🚶 15분
- **14:00** 이스트 코스트 파크에서 자전거 타기    공원 내 야외 호커센터로 이동
- **17:00** 이스트 코스트 라군 푸드 빌리지에서 저녁 식사

# Course 06

## 1박 2일, 스톱오버 여행자의 특별한 여정

싱가포르는 발리나 몰디브로 떠날 때 인기 있는 스톱오버 여행지다. 잠시 체류하는 여행자를 위해 알짜배기 코스를 소개한다. 일정이 빡빡할 수 있으니 한두 곳은 생략하는 것도 괜찮다.

### DAY 1　시빅 디스트릭트+마리나 베이

- **09:00**　**와이와이 카페 디안**에서 아침 식사 → ⚐3분
- **10:30**　**래플스 호텔** 정문에서 도어맨과 사진 촬영 → ⚐3분
- **11:00**　**롱 바**에서 싱가포르 슬링 맛보기 → ⚐4분
- **12:30**　**프리베**(차임스점)에서 점심 식사 → ⚐6분
- **13:30**　**내셔널 갤러리 싱가포르** 방문 → 🚗11분 또는 🚇22분
- **15:30**　**가든스 바이 더 베이** 둘러보기 → ⚐10분, 더 숍스 앳 마리나 베이 샌즈 1층
- **17:30**　**블랙 탭 크래프트 버거스 앤 비어스**에서 저녁 식사 → ⚐11분
- **19:00**　**샌즈 스카이 파크 전망대**에서 야경 감상 → ⚐9분
- **20:00**　**스펙트라 라이트 앤 워터 쇼** 관람 → ⚐18분
- **20:45**　**가든 랩소디** 나이트쇼 즐기기

### DAY 2　뎀시 힐+오차드 로드+리버사이드

- **08:30**　**뎀시 힐, 피에스 카페**에서 아침 식사 → 🚗4분 또는 ⚐18분
- **10:00**　**싱가포르 보태닉 가든** 산책 → 🚗8분 또는 🚇+⚐20분
- **11:30**　**아이온 오차드**에서 쇼핑 → ⚐3분
- **12:30**　**엉클 치엥** 노점에서 아이스크림 샌드위치 → 🚗13분 또는 🚇+⚐25분
- **13:00**　**머라이언 파크**에서 사진 찍기 → ⚐6분
- **13:30**　**에스플러네이드 시어터스 온 더 베이** 방문 → ⚐16분
- **14:00**　**송 파 바쿠테**(본점)에서 점심 식사 → ⚐4분
- **15:30**　**클라크 키 센트럴**에서 쇼핑 → 클라크 키 센트럴 1층으로 이동
- **16:30**　**크래프트맨 커피**(클라크키센트럴점)에서 쉬어가기 → ⚐5분
- **18:00**　**올드 힐 스트리트 폴리스 스테이션**에서 사진 찰칵 → ⚐4분
- **18:30**　**리버 크루즈** 타고 야경 감상 → ⚐4분
- **19:00**　**점보 시푸드**(리버사이드포인트점)에서 저녁 식사 → ⚐9분
- **21:00**　**사우스브리지**에서 칵테일로 하루 마무리

## Area 01

### 싱가포르 여행의 시작
### 시빅 디스트릭트
### &마리나 베이

# Civic District
# & Marina Bay

*Intro & Access*

# 시빅 디스트릭트 & 마리나 베이로의 여행

고층 건물과 문화유산이 공존하는 '시빅 디스트릭트(Civic District)'는 싱가포르의 중심지이자 싱가포르 여행의 하이라이트다. 구시가지를 뜻하는 '올드 시티(Old City)'로 익숙한 곳이기도 하다. 자료마다 차이가 있어 정확한 지역의 경계를 나누기가 쉽지 않지만 이 책에서는 MRT 시티홀역 일대와 싱가포르 강변 일부, 세계적인 금융 회사가 모여 있는 래플스플레이스역 근처를 통칭해 '시빅 디스트릭트'라고 하겠다.
'마리나 베이(Marina Bay)'는 대대적인 간척 사업으로 탄생한 지역이다. 싱가포르는 땅이 부족한 도시국가의 특성 때문에 바다를 매립해 땅을 넓혀 왔고 마리나 베이라는 놀라운 결과를 만들어냈다. 마리나 베이의 중심에는 마리나 베이 샌즈(Marina Bay Sands)가 있는데, 호텔과 쇼핑몰 등을 포함한다. 싱가포르 최대 규모의 인공 정원인 가든스 바이 더 베이(Gardens by the Bay) 역시 마리나 베이를 빛나게 하는 명소다.

## Access 시빅 디스트릭트
시빅 디스트릭트의 일부 주요 역은 마리나 베이의 스폿과 인접해 있다.

### 🚇 MRT 주요 역
**시티홀**(City Hall)
**래플스플레이스**(Raffles Place)
**브라스바사**(Bras Basah)
**에스플러네이드**(Esplanade)
**프롬나드**(Promenade)

### 🎯 주요 관광지
**내셔널 갤러리 싱가포르**
🚶 시티홀역 출구 B에서 도보 5분

**싱가포르 국립 박물관**
🚶 브라스바사역 출구 C에서 도보 3분

## Access 마리나 베이
마리나 베이 일대는 주요 역에서 도보로 이동 가능하다.

### 🚇 MRT 주요 역
**마리나베이**(Marina Bay)
**베이프런트**(Bayfront)
**가든스바이더베이**(Gardens by the Bay)
**래플스플레이스**(Raffles Place)

### 🎯 주요 관광지
**마리나 베이 샌즈**
🚶 베이프런트역 출구 C, D와 바로 연결

**가든스 바이 더 베이**
🚶 가든스바이더베이역 1번 출구에서 도보 5분

**머라이언 파크**
🚶 래플스플레이스역 출구 B에서 도보 7분

## Theme 01

# 유서 깊은 박물관과 공연장
# 시빅 디스트릭트로 떠나는
# 문화 예술 여행

시빅 디스트릭트 지역은 싱가포르의 모든 순간을 간직한 곳이다. 이 지역에는 싱가포르에서 가장 유서 깊은 건축물이 모여 있는데, 이것은 싱가포르 건국의 아버지인 래플스 경의 도시계획(Plan of the Town of Singapore)과 연관이 깊다. 래플스 경은 도시의 기능적 특성을 최대한 살려 지역을 구획화하면서 무역의 중심지였던 싱가포르강 일대에 관공서와 정부 기관을 배치했다. 이후 이곳은 현재까지 싱가포르의 정치와 경제, 문화의 중심지 역할을 하고 있다.

또한 이 지역에는 19세기 영국 식민지 시대의 유산과 함께 싱가포르 고유의 문화 예술을 즐길 수 있는 박물관과 미술관, 예술센터가 옹기종기 자리한다. 걷다 보면 어느새 다음 목적지에 닿을 정도로 문화유산의 밀도가 높다.

동아시아 현대 예술의 정점을 보여주는 내셔널 갤러리부터 싱가포르 다문화의 상징인 페라나칸 박물관까지 다채로운 공간들을 소개한다. 다양한 문화, 다양한 시간대가 공존하는 지금의 싱가포르를 이해하기에 더없이 좋은 시간이 될 것이다.

## Pick 내셔널 갤러리 싱가포르 National Gallery Singapore

Sightseeing 01

눈길 닿는 모든 곳이 포토 스폿!

싱가포르의 역사, 문화, 예술을 소개하는 건축물이 모여 있는 시빅 디스트릭트에서도 유독 돋보이는 곳으로 2015년에 문을 열었다. 19세기부터 현재에 이르기까지 동아시아 현대 예술 작품을 두루 만날 수 있는 싱가포르 최고의 박물관으로 손꼽힌다. 과거 시청과 대법원으로 쓰였던 두 건물을 시티홀 윙(City Hall Wing)과 슈프림 코트 윙(Supreme Court Wing)으로 복원했다. 이곳을 제대로 둘러보려면 최소 반나절은 필요하다. 영어 도슨트 투어를 비롯해 다양한 프로그램과 이벤트를 진행하며 레스토랑, 갤러리 숍 등의 시설을 갖추고 있다.

📍 1 St Andrew's Rd, Singapore 178957  🚶 MRT 시티홀역 출구 B에서 도보 5분  🕐 매일 10:00~19:00(마지막 입장 18:30)  🎫 성인 입장권 S$20, 특별 전시권 S$25, 입장+특별 전시권 S$30/7~12세·60세 이상 입장권 S$15, 특별 전시권 S$20, 입장+특별 전시권 S$25/6세 이하 무료  🌐 nationalgallery.sg
📷 nationalgallerysingapore  🗺 p.64-B3

## 내셔널 갤러리 싱가포르의 대표작

### 산불(Boschbrand, Forest Fire)

"현대 인도네시아 회화의 아버지"로 불리는 라덴 살레(Raden Saleh)의 대표작이자 그가 그린 가장 규모가 큰 작품이다. 불길에 쫓겨 절벽 끝까지 몰린 야생동물의 모습을 극적으로 표현한 작품으로, 동물들의 절박한 표정과 빛과 어둠의 극적 대비가 삶과 죽음에 대해 다시금 생각하게 한다.

🚶 슈프림 코트 윙 3층, UOB 사우스이스트 아시아 갤러리 2관

### 국어 수업(National Language Class)

중국에서 태어나 싱가포르로 이주한 사실주의적 화가 추아 미아 티(Chua Mia Tee)의 대표작. 1959년 싱가포르의 자치권 획득을 기념해 그린 민족적 정서를 담은 작품으로, 싱가포르 국어로 새롭게 지정된 말레이어를 배우는 중국계 학생들의 이야기를 담고 있다.

🚶 시티홀 윙 2층, DBS 싱가포르 갤러리 2관

---

### Tips. 내셔널 갤러리 싱가포르 제대로 즐기기

입구에서 받은 입장권 스티커를 옷에 붙인 뒤 슈프림 코트 윙으로 이동하자. 슈프림 코트 윙 1층부터 시작해 5층까지 관람한 다음 연결 나리로 시티홀 윙으로 이동해 갤러리 관별로 차근차근 감상하며 내려오면 된다.

① 짐이 무겁다면 시티홀 윙 지하 1층 로커를 이용하자.(보증금 S$1)
② 사진 촬영 가능, 플래시는 금지.
③ 갤러리 익스플로러 앱(Gallery Explorer App)에서 작품 설명을 들을 수 있다.
④ 추천 투어
　· 빌딩 하이라이트(Building Highlights): 영어로 신행, 입장권 없이 현장 등록.
　　◉ 목~일요일 10:30(약 60분 소요)
　· 갤러리 하이라이트(Highlights of the Gallery): 영어로 진행, 입장권 지참 후 현장 등록.
　　◉ 매일 11:00, 월~수요일 15:00(약 90분 소요)

## 싱가포르 국립 박물관 National Museum of Singapore
**이 땅의 기원을 찾아서**

Sightseeing 02

1887년에 개관한 싱가포르에서 가장 유서 깊은 박물관. 신고전주의 양식의 흰색 건물로 싱가포르의 기원인 싱가푸라 왕국부터 현재까지의 역사와 문화를 다양한 시선으로 보여준다. 시대별 유물과 미술품, 공예품을 전시한 1층 싱가포르 역사 갤러리가 볼 만하다. 상설 전시와 어린이 프로그램 정보는 홈페이지에서 확인하자.

📍 93 Stamford Road, Singapore 178897  🚇 MRT 벤쿨렌역 출구 C에서 도보 3분, 브라스바사역 출구 C에서 도보 3분  🕐 매일 10:00~19:00(마지막 입장 18:30), 매월 둘째 주 목요일 11:30 한국어 가이드 투어  🎫 성인 S$10, 학생증 소지자·60세 이상 S$7, 6세 이하 무료  🌐 nhb.gov.sg/nationalmuseum  📷 natmuseum_sg  📖 p.64-B1

---

## Pick 아시아 문명 박물관 Asian Civilisations Museum
**싱가포르 3대 국립 박물관**

Sightseeing 03

아시아 전역의 유물 보존을 목적으로 1867년에 설립했다. 싱가포르 외에도 중국, 동남아시아, 서남아시아, 중동에 이르기까지 국가별 시대상과 특성을 한눈에 파악할 수 있도록 구성했다. 총 3층 규모로 1층에는 해상무역 예술품, 2~3층에는 종교와 의복, 장신구, 도자기 관련 소장품이 전시되어 있다. 공간별 꼭 봐야 할 작품을 '디렉터스 픽(Director's pick)'으로 선정해두어 관람에 도움이 된다.

📍 1 Empress Pl, Singapore 179555  🚇 MRT 래플스플레이스역 출구 H에서 도보 6분  🕐 월~목요일·토~일요일 10:00~19:00, 금요일 10:00~21:00  🎫 성인 S$25, 학생증 소지자·60세 이상 S$20, 6세 이하 무료  🌐 nhb.gov.sg/acm  📷 acm_sg  📖 p.64-B3

## 페라나칸 박물관 Peranakan Museum
### 샐러드 볼처럼 다채로운 싱가포르를 만나다

Sightseeing 04

흔히 싱가포르를 각각의 재료가 살아 있는 '샐러드 볼'에 비유하곤 한다. 4년간의 보수 공사 끝에 2023년 재개관한 이곳은 싱가포르만의 혼합 문화 개념인 '페라나칸(Peranakan)'을 알리기 위한 공간이다. 중국을 비롯한 세계 각지에서 이주해온 외국인과 말레이반도 원주민 사이에서 태어난 '페라나칸'을 통해 다인종·다문화·다종교가 고유성을 유지하며 공존하는 지금의 싱가포르를 이해하게 한다. 총 3층 규모의 전시실에서 800점이 넘는 예술·패션·공예 컬렉션을 선보인다.

📍 39 Armenian St, Singapore 179341 🚇 MRT 시티홀역 출구 D에서 도보 6분, 브라스바사역 출구 B에서 도보 4분, 벤쿨렌역 출구 C에서 도보 6분 🕐 월~목요일·토~일요일 10:00~19:00, 금요일 10:00~21:00 💰 성인 S$18, 학생증 소지자·60세 이상 S$12, 6세 이하 무료 ✈ nhb.gov.sg/peranakanmuseum
📷 peranakanmuseum 🗺 p.64-B3

## Pick 에스플러네이드 시어터스 온 더 베이
### Esplanade-Theatres on the Bay
두리안을 꼭 닮은 싱가포르 '예술의 전당'

Sightseeing 05

싱가포르를 문화와 공연, 예술의 중심지로 만들고자 정부가 설립한 종합 예술 공간. 마리나 베이 샌즈가 한눈에 보이는 야경 명소이기도 하다. 1600석 규모의 콘서트홀과 1900명을 수용할 수 있는 극장에서 오페라, 발레, 뮤지컬, 실내악, 연극 등 각종 공연이 열린다. 주말에는 극장 앞 야외무대에서 무료 공연이 펼쳐진다. 자세한 일정은 홈페이지에서 확인할 것.

📍 1 Esplanade Drive, Singapore 038981 🚇 MRT 에스플러네이드역 출구 E에서 도보 6분, 시티홀역 출구 C에서 도보 6분 🕐 매일 08:00~23:30(티켓 오피스 12:00~20:00) 💰 무료/공연별 티켓 가격 상이 ✈ esplanade.com
📷 esplanadesingapore 🗺 p.64-C3

### Sightseeing 06

## 더 아트 하우스 The Arts House
**식민 통치의 상징이 문화 공간으로**

구 국회의사당. 의회 의원들이 모여 정책을 논의하던 체임버홀은 공연장으로, 싱가포르 최초의 법정 사건이 열린 플레이 덴은 소규모 극장으로 변모했다.

📍 1 Old Parliament Ln, Singapore 179429 🚶 MRT 시티홀역 출구 B에서 도보 8분, 래플스플레이스역 출구 H에서 도보 9분
🕐 매일 10:00~21:00 🎫 무료/공연별 티켓 가격 상이
✈ artshouselimited.sg/tah  theartshouse 📖 p.64-B3

### Sightseeing 07

## 레드닷 디자인 박물관
Red Dot Design Museum
**마리나 베이의 탁 트인 전망과 함께**

레드닷 디자인 어워드(Red Dot Design Award)에서 수상한 아름답고 기발한 생활용품을 전시한다.

📍 11 Marina Blvd, Singapore 018906 🚶 MRT 베이프런트역 출구 E에서 도보 4분 🕐 월~금요일 11:00~19:00, 토~일요일 10:00~19:00 💰 S$12(1층 숍에서 사용할 수 있는 S$5 쇼핑 바우처 포함), 6세 이하 무료 ✈ museum.red-dot.sg
 designmuseumshop 📖 p.66-A3

## 빅토리아 극장과 콘서트홀 Victoria Theatre & Concert Hall
**공간이 곧 예술**

### Sightseeing 08

1862년 작은 마을 회관에서 시작해 에스플러네이드가 생기기 전까지 싱가포르의 문화 예술 공연의 주축이 되었던 곳이다. 2014년 재개관 이후 최고의 음향 시설을 갖추며 싱가포르 교향악단의 주 공연장으로 사용 중이다. 외관이 아름다울 뿐 아니라 공연장 앞 잔디밭에서 쉬어가기 좋아 공연이 없어도 방문할 만하다.

📍 9 Empress Pl, Singapore 179556
🚶 MRT 시티홀역 출구 B에서 도보 9분, 래플스플레이스역 출구 H에서 도보 9분
🕐 매일 10:00~21:00 🎫 무료/공연별 티켓 가격 상이 ✈ artshouselimited.sg/vtvch 📖 p.64-B3

## Theme 02

# 싱가포르 여행의 판도를 바꾸다
# 마리나 베이 샌즈 산책

마리나 베이 샌즈에는 호텔과 초대형 쇼핑몰, 카지노 등 다양한 건축물이 모여 있어 볼거리와 즐길 거리가 넘쳐난다. 그럼에도 마리나 베이 샌즈 하면 떠오르는 곳은 미국의 카지노 리조트 회사 라스베이거스 샌즈(Las Vegas Sands)사가 운영하는 복합 리조트 마리나 베이 샌즈 싱가포르다.

3개의 호텔 타워가 떠받드는 샌즈 스카이 파크 전망대와 인피니티 풀의 아찔한 풍경은 이곳을 세계적인 관광지로 만든 일등 공신이다. 이곳을 설계한 이스라엘 출신 건축가 모셰 사프디(Moshe Safdie)조차 피사의 사탑보다 10배나 더 기울어진 200m 높이의 건물들 위에 에펠탑만큼 길고 물이 가득 담긴 건물을 얹을 수 있을 거라 장담하지 못했다고 한다. 이렇듯 유래를 찾기 힘든 고난도 프로젝트를 구현한 게 바로 한국 기업이었다는 사실은 더욱 놀랍다. 이는 국내 건설사가 해외에서 수주한 단일 프로젝트 중 최대 규모로 알려져 있다.

### Pick 마리나 베이 샌즈 싱가포르 Marina Bay Sands Singapore

Sightseeing 09

**이 도시의 스카이라인 그 자체!**

싱가포르를 상징하는 랜드마크답게 만만치 않은 가격에도 2500여 개의 객실이 거의 찬다. 56층 샌즈 스카이 파크에 올라가면 전망대, 레스토랑과 바, 인피니티 풀 중 어디에서도 하늘과 맞닿는 듯한 전망을 즐길 수 있다. 인피니티 풀은 투숙객만 입장 가능하지만 다른 시설들은 누구나 이용 가능하다. 2025년에 네 번째 타워와 공연장을 추가로 건설할 계획이라니 마리나 베이 싱가포르는 진화하는 싱가포르의 현재임이 분명하다.

📍 10 Bayfront Ave., Singapore 018956  🚶 MRT 베이프런트역 출구 C, D와 연결  🛏 호텔 1박 샌즈 프리미어 룸 S$680~(날짜에 따라 가격 상이)  🌐 ko.marinabaysands.com  📷 marinabaysands
📖 p.66-B3

**TIPS. 할인 혜택이 팡팡! 마리나 베이 샌즈 멤버십**

마리나 베이 샌즈 싱가포르 앱(Marina Bay Sands Singapore App)에서 회원 가입 후 샌즈 라이프스타일 카운터에서 실물 카드를 발급하면 회원 등급이 '라이프 스타일'에서 '프리스티지'로 승급된다. 단, 신한카드 또는 마스터 신용카드 소지 시에만 적용되며, 신한카드의 경우 당일 구매 영수증을 제시해야 한다. 호텔과 스파는 물론 250개 이상의 매장, 레스토랑, 엔터테인먼트 시설 등에서 적립이 가능하며 다양한 혜택이 주어진다. 자세한 내용은 공식 홈페이지 혹은 앱에서 확인 가능.

· **현장 카운터 위치**: 호텔 타워 1 로비, 더 숍스 지하 1층(삼판라이드 위), 더 숍스 지하 2층(디지털 라이트 캔버스 근처).
· **라이프 스타일 멤버십 주요 혜택**: 샌즈 스카이 파크 전망대, 삼판 라이드, 디지털 라이트 캔버스, 아트 사이언스 뮤지엄 전시 티켓 30% 할인 등.
· **프리스티지 멤버십 주요 혜택**: 샌즈 스카이 파크 전망대, 삼판 라이드, 디지털 라이트 캔버스 무료 티켓 1매, 아트 사이언스 뮤지엄 전시 티켓 1+1 등.

---

### 마리나 베이 샌즈의 추천 스폿

## 샌즈 스카이 파크 전망대 Sands Sky Park Observation Deck
**도심 속 가장 아름다운 일출과 일몰**

마리나 베이 샌즈 56층에서 싱가포르의 전역을 360°로 조망할 수 있다. 가든스 바이 더 베이를 비롯해 싱가포르 플라이어, 에스플러네이드 시어터스 온 더 베이 등 랜드마크가 한눈에 들어온다. 일출 요가, 소리 명상, 고강도 트레이닝 등 다양한 유료 프로그램도 열린다. 입장권은 공식 홈페이지와 마리나 베이 샌즈 앱에서 구매할 수 있다. 일몰 시간대는 예약 필수.

🚶 마리나 베이 샌즈 호텔 타워 3에서 56층으로 이동  🕐 10:00~22:00  ⊙ 오프피크 시간(10:00~16:30, 마지막 입장 16:00) 성인 S$35, 2~12세·65세 이상 S$31/피크 시간(17:00~22:00, 마지막 입장 21:30) 성인 S$39, 2~12세·65세 이상 S$35
📡 ko.marinabaysands.com/attractions/sands-skypark.html

## Pick 더 숍스 앳 마리나 베이 샌즈 The Shoppes at Marina Bay Sands   Shopping 01

**24시간이 모자란 쇼핑 천국!**

마리나 베이 샌즈 호텔과 연결된 초대형 쇼핑몰로 170여 개의 세계적인 프리미엄 브랜드와 디자이너 브랜드, 합리적인 가격의 SPA 브랜드 매장이 공존한다. 세계 유일 수상 부티크 매장인 '루이 비통 아일랜드 메종'과 물 위에 떠 있는 돔 형태의 '애플스토어'는 더 숍스 지하 2층에서 연결된다. 쇼핑몰뿐만 아니라 최고급 레스토랑부터 가성비 좋은 푸드 코트가 펼쳐져 있다.

8 Bayfront Ave., Singapore 018955  MRT 베이프런트역과 연결, 도보 3분  매일 10:00~22:00
ko.marinabaysands.com/shopping.html  p.66-B2

### 층별 주요 매장

| 층 | 상점 | 레스토랑&카페 |
|---|---|---|
| 2층 |  | 와쿠 긴 바이 테쓰야 와쿠다 |
| 1층 | 랄프 로렌, 클럽21, 겐조, 라 메르, 르 라보, 미우미우 | % 아라비카, 블랙 탭 크래프트 버거 앤 비어, 브레드 스트리트 키친 바이 고든 램지, 컷 바이 울프강 퍽, 칸톤 파라다이스, 다 파올로 게스트로노미아, 푸티엔, 소 포 |
| B1 | 팬디, 끌로에, 발렌시아가, 발망, 보테가 베네타, 부쉐론, 버버리, 불가리, 까르띠에, 셀린느, 샤넬, 디올, 페라가모, 지방시, 구찌, 에르메스, 라이카, 루이 비통 | 브레드토크, 딘다이펑, 점보 시그니처스, 토스트 박스 |
| B2 | 오메가, 아크네 스튜디오, 아디다스, 이솝, 발리, 배스 앤 바디 웍스, 보스, 찰스앤키스, 코스, 디올, 젠틀 몬스터, 지미 추, 룰루레몬, 폴로, 프라다, 세포라, 티파니앤코, 애플 | 바샤 커피, 잇푸도, 피에스 카페, 라사푸라 마스터스, TWG Tea 살롱 앤 부티크 |

## 더 숍스의 추천 스폿

### 삼판 라이드 Sampan Ride
**쇼핑몰에 흐르는 뱃사공의 세레나데**

'나무판 3개로 만든 배'를 일컫는 광둥어 '삼판(三板)'을 현대식으로 풀어낸 어트랙션. 삼판 보트를 타고 30분가량 더 숍스의 운하를 즐길 수 있어 가족 여행객에게 인기 만점이다. 실내 폭포인 레인 오큘러스를 돌아보는 투어도 운영한다. 신장 85cm 미만 어린이와 임산부는 탑승이 제한된다.

🚶 더 숍스 지하 2층, MRT 베이프런트역 출구 D 앞
🕐 11:00~21:00(마지막 티켓 20:30) 🎫 삼판 보트 라이드 S$15(멤버십 할인가 S$10), 아이 오브 워터폴(Eye of Waterfall) S$18(멤버십 할인가 S$15)
🔗 ko.marinabaysands.com/attractions/sampan-rides.html

### 레인 오큘러스 Rain Oculus
**쇼핑몰에 운하를 만들 수 있었던 비밀**

환경 예술가 네드 칸(Ned Kahn)이 설계한 친환경 구조물로 삼판 보트가 다니는 운하를 채우고 전체 쇼핑몰에서 재활용할 빗물을 모으는 역할을 한다. 특정 시간이면 2층 높이에서 22m 너비의 아크릴 돔에 담겨 있던 2만 2000ℓ의 물이 폭포처럼 쏟아지는 장관을 볼 수 있다.

🚶 더 숍스 중앙 🕐 10:00/13:00/15:00/17:00/20:15/21:30/23:00 🎫 무료

## 더 숍스의 추천 스폿

### 디지털 라이트 캔버스 Digital Light Canvas
**상상 속 그림이 살아 움직인다!**

동물, 식물, 꽃 등 종이에 원하는 것을 그리면 원형 바닥의 LED 영상이 캔버스가 되어 환상적인 미디어 아트로 구현된다. 눈앞에 펼쳐지는 디지털 황홀경에 어린이 관객의 반응이 좋다. 13세 미만은 보호자와 함께 입장해야 한다.

♦ 더 숍스 지하 2층 라사푸라 마스터스 옆 ⏰ 11:00~21:00(마지막 티켓 판매 20:00) 💰 S$12(멤버십 회원시 S$8.55)/아트 사이언스 뮤지엄 〈퓨처 월드〉 티켓 소지자 S$7/2세 미만 무료 ➤ ko.marinabaysands.com/attractions/digital-light-canvas.html

### 샌즈 극장 Sands Theatre
**인기 뮤지컬부터 실험적인 공연까지**

더 숍스에 자리한 극장으로 규모에 걸맞은 최첨단 음향과 조명 시설이 갖춰져 있다. 인기 뮤지컬과 콘서트 등 다양한 장르의 공연이 열린다. 일정은 홈페이지에서 확인할 수 있다.

♦ 더 숍스 1층 💰 공연별 상이 🚫 무휴 💺 공연과 좌석별 상이 ➤ ko.marinabaysands.com/entertainment/shows.html

### 마리나 베이 샌즈 카지노
Marina Bay Sands Casino
**세계적인 수준의 대형 카지노**

총 4층 규모의 공간에 2300여 대의 슬롯머신과 다양한 테이블 게임이 있다. 게임을 하지 않더라도 구경삼아 들러볼 수 있지만, 내부 사진 촬영은 금지. 입장 시 여권과 입국 심사 후 받은 메일(ICA 전자입국신고서)이 필요하다.

♦ 더 숍스 지하 2층~지상 2층 ⏰ 24시간 💰 외국인 무료/21세 미만 출입 금지 ➤ ko.marinabaysands.com/casino.html

### Sightseeing 10
# 애플 마리나베이샌즈 Apple Marina Bay Sands
**물 위에 떠 있는 애플스토어라니!**

세계 최초의 수상 애플스토어. 10개의 기둥과 114개의 유리로 구성된 공간이 탁 트인 360°의 전경과 풍부한 자연 채광을 선사한다. 유리구슬처럼 푸르게 반짝이는 외관과 내부의 아름다운 풍경만으로도 방문할 가치가 충분하다.

📍 2 Bayfront Ave, #B2-06, Singapore 018972 🚶 더 숍스 사우스 크리스털 파빌리온, 지하 2층에서 에스컬레이터로 연결 🕐 매일 10:00~22:00 ✈ apple.com/sg/retail/marinabaysands 📖 p.66-A3

### Sightseeing 11
# 루이 비통 아일랜드 메종
Louis Vuitton Island Maison
**세상에서 가장 '럭셔리'한 유리 요트**

세계적인 건축가 피터 마리노(Peter Marino)의 손길이 담긴 루이 비통 유일의 수상 매장. 배에서 영감을 받은 건물 내부는 파리 샹젤리제 본점에 이어 두 번째로 규모가 크다. 예술성이 넘치는 공간으로 매장이라기보다 갤러리에 가깝게 느껴진다.

📍 2 Bayfront Ave, #B2-36, Singapore 018972 🚶 더 숍스 노스 크리스털 파빌리온, 지하 2층에서 수중 터널로 연결 🕐 매일 10:30~23:00 ✈ ko.marinabaysands.com 📖 p.66-B2

### Sightseeing 12
# 아트 사이언스 뮤지엄 Art Science Museum
**연꽃처럼 피어나는 상상력**

마리나 베이 샌즈를 설계한 모셰 사프디의 작품으로 연꽃을 형상화했다. 10장의 꽃잎은 서로 다른 전시 공간의 역할을 한다. 세계적인 예술 그룹인 팀랩(teamLab)의 상설 전시 〈퓨처 월드(Future World)〉를 찾는 어린이 관객의 발길이 끊이지 않는다.

📍 6 Bayfront Ave, Singapore 018974 🚶 더 숍스 외부, MRT 베이프런트역 출구 D에서 도보 7분 🕐 일~목요일 10:00~19:00(마지막 입장 18:00), 금~토요일 10:00~21:00(마지막 입장 20:15)/상설 전시는 시간제 예약 💰 전시마다 상이 ✈ ko.marinabaysands.com 📖 p.66-B2

## 스펙트라 라이트 앤 워터 쇼 Spectra-A Light&Water Show
**싱가포르의 밤을 수놓는 빛과 물의 향연**

Sightseeing 13

매일 밤 정시가 되면 마리나 베이 샌즈 중앙 야외 공간에서 조명과 음악이 어우러진 쇼가 펼쳐진다. 4개의 파트가 15분간 이어지는데, 오케스트라 연주에 맞춰 춤추듯 움직이는 분수와 물줄기를 스크린으로 활용한 레이저 애니메이션 쇼는 싱가포르를 상상하며 그려왔던 환상적인 야경 그 자체다. 시작 15분 전에는 자리 잡기를 권한다.

📍 2 Bayfront Ave., Singapore 018972 🚶 더 숍스 1층 외부 이벤트 플라자
🕐 일~목요일 20:00·21:00, 금~토요일 20:00·21:00·22:00/홈페이지에서 일정 확인
💰 무료 🌐 ko.marinabaysands.com/attractions/spectra.html 📖 p.66-B2

**Tips. 볼거리는 많은데 밤이 짧다면?**
하루에 스펙트라 쇼와 가든스 바이 더 베이의 가든 랩소디 p.88를 다 보고 싶다면 무엇보다 시간 안배가 중요하다. 두 공연은 시간이 겹치기 때문에 오후 8시 타임의 스펙트라 쇼를 먼저 즐긴 후 오후 8시 45분에 가든 랩소디를 보는 것을 추천한다.

## Theme 03

# 기술과 자연이 만든 아름다운 정원 가든스 바이 더 베이 탐방

'가든스 바이 더 베이'는 마리나 베이를 둘러싼 베이 사우스, 베이 이스트, 베이 센트럴 지역을 아우르며 현재도 진행 중인 글로벌 프로젝트다. 현재 우리가 '가든스 바이 더 베이'로 부르는 지역은 그중 베이 사우스이며, 2006년 진행한 국제 공모에서 24개국 170개 업체의 70개가 넘는 출품작 중 선정된 기술과 자본의 집약체라고 할 수 있다. 매립지에 건설한 만큼 모든 것이 인공이지만, 지속 가능성을 향한 노력이 곳곳에 녹아 있다. 태양열로 유지하는 온실 내부 온도, 호수와 수생 식물을 활용한 용수 정화 등 탄소 중립을 고려한 장치들을 설계부터 적용했다.

이곳은 정원 그 자체로도 아름다운 공간이다. 주민들이 사랑하는 러닝 코스인 잠자리 호수(Dragonfly Lake) 주변을 산책하거나, 곳곳에서 존재감을 뽐내는 조각상들을 느긋이 감상해보자.

## Pick 가든스 바이 더 베이 Gardens by the Bay
**세계 최대 규모의 도심 정원**

Sightseeing 14

축구장 141개의 면적인 101만㎡의 대지 위로 거대한 인공 정원이 펼쳐져 있다. 이곳의 하이라이트인 2개의 온실 클라우드 포레스트(Cloud Forest)와 플라워 돔(Flower Dome)을 둘러보고, 야간에 25~50m 높이의 거대한 인공 나무 18그루가 펼치는 빛과 음악의 향연 가든 랩소디(Garden Rhapsody)까지 모두 즐기려면 시간 여유와 강철 체력은 필수. 각각의 공간이 번갈아가며 매달 한 번씩 정기 휴일을 가지니 방문 전 반드시 홈페이지에서 확인하자.

**Tips. 유료 셔틀버스로 편하게 이동하자**
베이프런트 플라자(MRT 베이프런트역 출구 B)에서 출발해 액티브 가든, 플라워 돔 구간을 왕복 운행하는 유료 버스를 이용해보자.
- 09:00~21:00/10분 간격
- 왕복 S$3/3세 미만 무료

📍 18 Marina Gardens Dr, Singapore 018953 🚶 MRT 베이프런트역 출구 B에서 도보 10분, 가든스바이더베이역 1번 출구에서 도보 5분 ⏰ 야외 정원 05:00~02:00/시설별 운영시간 상이 ✆ 시설별 상이 💰 무료/시설별 입장료 상이 🌐 gardensbythebay.com.sg 📷 gardensbythebay

© Sophie Ryu

### 주요 어트랙션별 운영시간과 가격

| 주요 어트랙션 | 운영시간 | 가격 |
| --- | --- | --- |
| 클라우드 포레스트 &플라워 돔 | 09:00~21:00(마지막 입장: 클라우드 포레스트 20:30, 플라워 돔 20:00)/월 1회 정기 휴일 | 결합 티켓 성인 S$32, 3~12세 S$18 |
| 플로럴 판타지 | 10:00~21:00(마지막 입장 20:30)/월 1회 정기 휴일 | 성인 S$24, 3~12세 S$16/〈잠자리의 비행 4D〉 어트랙션 포함 |
| 슈퍼트리 전망대 (+클라우드 포레스트) | 09:00~21:00(마지막 입장 20:30)/월 1회 정기 휴일 | 성인 S$14, 3~12세 S$10 |
| OCBC 스카이웨이 | 09:00~21:00(마지막 입장 20:30)/월 1회 정기 휴일 | 성인 S$14, 3~12세 S$10 |
| 가든 랩소디 | 매일 19:45, 20:45 | 무료 |

# 한눈에 보는 가든스 바이 더 베이

## 가든스 바이 더 베이의 추천 스폿

### Pick 가든 랩소디 Garden Rhapsody
**누워서 즐기는 슈퍼트리 나이트 쇼**

가든스 바이 더 베이의 하이라이트. 영화 〈아바타〉가 현실로 구현된 듯 거대한 인공 나무 18그루가 모인 '슈퍼트리 그로브(Supertree Grove)'에서 열리는 야간 조명 쇼다. 음악에 맞춰 시시각각 변하는 조명이 약 15분간 슈퍼트리를 화려하게 물들인다. 가든 랩소디의 화려한 조명 또한 슈퍼트리에 장착한 태양 전지로 운영한다니, 바라보는 마음이 한결 가볍다.

❍ 나이트쇼 19:45·20:45 📍p.66-C3

### Pick 클라우드 포레스트 Cloud Forest
**가든스 바이 더 베이 최고의 풍경**

35m 높이의 인공 폭포에서 하얀 실처럼 떨어지는 물줄기가 더위를 시원하게 날려준다. 온도 23~25°C, 습도 80~90%를 연중 유지하는 온실 안에 열대 고산 지역의 난초, 낙상엽 식물, 양치류 등 다양한 식물군이 공존한다. 엘리베이터를 이용해 폭포 꼭대기로 올라가면 온실 전체가 한눈에 보이는 아찔한 산책로를 지나 다채로운 생태를 감상하며 아래로 내려올 수 있다. 2시간 간격으로 물안개가 분사되는 미스트 타임도 놓치지 말자.

❍ 미스트 타임 10:00·12:00·14:00·16:00·18:00·20:00 📍p.66-C2

### 플라워 돔 Flower Dome
**세계 최대 유리 온실로 기네스북 등재!**

3332개의 유리 패널로 만든 올림픽 규모 수영장 75개가 들어갈 수 있는 온실이다. 지중해, 남아프리카, 호주, 미국 등에서 서식하는 식물들이 1년 내내 꽃을 피운다.

❍ 비정기 무료 가이드 투어 09:00~12:00, 14:00~17:00/10~15분 소요/5명 이상 모객 시 출발/날짜는 홈페이지 참고/신청은 'ASK Me!' 안내센터 🌐 www.gardensbythebay.com.sg/en/things-to-do/attractions/flower-dome.html 📍p.66-C2

## 가든스 바이 더 베이의 추천 스폿

### 플로럴 판타지 Floral Fantasy
**화려한 꽃으로 가득 찬 실내 온실**

MRT 베이프런트역에서 가까운 데다 '인생샷' 명소로 알려지면서 규모에 비해 찾는 사람이 많다. 잠자리가 되어 가든스 바이 더 베이를 여행하는 어트랙션 〈잠자리의 비행 4D(Flight Of The Dragonfly 4D Ride)〉 포함.

📍 p.66-B3

### 슈퍼트리 전망대 Supertree Observatory
**가든스 바이 더 베이의 꼭대기**

대략 16층 건물 높이의 옥외 전망대. 가장 높은 슈퍼트리의 캐노피에서 마리나 베이 전역을 조망할 수 있다. 한낮보다는 해 질 녘이나 가든 랩소디 시간에 찾는 사람이 많다.

📍 p.66-C3

### OCBC 스카이웨이 OCBC Skyway
**아찔한 공중 산책**

2개의 슈퍼트리를 연결해서 만든 22m 높이의 공중 산책로. 가든스 바이 더 베이 전경은 물론 마리나 베이 샌즈가 한눈에 보인다. 꽤 높으므로 고소공포증이 있다면 방문 여부를 고민해볼 것.

📍 p.66-C3

### Pick 쥬라식 네스트 푸드홀
Jurassic Nest Foodhall
**쥐라기를 테마로 꾸민 푸드 코트**

광둥식 간장 닭 요리를 맛볼 수 있는 호커찬(Hawker Chan)과 일본 라멘 맛집 츠타(Tsuta) 모두 미쉐린 원 스타 레스토랑이다.

🚶 슈퍼트리 그루브 🕐 매일 쥬라식 네스트 카페 09:00~21:00, 푸드홀 11:00~21:00(마지막 주문 20:30) 💲 S$10~20
🌐 jurassicnest.com 📷 jurassicnestsg 📍 p.66-C3

## 가든스 바이 더 베이의 추천 스폿

### 사테 바이 더 베이 Satay by the Bay
**바다 전망의 쾌적한 호커센터**

이름에서 짐작할 수 있듯 사테 구이가 유명하며 바비큐 치킨 윙부터 칠리크랩까지 다채로운 현지 음식을 즐길 수 있다. 가든 랩소디 전후에 들러 쉬어가기 좋다.

워터프런트 프롬나드 | 월~금요일 11:00~22:00, 토~일요일 09:00~22:00/가게마다 상이 | S$10~20 | sataybythebay.com.sg | sataybythebayofficial | p.67-D3

### 쉐이크쉑 Shake Shack
**초록초록 색다른 풍경의 버거 맛집**

미국의 3대 버거 중 하나로 우리에게도 잘 알려진 쉐이크 쉑의 가든스바이더베이 지점. 현지 음식에 질렸거나 아는 맛이 그리울 때 찾기 좋다. 가격은 우리나라보다 비싼 편.

가든스바이더베이점(Gardens by the Bay) | 클라우드 포레스트 근처 더 캐노피 | 매일 08:30~21:30 | 쉑버거 싱글 S$10.40, 더블 S$14.30/GST 9% 별도 | p.66-C2

---

**Plus Spot**

### 마리나 배라지 Marina Barrage
**지금의 마리나 베이를 만든 의지의 공간**

Sightseeing 15

가든스 바이 더 베이 외곽에 지은 인공 댐. 부족한 수자원에 비해 강우량은 넘치는 싱가포르의 치수(治水)를 위해 강과 바다의 경계를 막았다. 정수 시설과 갤러리가 위치한 3층 옥상 공원에서 마리나 베이 샌즈를 한눈에 조망할 수 있다.

8 Marina Gardens Dr, Singapore 018981 | MRT 가든스바이더베이역 2번 출구에서 도보 6분 | 24시간 | 무료 | pub.gov.sg/public/places-of-interest/marina-barrage | p.67-E3

래플스 경의 도시계획으로 개발된 시빅 디스트릭트, 대대적으로 바다를 매립해 대지로 탄생한 마리나 베이. 이 두 지역에는 싱가포르의 과거와 현재, 미래를 품은 매력적인 스폿들이 곳곳에 자리한다.

# *Best Spots*

## 시빅 디스트릭트&마리나 베이 추천 스폿

- 👁 Sightseeing
- ✕ Food&Drink
- 🛍 Shopping

## Pick 래플스 호텔 Raffles Singapore
**역사와 전통이 깃든 국가 기념물**

Sightseeing 16

싱가포르 "건국의 아버지"로 불리는 스탬포드 래플스 경의 이름을 딴 래플스 호텔은 최신 고층 빌딩 호텔이 즐비한 이 나라에서도 최고의 호텔로 꼽힌다. 식민지 시대인 1887년에 지어 증축과 보수를 통해 관리한 내부는 현재 전 객실 스위트룸으로 운영 중. 찰리 채플린, 엘리자베스 2세 여왕, 마이클 잭슨 등 열거하기 힘들 정도로 많은 귀빈이 이곳에 머물렀다. 네오 르네상스 양식의 기품 넘치는 외관과 최고급 상점가 래플스 호텔 아케이드p.109 등 묵지 않아도 방문할 이유가 충분하다. 호텔 정문에 서 있는 도어맨과의 사진 촬영은 필수.

📍 1 Beach Rd, Singapore 189673  🚶 MRT 에스플러네이드역 출구 F에서 도보 2분  🛏 1박 S$900~  🌐 raffles.com/singapore
📷 raffleshotelsingapore  📖 p.64-C2

## 풀러턴 호텔 The Fullerton Hotel Singapore
**싱가포르 5성급 호텔의 자부심**

Sightseeing 17

래플스 호텔과 더불어 싱가포르를 대표하는 호텔 중 하나로 1928년 우체국으로 지은 건물을 2001년 5성급 호텔로 개조했다. 1980년대까지 수많은 무역선과 여객선이 오가던 마리나 베이가 새로운 공항과 항구의 개발로 쇠락할 위기에 처했지만 '풀러턴 헤리티지' 프로젝트를 통해 지금의 웅장하고 기품 있는 모습을 보존할 수 있었다고 한다. 호텔 내부 장식이 매우 아름답고, 1층을 개방해 호텔 주 지역을 설명하는 갤러리를 운영 중이다.

📍 1 Fullerton Square, Singapore 049178  🚶 MRT 래플스플레이스역 출구 H에서 도보 5분  🛏 S$460~
✈ fullertonhotels.com  📷 fullertonhotelsg
📖 p.64-B4

### Pick 포트 캐닝 파크 Fort Canning Park
**싱가포르 최초의 보태닉 가든**

Sightseeing 18

싱가푸라 왕들의 거처이자 말레이 군사들의 요새였고, 제2차 세계 대전 당시 영국군이 일본군에게 항복한 곳으로 역사적 사건들의 자취가 스며 있다. 싱그러운 자연을 만끽할 수 있을 뿐 아니라 나무와 잔디밭 사이로 길이 잘 조성되어 있어 산책하기도 좋다. 공원 북쪽 포트 캐닝 파크 트리 터널(Fort Canning Park Tree Tunnel)은 떠오르는 포토 스폿! 영국군의 벙커 기지였던 '배틀 박스(Battle Box)'를 둘러보는 투어도 운영 중이다.

📍Fort Canning Park, Singapore 179872  🚇 MRT 포트캐닝역 출구 B에서 연결, MRT 도비고트역에서 도보 5분 ⏰ 매일, 24시간/배틀 박스 10:00~17:00(마지막 입장 16:00) ❌ 배틀 박스 월~화요일 휴무 💰 무료/배틀 박스 기부금 입장(battlebox.sg)
✈ beta.nparks.gov.sg/visit/parks/park-detail/fort-canning-park 🗺p.64-A2

---

### Pick 차임스 CHIJMES
**이국적인 느낌의 다이닝 공간**

Sightseeing 19

고풍스러운 외관이 멀리서도 눈길을 사로잡는 차임스는 19세기 말 수도원, 여학교, 고아원, 기숙사로 사용했던 건물들을 재건해서 만든 복합 상업 시설이다. 고딕 양식의 예배당도 아름답지만, 그곳을 중심으로 펼쳐진 식당가에 조명이 켜지면 더욱 근사하다. 지하 1층에서 지상 2층에 걸쳐 인기 레스토랑인 프리베p.99, 뉴 우빈 시푸드p.101, 두오모 리스토란테 등이 있다.

📍30 Victoria St, Singapore 187996  🚇 MRT 시티홀역 출구 A에서 도보 6분, 브라스바사역 출구 B에서 도보 5분 ⏰ 매일, 24시간/시설별 영업시간 상이  ✈ chijmes.com.sg  📷 chijmes.sg  🗺p.64-B2

### Sightseeing 20
**Pick 머라이언 파크** Merlion Park
이곳에서는 누구나 입을 벌리고 사진을 찍지!

몸은 인어(Mermaid), 머리는 사자(Lion)인 가상 동물 머리아언(Merlion) 동상이 있는 공원. 머라이언의 몸통과 머리는 각각 '바다 마을'을 의미하는 싱가포르의 옛 이름 테마섹(Temasek)과 '사자의 도시'인 싱가푸라에서 유래했다. 싱가포르에서 가장 유명한 동상과 사진을 찍으려는 관광객의 발길이 끊이지 않는다.

📍 1 Fullerton Rd, Singapore 049213 🚶 MRT 래플스플레이스역 출구 H에서 도보 7분/에스플러네이드에서 주빌리 브리지 건너편 🕐 매일, 24시간 💰 무료 📖 p.64-C3

### Sightseeing 21
**싱가포르 국립 도서관**
National Library/Lee Kong Chian Reference Library
싱가포르 문화 예술의 보고

번화가 한복판에 자리한 16층 규모의 대형 빌딩이 바로 싱가포르 국립 도서관이다. 7~13층 자료실은 기부자인 싱가포르의 대표적 자선가 리콩치안의 이름을 따서 LKCL로 부른다. 지하 1층에 누구에게나 개방하는 자료실과 어린이 특화 공간이 있어 쉬어가기 좋다.

📍 100 Victoria St, Singapore 188064 🚶 MRT 에스플러네이드역 출구 F에서 도보 6분, 브라스바사역 출구 A에서 도보 6분 🕐 매일 10:00~21:00 💰 무료 🌐 nlb.gov.sg 📖 p.64-C1

### Sightseeing 22
**싱가포르 플라이어** Singapore Flyer
42층 높이까지 올라가는 대관람차

싱가포르 플라이어는 최대 높이 165m, 28개의 유리 캡슐로 구성된 대관람차. 약 30분간 시원한 실내에서 360° 파노라마 전망을 즐길 수 있으며, 맑은 날은 말레이시아와 인도네시아까지 보인다.

📍 30 Raffles Ave., Singapore 039803 🚶 MRT 프롬나드역 출구 A에서 도보 8분 🕐 매일 10:00~22:00(마지막 탑승 21:30) 💰 성인 S$40, 3~12세·60세 이상 S$25 🌐 singaporeflyer.com 📷 singaporeflyer 📖 p.65-E3

### Sightseeing 23
## 싱가포르 덕 투어 Singapore duck tour
**지상과 수상을 오가는 짜릿한 모험**

제2차 세계 대전 때 사용한 수륙양용차를 관광용으로 개조했다. 선텍 시티를 출발해 전쟁기념공원, 가든스 바이 더 베이, 에스플러네이드 시어터스 온 더 베이, 머라이언 파크, 마리나 베이 샌즈 등을 본 뒤 다시 선텍 시티로 돌아온다.

📍 3 Temasek Boulevard #01-K8, Tower 2 Suntec City, Singapore 038983 🚶 선텍 시티 타워 2, MRT 프롬나드역 출구 C에서 도보 4분 ⏰ 매일 10:00~18:00(소요시간 약 60분) 💰 성인 S$45, 2~12세 S$35, 24개월 미만 S$15
🌐 ducktours.com.sg 📷 bigbusduck 📖 p.65-D1

### Sightseeing 24
## 헬릭스 브리지 Helix Bridge
**특별한 마리나 베이 샌즈를 찍고 싶다면!**

2010년에 개통된 싱가포르에서 가장 긴 보행자 다리. 마리나 베이 지역의 중심과 남부를 연결하며 주로 싱가포르 플라이어와 마리나 베이 샌즈를 오갈 때 이용한다. 다리를 둘러싼 철제 구조물은 DNA의 2중 나선 구조를 상징한다.

📍 The Helix(Helix Bridge), Singapore 038981 🚶 MRT 프롬나드역 출구 A에서 도보 10분 ⏰ 매일, 24시간 💰 무료
📖 p.65-D3

### Sightseeing 25
## 래플스 상륙지 Raffles' Landing Site
**싱가포르 근대의 시작점**

래플스 경이 싱가포르에 첫발을 내디딘 장소. 장엄한 모습의 새하얀 래플스 동상이 눈길을 사로잡는다. 1887년 빅토리아 극장 앞에 있는 검은색 오리지널 동상을 복제해 파당(Padang) 지역에 세웠다가 현재의 위치로 옮겼다.

📍 1 Old Parliament Ln, Singapore 179429 🚶 MRT 래플스플레이스역 출구 H에서 도보 6분 ⏰ 매일, 24시간
💰 무료 📖 p.64-B3

## Sightseeing 26
### 굿 셰퍼드 성당 Cathedral of the Good Shepherd
**싱가포르에서 가장 오래된 성당**

1847년에 르네상스 양식으로 세운 로마 가톨릭 교회. 조선 시대에 천주교 박해로 순교한 성 앵베르 신부와도 인연이 있다.

📍 A Queen St, Singapore 188533 🚶 MRT 브라스바사역 출구 B에서 도보 3분 🕐 메인 성당 월~금요일 10:00~19:00/ 미사시간 월~금요일 13:15, 토요일 18:00, 일요일 08:30·10:30·18:00 💰 무료 📖 p.64-B1

## Sightseeing 27
### 세인트 앤드루 성당 St Andrew's Cathedral
**첨탑 주변으로 펼쳐진 너른 잔디밭**

1836년에 지은 싱가포르에서 가장 오래된 성공회 교회. 첨탑이 피뢰침 없이 증축되는 바람에 이후 두 번의 번개를 맞아 영국 신고딕 양식으로 재건했다.

📍 11 St Andrew's Rd, Singapore 178959 🚶 MRT 시티홀 출구 B에서 도보 1분 🕐 매일 07:00~20:00 💰 무료
🌐 cathedral.org.sg 📷 standrewscathedral 📖 p.64-B2

## Sightseeing 28
### 민트 장난감 박물관 MINT Museum of Toys
**아시아에서 가장 큰 빈티지 장난감 박물관**

2007년 개장했으며 1970년대 컬렉션이 주를 이룬다. 5층 규모의 공간에 40개국에서 온 5만여 점의 소장품을 전시하고 있다.

📍 26 Seah St, Singapore 188382 🚶 MRT 에스플러네이드역 출구 F에서 도보 5분 🕐 화~일요일 09:30~18:30 ❌ 월요일 💰 13~59세 S$30, 7~12세·60세 이상 S$20
🌐 emint.com 📷 mintmuseumoftoys 📖 p.64-C1

## Sightseeing 29
### 싱가포르 어린이 박물관
Children's Museum Singapore
**상상력을 자극하는 체험 전시가 가득!**

우표 박물관 건물이 2022년 어린이 박물관으로 변모했다. 다양한 체험형 전시로 인해 입장 시간이 정해져 있으며, 어린이는 성인 보호자와 함께 이용해야 한다.

📍 23-B Coleman St, Singapore 179807 🚶 MRT 시티홀역 출구 B에서 도보 8분 🕐 화~일요일 09:00~17:45(브레이크 타임 12:45~14:00)/입장 시간 09:00·11:00·14:00·16:00, 관람 시간 1시간 45분 ❌ 월요일 💰 성인 S$15, 12세 이하 S$10(GST 9% 별도)/12개월 이하 무료 🌐 nhb.gov.sg/childrensmuseum 📖 p.64-A2

### Pick 라우 파 삿 호커센터와 사테 거리
Lau Pa Sat Hawker Centre&Satay Street

**시계탑 아래로 펼쳐진 먹거리 천국**

Food&Drink 01

'오래된 시장(Old Market)'이라는 뜻의 라우 파 삿은 싱가포르만의 독특한 음식 문화인 '호커센터'를 대표하는 곳 중 하나다. 빅토리아풍 건축 양식의 깔끔한 시설은 물론이고, 24시간 운영하는 점포도 있어 현지인뿐만 아니라 한국인 여행자에게도 절대적인 지지를 받고 있다. 특히 오후가 되면 라우 파 삿 호커센터의 외부, 분 탓 스트리트(Boon Tat Street)에는 노점상들이 하나둘씩 자리를 펴기 시작하고, 인도네시아식 꼬치 요리인 사테를 굽느라 사방에서 피어오르는 연기가 여름밤의 낭만을 일깨운다. "라우 파 삿 사테 거리"로 불리는 이곳에선 7~8번 노점의 '베스트 사테(Best Satay)'가 인기인데, TV 프로그램과 유튜브에 소개되면서 한국 관광객이 많이 찾는다.

📍 18 Raffles Quay, Singapore 048582  🚶 MRT 다운타운역 출구 F, 텔록에이어역 출구 A에서 도보 5분
🕐 라우 파 삿 사테 거리 월~금요일·공휴일 전날 19:00~03:00, 토~일요일·공휴일 15:00~03:00/호커센터 점포별 상이  🌐 laupasat.sg  📷 laupasat.sg  📖 p.64-B4, p.185-E3

### Tips. 사테 거리 제대로 즐기기

· 사람이 몰리는 시간에는 빈자리를 찾기 어렵다. 현지인들도 테이블에 휴지나 작은 물건을 올려놓고 자리를 맡아둔다.
· 꼬치의 종류와 개수에 따라 세트로 주문할 수 있다. '베스트 사테'의 경우 치킨 꼬치 10개, 비프 꼬치 10개, 새우 꼬치 6개가 포함된 A세트가 S$28.
· 맥주는 라우 파 삿 호커센터 내 맥줏집에서 따로 사오면 된다. 생맥주 가격은 약 S$10.

## Pick 마칸수트라 글루턴스 베이 Makansutra Gluttons Bay
**조망 최고, 가성비 최고인 야외 호커센터**

Food&Drink 02

"프랑스에 미쉐린 가이드가 있다면 싱가포르에는 마칸수트라가 있다." 이곳은 싱가포르 최초의 맛집 가이드북인 마칸수트라의 평론가들이 선정한 식당이 모여 있는 호커센터로 검증된 현지 음식을 합리적인 가격에 맛볼 수 있다. 규모가 크지 않으니 자리를 먼저 맡아두고 원하는 곳에서 주문과 결제 후 진동 벨을 받아 음식을 찾을 것. 여러 상점 중에서도 가성비 끝판왕으로 불리는 '홍콩 스트리트 올드 청키(Hong Kong Street Old Chun Kee)'의 칠리크랩을 추천한다.

📍 8 Raffles Ave., #01-15 Esplanade Mall, Singapore 039802 🚶 MRT 에스플러네이드역 출구 D에서 도보 5분 🕐 월~목요일 16:00~23:00, 금~토요일 16:00~23:30, 일요일 15:00~23:30(마지막 주문 폐점 30분 전) ❌ 월요일 🍽 홍콩 스트리트 올드 청키 칠리크랩 스몰·라지 각각 S$45·S$80, 프라이드 번 S$4
🌐 makansutra.com/eatery/gluttons-bay 📷 makansutrasingapore 📖 p.65-D3

###  Food&Drink 03
## 프리베 Privé
**맛과 멋이 담긴 도심 속 오아시스**

싱가포르 전역에 10개가 넘는 지점을 운영 중인 레스토랑. 차임스점은 분위기 있는 야외 좌석을 운영한다. 오후 4~8시에는 주류와 가벼운 스낵을 할인 판매하는 해피아워를 운영한다.

차임스점(CHIJMES) ⓥ 30 Victoria St, #01-33, Singapore 187996 ⚲ 차임스 1층, MRT 시티홀역 출구 A에서 도보 6분 ⓞ 월~목요일 11:30~22:30, 금요일 11:30~23:00, 토요일 10:30~23:00, 일요일 10:30~22:30(마지막 주문 폐점 30분 전) 🍴 펜네 머시룸 알프레도 S$19, 해피아워 칵테일 S$10/서비스 차지&GST 19% 별도
✈ theprivegroup.com.sg/prive-chijmes(예약 가능)
📖 p.64-B2

###  Food&Drink 04
## (Pick) 와이와이 카페 디안 YY Kafei Dian
**성시경도 극찬한 싱가포르 아침 식사**

이른 아침부터 줄을 서는 맛집. 자리를 먼저 잡고 테이블 번호를 말하면 직원이 음식을 가져다준다. 인기 메뉴인 카야 번 세트는 수란과 버터, 카야잼이 발린 번과 커피가 함께 나온다. 오전 10시부터 판매하는 하이난 치킨라이스도 별미.

ⓥ 37 Beach Rd, #01-01, Singapore 189678 ⚲ MRT 에스플러네이드역 출구 F에서 도보 5분 ⓞ 월~금요일 07:30~19:00, 토~일요일 08:00~19:00
🍴 카야 번 세트(수란과 커피 포함, 커피 선택 가능) S$4.90 ⓘ yykafeidian
📖 p.64-C1

###  Food&Drink 05
## 앙트레 누스 크레페 Entre-Nous Creperie
**15년 전통의 프랑스 정통 크레페**

프랑스 브르타뉴 지방에서 시작된 정통 크레페와 갈레트를 맛볼 수 있는 곳. 큰 공간은 아니지만 한 끼로 손색없는 식사류부터 가볍게 즐길 수 있는 디저트까지 다채로운 메뉴를 선보인다. 현금 결제만 가능.

ⓥ 27 Seah St, #01-01, Singapore 188383 ⚲ MRT 에스플러네이드역 출구 F에서 도보 5분 ⓞ 화~금요일 12:00~14:30·18:00~21:30, 토요일 11:00~15:00·18:00~21:30, 일요일 11:00~16:30 ✖ 월요일 🍴 앙트레 누스 크레페 S$12.70/서비스 차지&GST 19% 별도
✈ entrenous.sg(예약 가능, 예약 보증금 S$30) 📖 p.64-C1

### Food&Drink 06
**Pick** 라사푸라 마스터즈 Rasapura Masters
더 숍스에서 가성비 최고 푸드 코트

화려한 쇼핑몰, 더 숍스에는 줄 서서 먹는 고급 식당만 있는 건 아니다. 이곳은 정통 싱가포르식부터 한식까지 다양한 아시아 요리를 합리적인 가격에 만날 수 있는 푸드 코트. 종류가 많아서 고민이라면 '페퍼 키친(Pepper Kitchen)'의 철판볶음밥을 추천한다.

📍 2 Bayfront Ave, #B2-49A/50-53, Singapore 018972 🚶 더 숍스 지하 2층, MRT 베이프런트역 출구 B에서 도보 10분 🕐 매일 10:00~23:00 💰 S$10~20/페퍼 키친 철판볶음밥 S$10.70~ 🌐 ko.marinabaysands.com/restaurants/rasapura-masters.html 🗺 p.66-B2

---

### Food&Drink 07
**Pick** 블랙 탭 크래프트 버거스 앤 비어스
Black Tap Craft Burgers&Beers
뉴욕에서 온 수제 버거

버거 하나에 2만 원이 넘지만, 한 입 베어 무는 순간 입안 가득 퍼지는 패티의 풍미와 육즙에 절로 고개가 끄덕여진다. 부드러운 수제 맥주도 추천!

📍 10 Bayfront Ave #L1-80, Singapore 018972 🚶 더 숍스 1층, MRT 베이프런트역에서 도보 5분 🕐 월~금요일 11:30~23:00, 토~일요일 11:00~23:00 💰 와규 스테이크하우스 버거 S$29, 수제 맥주 S$18/서비스 차지&GST 19% 별도 🌐 blacktap.com/location/singapore 🗺 p.66-B2

---

### Food&Drink 08
파라다이스 다이너스티 Paradise Dynasty
싱가포르의 입맛을 사로잡은 중식당

2002년 시푸드를 판매하는 노점으로 시작해 전 세계 11개 도시에 체인점을 운영하는 싱가포르 기업 파라다이스 그룹에서 운영하는 레스토랑. 중국 남북부 음식이 주력 메뉴로 샤오롱바오에 탄탄면 조합을 추천한다.

푸난몰점(Funan Mall) 📍 107 North Bridge Rd, #B1-01 Funan, Singapore 179105 🚶 푸난 몰 지하 1층, MRT 시티홀역 출구 B에서 도보 3분 🕐 월~금요일 11:00~22:00, 토~일요일 10:30~22:00(마지막 주문 21:30) 💰 스페셜티 다이너스티 샤오롱바오 S$16.80, 탄탄면 S$10.30/서비스 차지&GST 19% 별도 🌐 paradisegp.com/paradise-dynasty 🗺 p.64-B2

### Pick 홀리크랩 HOLYCRAB
**현지인이 추천하는 칠리크랩 맛집**

Food&Drink 09

고급 호텔 캠핀스키 1층 아케이드에 자리한 칠리크랩 전문 레스토랑. 공간이 쾌적하고 가성비도 좋지만, 향신료의 맛과 향이 강해 호불호가 있다. 게 손질이 귀찮다면 발라낸 속살에 칠리소스가 함께 나오는 네이키드 레드(Naked Red)를 추천한다. 볶음밥이나 튀긴 찐빵인 만토우를 곁들여 먹으면 좋다.

📍 13 Stamford Rd, #01-85 Arcade @Capitol, Singapore 178905 🚶 캠핀스키 호텔 더 케피톨 아케이드 1층, MRT 시티홀역에서 도보 1분 🕐 매일 점심 11:30~14:30, 저녁 17:30~22:30 💰 싱가포르 칠리크랩 1kg S$108(크랩 가격은 시가에 따라 변동), 시그니처 홀리크랩 프라이드 라이스 S$18~32, 만토우(Fried Mantou) S$6(5개), 네이키드 레드 S$90/서비스 차지&GST 19% 별도 ✈ holycrab.sg
📷 holycrab.sg 📖 p.64-B2

---

### 뉴 우빈 시푸드 New Ubin Seafood
**가성비 최고 칠리크랩 '찐' 맛집!**

Food&Drink 10

복합 상업 시설 차임스에서 가장 인기 있는 식당. 칠리부터 블랙 페퍼, 마늘 양념 등 다양한 소스로 조리한 가성비 좋은 게 요리를 먹을 수 있어 늘 붐빈다. 해산물부터 육류까지 메뉴 선택의 폭이 넓다. 또한 깔끔한 분위기에 단체석도 마련되어 있어서 입맛이 각기 다른 가족 여행자에게 추천한다. 구글 맵스와 홈페이지에서 예약 가능.

**차임스점(CHIJMES)** 📍 30 Victoria St, #02-01B C, Singapore 187996 🚶 차임스 2층, MRT 시티홀역에서 도보 6분 🕐 점심 화~일요일 11:00~15:00(마지막 주문 14:30), 저녁 월~일요일 17:30~01:00(마지막 주문 23:30) ⊘ 월요일 점심 💰 칠리크랩 300~400g S$80, 800g S$116/서비스 차지&GST 19% 별도
✈ newubinseafood.com/chijmes 📷 newubinseafood
📖 p.64-B2

**Food&Drink 11**

**Pick 내셔널 키친 바이 바이올렛 운**
National Kitchen by Violet Oon

**감각적인 분위기의 페라나칸 레스토랑**

페라나칸 요리 연구가이자 음식 비평가로 유명한 바이올렛 운이 운영하는 레스토랑. 분위기 좋은 공간에서 중국과 말레이반도뿐만 아니라 이국의 다채로운 식문화가 반영된 페라나칸 요리를 맛볼 수 있다. 홈페이지에서 예약 가능하다.

📍1 St Andrew's Rd, #02-01 National Gallery, Singapore 178957 🚶내셔널 갤러리 2층 시티홀 윙, MRT 시티홀역 출구 B에서 도보 5분 🕐월~목요일 12:00~15:00, 18:00~22:30, 금~일요일 12:00~17:00, 18:00~22:30 🍴비프 렌당 S$28, 버터 프라운 S$37/서비스 차지&GST 19% 별도 🌐violetoon.com 📖p.64-B3

 **Food&Drink 12**

**타운 레스토랑** Town Restaurant

**탁 트인 강을 배경으로 즐기는 호사**

풀러턴 호텔 1층에 자리한 레스토랑으로 현지식부터 중식, 양식, 디저트와 음료까지 두루 갖춘 뷔페식과 단품 메뉴를 즐길 수 있다. 드레스 코드는 단정한 스마트 캐주얼로 반바지와 슬리퍼 착용을 금지한다.

📍1 Fullerton Square, Singapore 049178 🚶풀러턴 호텔 1층, MRT 래플스플레이스역 출구 B에서 도보 5분 🕐아침 뷔페 06:30~10:30, 점심 뷔페 월~토요일 12:00~14:30, 저녁 뷔페 18:30~22:00 🍴아침 뷔페 S$45, 점심 뷔페 S$55~, 저녁 뷔페 S$88~/서비스 차지&GST 19% 별도
🌐www.fullertonhotels.com 📖p.64-B4

 **Food&Drink 13**

**푸티엔** PUTIEN

**현지인이 사랑하는 중국 음식점**

미쉐린 가이드 원스타에 빛나는 중식당으로 싱가포르 전역에 20개가 넘는 지점이 있다. 서비스가 훌륭하고 명성에 비하면 가성비가 좋은 편. 신선한 해산물로 만든 중국 남방 요리를 만날 수 있다.

**래플스시티점(Raffles City)** 📍252 North Bridge Road, #02-18, Raffles City Shopping Centre, Singapore 179103 🚶래플스 시티 2층, MRT 에스플러네이드역 출구 D에서 도보 5분 🕐매일 11:30~15:00, 17:00~22:00 🍴마늘 새우찜(Steamed Prawn with Minced Garlic) S$24.80/서비스 차지&GST 19% 별도
🌐putien.com 📷putien_sg 📖p.64-C2

## Food&Drink 14
**Pick** 핀홀 커피 바 Pinhole Coffee Bar
### Hello, Good Morning!

'안홍(安鴻)'이라고 적힌 현판 아래로 들어서면 바에서 스페셜티 커피를 즐기는 사람들로 이른 시간부터 활기가 넘친다. 에스프레소와 라테, 탄산수로 구성된 '헬로 굿모닝(Hello Good Morning)'은 이름처럼 아침을 깨우기 좋은 메뉴다.

📍 27 Purvis St, #01-02, Singapore 188604 🚶 퍼비스 스트리트, MRT 에스플러네이드역 출구 F에서 도보 6분 🕐 매일 08:00~17:00(마지막 주문 16:30) 💰 블랙커피 S$5, 화이트 커피 S$5.50, 헬로 굿모닝 S$8/카드 결제만 가능 📷 pinholecoffeebar 📖 p.64-C1

## Food&Drink 15
### 에스크 커피 로스터리
ASK Coffee Roastery Singapore

**맛있는 커피와 맛있는 베이커리의 만남!**

래플스 호텔 바로 뒤에 위치한 아담하고 쾌적한 카페. 직접 로스팅한 원두를 사용한 커피와 그에 어울리는 페이스트리 등을 판매한다. 코코넛 밀크가 들어간 '더티 코코넛'과 아이스라테에 로즈 시럽을 더한 '더티 반둥(Dirty Bandung)'이 시그니처.

📍 32 Seah St, Singapore 188388 🚶 시아 스트리트, MRT 에스플러네이드역 출구 F에서 도보 5분 🕐 월~금요일 08:30~17:00, 토~일요일 10:00~17:00 💰 더티 코코넛 S$8.50, 더티 반둥 S$8.50, 아메리카노 S$5.50 📷 askcoffeeroastery 📖 p.64-C1

## Food&Drink 16
### 더 커피 아카데믹스 The Coffee Academics
**홍콩에서 온 스페셜티 커피**

중국, 싱가포르 등에 지점이 있는 홍콩 프랜차이즈 카페. 나라별 시그니처 메뉴를 선보이는데 싱가포르 매장에서는 부드러운 라테에 뉴질랜드산 마누카 꿀을 넣은 '마누카'가 인기다. 브런치, 파스타 등 식사 메뉴도 있다.

밀레니아워크점(Millenia Walk) 📍 9 Raffles Boulevard, #01-26/28/K17 Millenia Walk Singapore 039596 🚶 밀레니아 워크 1층, MRT 프롬나드역 출구 A에서 도보 4분 🕐 매일 08:00~22:00(마지막 주문 21:00) 💰 아이스 마누카(Ice Manuka) S$8.10 🌐 the-coffeeacademicssg.com 📷 thecoffeeacademicssg 📖 p.65-D2

### Food&Drink 17
## 바샤 커피 Bacha Coffee
**청담동의 줄 서는 바로 그 카페**

"커피계의 에르메스"라고 불리며 국내에서도 화제인 바샤 커피의 고향이 바로 싱가포르다. 이곳은 매장 안에 커피와 음식을 파는 카페가 있어 더욱 특별하다. 시그니처 커피인 '1910'과 산뜻한 과일 향의 '아이 러브 파리'가 인기 있다. 숫자를 보면 100년을 훌쩍 넘는 전통을 떠올리게 되지만 2019년에 론칭한 브랜드.

패션애비뉴점(Fashion Avenue) ⚲ 2 Bayfront Ave, #B2-13/14, Singapore 018972 🚶 더 숍스 지하 2층, MRT 베이프런트역 출구 C, D에서 도보 3분 🕐 일~목요일 10:00~22:00, 금~토요일 10:00~23:00 💰 1910 커피 S$12, 1910 드립백 세트(12개입) S$30/카페 이용 시 서비스 차지&GST 19% 별도
🔗 bachacoffee.com/sg/en  BachaCoffee  p.66-B2

---

### Food&Drink 18
## TWG
**귀여운 애프터눈 티 세트가 단연 인기!**

세계인의 사랑을 받는 TWG는 바샤 커피와 같은 설립자가 탄생시킨 싱가포르의 인기 브랜드다. 이 티 살롱은 싱가포르에서도 가장 큰 규모를 자랑하며 골드와 레드 색감이 화려하면서도 우아한 공간을 연출한다. 넓은 쇼핑몰에서 지쳐갈 때쯤 아기자기한 디저트와 함께 티타임을 즐기는 호사를 누려볼 수 있다.

티가든앳마리나베이샌즈점(Tea Garden at Marina Bay Sands)
⚲ 2 Bayfront Ave, #B2-65/68A, Singapore 018972 🚶 더 숍스 지하 2층, MRT 베이프런트역 출구 C, D에서 도보 10분 🕐 일~목요일 10:00~22:00, 금~토요일 10:00~23:00 💰 티타임 세트 S$25~46(14:00~18:00)/서비스 차지&GST 19% 별도 🔗 twgtea.com  twgteaofficial  p.66-B2

---

### Food&Drink 19
## 파울라너 브로이하우스 싱가포르
Paulaner Bräuhaus Singapore
**맥주 좋아하는 사람들의 천국**

25년 넘게 자리를 지켜온 독일 맥줏집으로 우리에게도 친숙한 파울라너 맥주를 제대로 즐길 수 있다. 지상 1층부터 3층까지 야외 펍과 레스토랑, 갤러리를 운영한다. 넓은 공간과 편안한 분위기 덕분에 가족 여행객도 많이 찾는다.

⚲ 9 Raffles Boulevard, #01-01, Millenia Walk, Singapore 039596 🚶 밀레니아 워크 1층, MRT 프롬나드역 출구 A에서 도보 4분 🕐 일~목요일 11:00~24:00, 금~토요일 11:00~01:00 💰 파울라너 브로이하우스 바이스(Weissbier) S$14~, 파울라너 시그니처 소시지 팬 S$30/서비스 차지&GST 19% 별도 🔗 paulaner-brauhaus-singapore.com  p.65-D2

### Food&Drink 20

**Pick 롱 바** Long Bar

**쓰레기 무단 투기가 이렇게 즐겁다니!**

싱가포르를 대표하는 칵테일 '싱가포르 슬링'이 이곳에서 탄생했다. 청결한 싱가포르에서 이곳만큼은 땅콩 껍질을 바닥에 버리는 것이 통용되는데, 그 쾌감은 가히 독보적이다. 예약을 따로 받지 않아 30분 이상 대기는 각오해야 한다.

📍 1 Beach Rd, Singapore 189673  🚶 래플스 호텔 아케이드 2층, MRT 에스플러네이드역 출구 F에서 도보 2분 🕐 일~수요일 11:00~22:30, 목~토요일 11:00~23:30 🍸 오리지널 싱가포르 슬링 S$39/서비스 차지&GST 19% 별도
✈ raffles.com/singapore/dining/long-bar  📷 longbarsg  🗺 p.64-C2

### Food&Drink 21

**랜턴** Lantern

**잠 못 드는 밤, 분위기는 흐르고**

파노라마처럼 펼쳐지는 마리나 베이의 풍경과 마천루로 둘러싸인 도심의 야경을 한눈에 담을 수 있는 루프톱 바. 엘리베이터의 문이 열리는 순간 멋진 전망에 한 번, 다소 비싼 가격에 또 한 번 놀란다. 예약은 필수며 슬리퍼 착용은 입장이 제한된다.

📍 80 Collyer Quay, Singapore 049326  🚶 풀러턴 베이 호텔 6층. MRT 래플스플레이스역 출구 C에서 도보 8분 🕐 일~목요일 15:00~01:00, 금~토요일, 공휴일 전날 15:00~02:00/DJ 공연 수~목요일 20:00~24:00, 금~토요일 21:00~01:00 🍸 칵테일 S$26~/서비스 차지&GST 19% 별도
✈ fullertonhotels.com/fullerton-bay-hotel-singapore(예약 시 신용카드 1인당 S$30 승인 필요) 📷 lanternrooftopbarsg 🗺 p.64-C4

©The Fullerton Bay Hotel Singapore

### Food&Drink 22

**Pick 넛맥 앤 클로브** Nutmeg&Clove

**2024년 아시아 베스트 칵테일 바 NO.6**

'육두구'와 '정향'을 의미하는 바의 이름, 동서양이 교차하는 감각적인 내부, 이야기가 담긴 핑크 메뉴판과 바텐더의 핑크 재킷까지 모든 것이 조화롭다. 버번위스키 베이스에 초코 웨이퍼를 올린 시그니처 칵테일 '넛맥 앤 클로브'를 추천한다.

📍 8 Purvis St, Singapore 188587  🚶 퍼비스 스트리트, MRT 에스플러네이드역 출구 F에서 도보 6분 🕐 매일 17:00~24:00 🍸 칵테일 S$26/서비스 차지&GST 19% 별도
✈ nutmegclove.com  📷 nutmegandclove  🗺 p.64-C1

# 래플스 시티 쇼핑센터 Raffles City Shopping Centre

**Shopping 02**

접근성 NO.1 복합 상업 시설

래플스 시티는 래플스 시티 쇼핑센터와 래플스 시티 타워, 컨벤션센터, 스위소텔 더 스탬포드 호텔과 페어몬트 싱가포르 호텔 등으로 구성된 복합 상업 시설이다. 시빅 디스트릭트 지역의 교통 허브인 MRT 시티홀역과 에스플러네이드역에서 연결되어 최고의 접근성을 자랑한다. 래플스 시티 쇼핑센터 1층과 2층에는 명품부터 의류, 화장품까지 인기 브랜드가 입점해 있으며, 지하 1층에는 식도락을 즐길 수 있는 음식점들이 모여있다. 밝고 쾌적한 분위기로 남녀노소 모두에게 사랑받는 곳이다.

📍 252 North Bridge Road, Raffles City, Singapore 179415 🚶 MRT 시티홀역, 에스플러네이드역에서 바로 연결 🕐 매일 10:00~22:00 ✈ rafflescity.com.sg 📷 rafflescitysg 📖 p.64-C2

### 층별 주요 매장

|  | 상점 | 레스토랑&카페 |
|---|---|---|
| 3층 | 바인드 아티산 | 피에스 카페, 푸드 정션 |
| 2층 | 비욘드 더 바인스, 찰스앤키스, 망고, 무지, 유니클로 | 카페앤밀 무지, 스타벅스, 푸티엔 |
| 1층 | 앤아더스토리즈, 이솝, 알도, 빔바이롤라, 샤넬, 코스, 디올, 지방시, 키엘, 룰루레몬, 러쉬, 마제, 판도라, 산드로, 세포라, 바샤 커피 | 브로젯, 맥도날드 |
| B1 | 가디언, CS 프레쉬, 라미, 막스앤스펜서, TWG Tea | 어플리초콜릿, 비첸향, 벵갈완 솔로, 브레드토크, 다 파올로 게스트로노미아, 딘타이펑, 향토골, 잇푸도, 서브웨이, 타이청 베이커리, 티옹 바루 베이커리 다이너, 토스트 박스, 야쿤 카야 토스트, 남팟 |
| B2 | 빅토리아 뷰티 스파 |  |

Pick 푸난 몰 Funan Mall

Shopping 03

'용산 전자상가'에서 첨단 친환경 쇼핑몰로 변신!

푸난은 1985년에 전자제품을 판매하던 푸난센터로 시작해 2019년에 쇼핑몰과 오피스 타워, 호텔이 결합된 종합 복합 시설로 재탄생했다. 푸난에 자리한 푸난 몰은 싱가포르에서 최초로 쇼핑몰을 통과하는 자전거 트랙을 마련했고, 7층 옥상에 식용 식물을 재배할 수 있는 도심 농장인 어번 팜(Urban farm)을 운영한다. 푸난 몰과 연결된 공유 숙소 겸 서비스 아파트인 라이프 푸난(Lyf Funan Singapore)은 합리적인 가격과 압도적인 편의성으로 관광객에게 인기가 많다.

📍 107 North Bridge Rd, Singapore 179105  🚶 MRT 시티홀역에서 바로 연결, 도보 4분  🕐 매일 10:00~22:00  🌐 capitaland.com/sg/malls/funan  📷 funansg  📖 p.64-B2

### 층별 주요 매장

|  | 상점 | 레스토랑&카페 | 호텔&스파&레저 |
|---|---|---|---|
| 7층 |  | 트레하우스 카페 | 디 아크 풋살 |
| 5층 |  |  | 골드 빌리지 |
| 4층 | 그라펀트 | 티옹 바루 베이커리 다이너 | 라이프 푸난 싱가포르 호텔, 드럼스트럭 스튜디오 |
| 3층 | 니콘 익스피리언스 허브, 보스 | 달콤커피 | 톱스피드 레이싱 클럽 |
| 2층 | 벤자민 바커, 비욘드 더 바인스, 너 그딘 콜렉디브, 핑크, 러브 보니투 | 모스 버거 익스프레스, PPP 커피 |  |
| 1층 | 브롬톤, 다이슨 | 신포포 커피, 맥도날드 |  |
| B1 | 페어프라이스 파이니스트 | 아줌마, 레전더리 홍콩, 파라다이스 다이너스티 |  |
| B2 |  | 리호 티, 올드 창키, 서브웨이, 야쿤 카야 토스트 | 클라임 센트럴 |

# 선텍 시티 몰 Suntec City Mall

**쇼핑과 미식의 천국**

Shopping 04

마리나 센트럴 중심부에 자리 잡은 선텍 시티는 쇼핑몰, 호텔, 컨벤션센터, 오피스 타워가 들어선 복합 상업 시설이다. MRT 에스플러네이드역과 프롬나드역이 연결되어 있고, 관광객들이 이용하는 각종 투어 버스와 '싱가포르 덕 투어'가 시작되는 교통의 요지이기도 하다. 싱가포르에서 손꼽히는 규모인 선텍 시티 몰에는 360여 개의 브랜드 매장과 100개가 넘는 음식점이 입점해 있다. 지하 1층 야외 광장에 세워진 '부의 분수(Fountain of Wealth)'는 세계에서 가장 큰 분수로 기네스북에 등재돼 있으며, 분수 앞에 서면 쇼핑몰을 비롯해 타워 1부터 타워 4까지 선텍 시티 전체를 한눈에 담을 수 있다.

◎ 3 Temasek Blvd, Singapore 038983  🚶 MRT 에스플러네이드역 출구 A, 프롬나드역 출구 C에서 바로 연결  🕐 매일 10:00~22:00  ✉ sunteccity.com.sg  📷 sunteccity  📍 p.65-D2

### 층별 주요 매장

| | 상점 | 레스토랑&카페 |
|---|---|---|
| 3층 | 토이저러스 | 버거킹 |
| 2층 | 아식스, 리복, 왓슨스 | 딘타이펑, 옹기, 야쿤 카야 토스트(이스트 윙) |
| 1층 | 아디다스, 알도, 버킨스탁, 찰스앤키스, 코튼 온, D&C 디자인 앤 컴포트, 돈 돈 돈키, H&M, 러쉬, 뉴발란스, 나이키, 페드로, 판도라, 산스앤산스, T2 티 | 호시노 커피, 킬리니 카페, 팀 홀튼 커피 하우스 |
| B1 | | 아스톤스 스페셜리티, 크리스탈 제이드 키친, 푸드 리퍼블릭, 파라다이스 다이너스티, 송 파 바쿠테, 토스트 박스, 야쿤 카야 토스트(웨스트 윙) |

**Tips. 혹시 모르니 일단 줄을 서볼까?**

광장에 가까운 크기의 '부의 분수'에는 손을 담그고 시계 방향으로 소원을 빌며 세 바퀴를 돌면 부자가 된다는 속설이 있다. 분수에서 뿜어져 나오는 물을 만질 수 있는 터치 워터 세션(Touch Water Session) 시간이 되면 사람들이 모여든다. 입구에 줄을 서 있으면 직원이 8~10명씩 분수 안쪽으로 안내한다.

· 터치 워터 세션: 매일 10:00·12:00·14:00·16:00·18:00·19:30

(Pick) **래플스 호텔 아케이드** Raffles Hotel Arcade
투숙객이 아니어도 즐길 수 있어요

Shopping 05

부티크 숍부터 미쉐린 레스토랑, 카페, 바까지 투숙객뿐만 아니라 관광객도 편히 들를 수 있는 최고급 상점가. 싱가포르 슬링이 처음 시작된 롱 바p.105와 이름 그대로 싱가포르 커피의 정수를 맛볼 수 있는 싱가포르 커피, 고급스러운 애프터눈 티를 즐길 수 있는 래플스 코트야드, 래플스 호텔의 굿즈를 판매하는 래플스 부티크는 꼭 들러보자.

📍 328 North Bridge Rd, Singapore 188719　🚶 래플스 호텔, MRT 에스플러네이드역 출구 F에서 도보 5분
🕐 매장별 상이　✈ rafflesarcade.com.sg　📖 p.64-C2

---

**마리나 스퀘어** Marina Square
마리나 베이 샌즈 일대가 한눈에

Shopping 06

1985년 오픈 이래 리노베이션을 거쳐 2016년에 재탄생한 쇼핑몰. 각종 패션 브랜드와 라이프 스타일 매장, 식당이 들어선 곳으로 주변 고급 호텔과의 접근성과 조망 때문에 찾는 이가 많다. 에스플러네이드를 오갈 때나 인근 호텔인 만다린 오리엔탈 싱가포르, 팬 퍼시픽 싱가포르 등에 머물면서 부담 없이 식사하기 좋다.

📍 6 Raffles Blvd, Singapore 039594　🚶 MRT 프롬나드역 출구 A에서 도보 6분　🕐 매일 10:00~22:00　✈ marinasquare.com.sg
📷 marinasquaresg　📖 p.65-D3

## Area 02

## 강변 산책과 크루즈 여행
## 리버사이드

# Riverside

*Intro & Access*

# 리버사이드로의 여행

싱가포르강(Sinagpore River)은 킴 셍 다리(Kim Seng Bridge)에서 마리나 베이를 거쳐 싱가포르 해협까지 이어지는 약 3km의 강을 일컬으며, 보트 키(Boat Quay)와 클라크 키(Clarke Quay), 로버트슨 키(Robertson Quay) 3개의 구역으로 나뉜다. MRT 클라크키역을 중심으로 오른편 마리나 베이 쪽에 보트 키, 올드 힐 스트리트 경찰서 쪽 강 주변에 클라크 키, 강 상류에 로버트슨 키가 자리한다.

싱가포르가 무역 강국이자 경제 대국으로 성장하는 데는 싱가포르강이 큰 역할을 했다. 래플스 경은 싱가포르강을 중심으로 정부 기관과 상업 지구를 배치했으며, 관세 없이 무역이 가능한 자유 무역항을 세웠다. 대형 무역선이 싱가포르강에 도착하면 돛 없는 작은 배인 거룻배로 화물을 보트 키와 클라크 키, 로버트슨 키 일대의 물류창고에 실어 날랐다. 1970년대의 싱가포르강은 온갖 쓰레기로 몸살을 앓았지만, 리콴유 총리의 대대적인 정화 작업을 통해 현재의 모습으로 거듭났다.

보트 키 일대엔 싱가포르 전통 가옥인 숍 하우스의 모습을 그대로를 간직한 레스토랑과 펍, 바가 모여 있고, 클라크 키에는 나이트 라이프를 즐기기 좋은 유명 레스토랑과 클럽, 라이브 바가 즐비하다. 외국인들이 거주하는 빌라와 아파트가 있는 부유한 동네, 로버트슨 키에는 세련된 브런치 레스토랑과 카페가 많다.

**Access 리버사이드**
클라크 키와 보트 키 모두 MRT 클라크키역에서 도보로 이동할 수 있다. 로버트슨 키는 MRT의 접근성이 좋지 않은데, 그나마 MRT 그레이트월드역이 가장 가까운 편이다.

**MRT 주요 역**
클라크 키(Clarke Quay)
그레이트월드(Great World)
해브록(Havelock)

**주요 관광지**
**보트 키**
클라크키역 출구 F에서 도보 5~10분
**클라크 키**
클라크키역 출구 C에서 도보 2~6분
**로버트슨 키**
그레이트월드역 1번 출구에서 도보 7~10분

*Theme*

# 사부작사부작 걸어서 강변 산책
# 리버사이드 반나절 여행

말레이 반도 끝에 위치한 섬나라 싱가포르에 래플스 경의 배가 정박한 지 200여 년이 흐른 지금, 싱가포르는 아시아 해상 무역의 중심지에서 관광의 중심지로 그 위상을 넓혔다. 이제 여행자들은 강줄기를 따라 늘어선 옛 건물과 최첨단 기술로 완성한 마천루의 조화에 감탄하고, 싱가포르의 문화가 담긴 레스토랑과 바를 찾으며 과거 위에 세워진 현재를 즐긴다.

배가 드나드는 부두(Quay)에서 엔터테인먼트의 중심으로 변화한 클라크 키와 보트 키만 둘러본다면 반나절로도 충분하지만, '반나절 코스 여행'에 더해 조용한 서쪽 동네 로버트슨 키까지 방문하려면 아침부터 일정을 시작하는 편이 좋다. 여기에 소개한 모든 스폿은 걸어서 방문할 수 있다.

| 14:00 늦은 점심 | **송 파 바쿠테** Song Fa Bak Kut Teh | Food&Drink 01  |

국물이 무한 리필되는 싱가포르식 갈비탕

1969년 길거리 노점상으로 출발해 현재는 싱가포르 전역에 10개가 넘는 매장을 운영 중인 싱가포르의 대표 맛집. '바쿠테'는 중국 푸젠성 출신 이민자들이 돼지 갈비뼈와 마늘, 계피 등을 넣고 여러 시간 동안 끓여 만든 보양식이라고 전해진다. 우리의 갈비탕과 비슷한 맛이라 대부분 만족하는 편이지만, 향신료에 민감한 사람에겐 추천하지 않는다. 식사 시간에 방문하거나 대기 줄이 길다면 본점 바로 옆 분점을 이용하는 것도 방법이다.

본점 ♥11 New Bridge Rd, #01-01, Singapore 059383 ☀ MRT 클라크키역 출구 E에서 도보 2분
⏱ 매일 10:00~21:15 🍴 바쿠테(Pork Ribs Soup) 스몰 S$8.80, 라지 S$11.2, 튀긴 빵(Dough Fritters) S$2.30/서비스 차지&GST 19% 별도 🌐 songfa.com.sg ⦿ songfabkt 🗺 p.115-E3

| 15:30 관광&휴식 | **클라크 키 센트럴** Clarke Quay Central | Sightseeing 01  |

복합 시설로 재탄생한 옛 부두

쇼핑몰, 오피스 타워, 주거 공간으로 구성된 복합 시설로 5층 규모의 쇼핑몰에는 패션과 잡화 브랜드 숍, 식당, 카페 등이 들어서 있다. 지하 1층의 일본 슈퍼마켓 돈 돈 돈키(DON DON DONKI), 1층의 크래프트맨 커피(Craftsmen Coffee)와 찰스 앤 키스(Charles&Keith)가 눈에 띈다. 규모도 아담하고 입점 매장도 특색이 없어 쇼핑보다는 더위를 피해 잠시 쉬어가는 휴식 공간으로 이용된다.

♥6 Eu Tong Sen St, Singapore 059817 ☀ MRT 클라크키역 출구 F, G에서 연결 ⏱ 매일 11:00~22:00 🌐 fareastmalls.sg/Clarke-Quay-Central 🗺 p.115-E3

**17:00 저녁 식사** | Pick **점보 시푸드** JUMBO Seafood | Food&Drink 02

가장 대중적인 칠리크랩

적당히 맵고 달아 호불호가 적은 편이라 칠리크랩을 처음 맛보는 이들에게 추천한다. 후추의 칼칼하면서도 매콤한 맛이 매력적인 페퍼크랩도 별미. 에어컨이 있는 시원한 실내 좌석과 전망 좋은 야외 자리 중 선택할 수 있으며, 저녁이나 주말 방문 시 예약은 필수다. 예약 시 인근에 있는 리버워크점과 헷갈리지 않도록 주의하자. 주얼 창이 공항과 아이온 오차드를 비롯해 여러 곳에 지점이 있으며 2022년에는 서울 여의도 IFC몰에도 입점했다.

**리버사이드포인트점(Riverside Point)** 📍30 Merchant Rd, #01-01/02 Riverside Point, Singapore 058282 🚶MRT 클라크키역 출구 G에서 도보 4분 🕐 매일 11:30~23:00(마지막 주문 22:15) 🦀 머드크랩 1kg S$100.80~(크랩 가격은 시가에 따라 상이), 공심채 볶음(Kang Kong Stir Fried with Sambal) S$16~, 튀긴 빵(Deep Fried Mini Bun/1개) S$10.80/서비스 차지&GST 19% 별도 🔗 jumboseafood.com.sg/en/riverside-point
📷 jumbogroup.singapore 📖 p.115-D3

**19:00 크루즈 승선 1** | Pick **싱가포르 리버크루즈** Singapore River Cruise | Sightseeing 02

스카이라인을 즐기는 최고의 방법

싱가포르의 주요 명소들을 편히 감상하고픈 이들에게 리버크루즈만 한 것도 없다. 클라크 키 선착장에서 출발해 보트 키, 머라이언 파크, 풀러턴 호텔, 마리나 베이 샌즈, 싱가포르 플라이어, 에스플러네이드, 시티홀을 거쳐 다시 클라크 키로 돌아오는 코스로 40분가량 운행한다. 환한 낮보다는 노을을 볼 수 있는 해 질 무렵이나 야경을 즐길 수 있는 밤에 타는 것을 추천한다.

📍Clarke Quay Jetty, Singapore 179023 🚶MRT 클라크키역 출구 F에서 도보 5분 🕐 월~목요일 13:00~22:00(마지막 출발 21:00), 금~일요일·공휴일 10:00~22:30(마지막 출발 21:30) 🎫 성인 S$28, 3~12세 S$18 🔗 rivercruise.com.sg
📷 rivercruise1987 📖 p.115-E3

| Another Choice | 19:00 크루즈 승선 2 | **워터비** WaterB Pte. Ltd. | Sightseeing 03 |

**크루즈 선택지가 하나 더!**

싱가포르 리버크루즈와 마찬가지로 배를 타고 강변을 따라 싱가포르 주요 관광지를 돌아보는 크루즈 투어 프로그램. 운항 코스는 비슷하지만 마리나 베이 샌즈의 스펙트라 라이트 앤 워터 쇼를 보거나 간단한 스낵을 즐길 수 있는 다양한 상품이 있다. 클라크 키에서만 승선하는 싱가포르 리버크루즈와 달리 포트 캐닝, 머라이언 파크 등에서도 탑승할 수 있다.

📍 30 Merchant Road, #03-18 Riverside Point Singapore 058282 🚶 MRT 클라크키역 출구 G에서 Eu Tong Sen(The Central Mall at Clarke Quay)까지 도보 3분 🕐 일반 크루즈 14:00~21:00/라이트 쇼 크루즈 19:30, 20:30 💲 일반 크루즈 성인 S$28, 3~12세 S$18/라이트 쇼 크루즈 성인 S$40, 3~12세 S$20 ✈ waterb.com.sg 📷 waterbcruise 🗺 p.115-E3

---

| 20:00 나이트 라이프 | ⟨Pick⟩ **사우스브리지** Southbridge | Food&Drink 03  |

**전망이 아름다운 루프톱 바**

보트 키 헤리티지 컬렉션 호텔(사우스브리지 윙) 5층에 자리한 루프톱 바. 해 질 무렵이나 늦은 밤에 방문하면 마리나 베이 샌즈까지 강줄기를 따라 탁 트인 리버사이드의 야경을 한눈에 감상할 수 있다. 와인, 맥주는 물론 다양한 칵테일 메뉴를 구비하고 있으며, 당연히 싱가포르 슬링도 있다. 옷차림에 엄격한 편은 아니어서 스마트 캐주얼 정도면 무난하다. 전망 좋은 자리는 예약 필수.

📍 80 Boat Quay, Level 5, Rooftop 049868 🚶 MRT 클라크기역 출구 F에서 도보 5분 🕐 매일 17:00~24:00 💲 칵테일 S$18~28/서비스 차지&GST 19% 별도 ✈ southbridge.sg(예약 가능) 📷 southbridge.sg 🗺 p.115-F3

## 리버크루즈 주요 선착장과 랜드마크

싱가포르 강변을 따라 리버사이드와 마리나 베이 지역을 두루 둘러보는 방법으로 각광 받는 리버크루즈. 싱가포르 리버크루즈와 워터비, 두 업체의 크루즈가 정박하는 선착장과 싱가포르의 주요 명소들을 한눈에 살펴보자.

 워터비 선착장     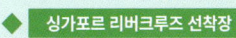 싱가포르 리버크루즈 선착장

·보트 키·    ·클라크 키·

래플스 플레이스 선착장

포트캐닝 선착장

클라크 키 선착장(Eu Tong Sen)

클라크 키 선착장

올드 힐 스트리트 폴리스 스테이션

보트 키에서 클라크 키, 로버트슨 키로 이어지는 싱가포르의 리버사이드 지역.
강변을 따라 늘어선 개성 있는 레스토랑과 카페, 바가 여행자들을 반긴다.
리버사이드에서 꼭 가봐야 할 곳들을 선별해 소개한다.

# Best Spots
## 리버사이드 추천 스폿

- 👁 Sightseeing
- 🍴 Food&Drink
- 🛍 Shopping

### Sightseeing 04
(Pick) **올드 힐 스트리트 폴리스 스테이션**
Old Hill Street Police Station

오래된 경찰서의 화려한 변신

알록달록한 색감이 오가는 이들의 눈길을 사로잡는 이곳은 1934년에 지은 경찰서. 현재는 정보통신부 건물로 내부 출입은 불가하며, 힐 스트리트 건너편 푸난 몰이나 클라크 키에서 전경을 한눈에 담을 수 있다. 밤에는 조명이 더해져 무척 예쁘다.

140 Hill Street, Singapore 179369　MRT 클라크키역 출구 F에서 도보 4분　월~금요일 08:30~12:30, 14:00~17:30　토~일요일　p.115-F2

### Sightseeing 05
**슬링샷과 GX-5 익스트림 스윙**
Slingshot&GX-5 Extreme Swing

리버사이드를 색다르게 즐기고 싶다면

클라크 키를 대표하는 짜릿한 어트랙션. 시속 160km 속도로 70m 상공까지 올라갔다 떨어지는 슬링샷과 최고 속도 120km, 최대 높이 40m까지 상승과 하강을 반복하며 회전하는 GX-5 익스트림 스윙이 있다.

3E River Valley Road, Block E, Singapore 179024　MRT 클라크키역 출구 F에서 도보 5분　매일 16:30~23:30　슬링샷 S$45, 18세 미만 S$35, GX-5 익스트림 스윙 S$45, 18세 미만 S$35/슬링샷: 신장 125cm 이상, GX-5 익스트림 스윙: 12세 이상, 신장 120cm 이상 탑승 가능　p.115-E2

### Sightseeing 06
**킴 셍 공원** Kim Seng Park

로버트슨 키의 감성이 담긴 산책로

강변을 따라 로버트슨 키 끝자락에 위치한 작은 공원. 러닝과 산책을 즐기는 현지인들을 볼 수 있다. 외국인이 많이 거주하는 로버트슨 키 특유의 한적한 분위기, 근사한 레스토랑과 카페를 찾아 이곳까지 왔다면 잠시 쉬어가기 좋은 곳이나.

River Valley Green, Singapore 237793　MRT 그레이트월드역 1번 출구에서 도보 1분　매일 24시간　무료　p.114-A2

## Pick 커먼 맨 커피 로스터즈 Common Man Coffee Roasters  Food&Drink 04

**북적북적 인기 최고 브런치 카페**

로버트슨 키 인근의 브런치 맛집으로 명성이 자자하다. 신선하고 건강한 재료로 만든 다양한 브런치 메뉴도 좋지만 무엇보다 커피가 훌륭하다. 직접 로스팅한 원두는 산미가 강하고 부드러우며 군더더기 없이 깔끔하다. 주말엔 대기가 기본일 정도로 인기가 많고, 조용한 분위기는 기대하기 어렵다. 싱가포르 전역에 6개의 지점과 말레이시아, 필리핀에도 매장이 있다.

마틴로드점(Martin Road) 22 Martin Rd, #01-00, Singapore 239058 MRT 그레이트월드역 1번 출구에서 도보 7분 매일 07:30~18:00 아침 메뉴 S$18~36, 파스타 S$24~28, 아이스 블랙커피 S$7.5, 아이스 화이트 커피 S$8/ 서비스 차지&GST 19% 별도 commonmancoffeeroasters.com commonmancoffee p.114-B2

## Pick 레전더리 바쿠테 Legendary Bak Kut Teh  Food&Drink 05

**현지인 맛집에서 성시경 맛집으로**

바쿠테 맛집을 이야기할 때 송 파 바쿠테p.117와 함께 빠지지 않고 언급되는 곳이다. 3대째 이어온 전통이 고스란히 담긴 이곳의 바쿠테는 오랜 시간 우려낸 깔끔한 국물에 부드러운 돼지갈비가 푸짐하게 들어 있다. 고기 잡내가 적은 편이라 바쿠테를 처음 접하는 사람들도 먹을 만하다.

사우스브리지점(South Bridge) 46 South Bridge Rd, Singapore 058679 MRT 클라크키역 출구 E에서 도보 5분 매일 11:00~22:00 A2 레전더리 바쿠테 콤보 S$10.50, A3 레전더리 바쿠테 S$12.50, 밥 S$1.20, 튀긴 빵(You-Tiao) S$2.50/서비스 차지&GST 19% 별도 legendarybkt.com
legendarybkt p.115-F3

## Food&Drink 06
### BYD by 1826
**근사한 분위기의 뷰 맛집**

드라마 〈작은 아씨들〉에 등장한 레스토랑 겸 바. 아시아 음식 메뉴가 다양하고 수제 맥주 맛이 훌륭하다. 아름다운 강변 뷰는 덤. 선텍 시티와 탄종 파가르 등에도 지점이 있다.

보트키점(Boat Quay) 📍33/34 Boat Quay, Level 1, Singapore 049822
🚶 MRT 클라크키역 출구 F에서 도보 9분 🕐 월~목·일요일 11:30~23:00, 금~토요일 11:30~24:00 🍽 논야 비프 렌당 S$28/서비스 차지&GST 19% 별도
📍byd.1826.sg(구글 맵스·홈페이지 예약 가능) 📖p.115-F4

## Food&Drink 07
### 산초스 Sanchos
**타협 없는 진짜 멕시칸 음식**

싱가포르 강변을 바라보며 즐기는 멕시칸 요리의 맛은 어떨까? 얇은 토르티야에 구운 소고기, 신선한 양상추, 살사 소스 등을 넣은 '그릴드 비프 타코'는 꼭 맛보자. 마가리타 한잔 곁들이면 낙원이 따로 없다.

📍3D River Valley Rd, #01-07, D 179023 🚶 클라크 키 3D, MRT 클라크키역 출구 F에서 도보 6분 🕐 일~목요일 12:00~23:00, 금~토요일 12:00~01:00
🍽 타코 S$14~18, 마가리타 S$20~24/서비스 차지&GST 19% 별도 📍sanchos.com.sg 📖p.115-E3

## Food&Drink 08
### 보타니 로버트슨 키 Botany Robertson Quay
**차분하고 건강한 동네 맛집**

로버트슨 키 주민들의 동네 맛집. 건강하고 맛있는 요리를 지향하며 올데이 브런치와 파스타, 버거 등의 메뉴를 선보인다. 메뉴별로 비건, 글루텐 프리 옵션도 가능하다.

📍86 Robertson Quay, #01-03, Singapore 238245 🚶 MRT 그레이트월드역 1번 출구에서 도보 7분 🕐 월~금요일 09:00~22:00, 토·일요일 08:30~22:00
🍽 올데이 브런치(09:00~18:00) S$14~27/서비스 차지&GST 19% 별도
📍botany.com.sg(예약 가능) 📖p.114-B3

## Area 03

엔터테인먼트
섬에서의 하루
센토사&하버프론트

# Sentosa
# & HarbourFront

*Intro & Access*

# 센토사&하버프론트로의 여행

싱가포르 본섬 남쪽에 위치한 인공 섬 센토사(Sentosa). 말레이어로 '평화와 평온'을 뜻하는 이름에 걸맞게 현지인과 여행자들에게 편안한 휴식과 즐거움을 선사한다. 과거에는 영국군의 요새로 사용되었지만 1960년대 후반 시작된 싱가포르 정부의 개발 계획에 따라 휴양지로 변모했다. 현재는 유니버설 스튜디오 싱가포르를 비롯한 다양한 어트랙션과 고급 호텔, 리조트, 레스토랑, 클럽 등이 들어선 싱가포르의 대표 관광지 중 하나로 아이를 동반한 가족 여행객에게 특히 사랑받는다. 2018년 6월 김정은 위원장과 트럼프 대통령이 이곳 센토사섬의 카펠라(Capella) 호텔에서 정상회담을 갖기도 했다. 싱가포르 시내에서 차량으로 불과 20~30분 거리지만 즐길 거리가 워낙 많으니 오롯이 센토사를 위한 일정을 따로 마련하기를 권한다. 시간 여유가 있다면 하루이틀 섬에 머무르며 센토사와 본토를 잇는 하버프론트(HarbourFront)까지 둘러보는 것도 좋은 방법이다.

### Access 센토사&하버프론트

센토사섬으로 가는 가장 빠른 방법은 본섬 하버프론트의 비보시티 쇼핑몰 3층(Level 3)에서 센토사 익스프레스 모노레일을 타는 것이다. 유니버설 스튜디오 싱가포르가 있는 리조트월드역까지 약 3분 소요된다. 센토사는 케이블카나 택시, 시내버스, 도보로도 갈 수 있다. 센토사 내부에선 센토사 익스프레스, 센토사 버스, 트램인 비치 셔틀, 케이블카로 이동한다.

### MRT 주요 역
**하버프론트**(HarbourFront)

### 주요 관광지
**유니버설 스튜디오 싱가포르**
센토사 익스프레스 리조트월드역에서 도보 2분. 또는 케이블카 센토사역에서 버스 A 탑승 후 리조트월드센토사 정류장 지하 1층 하차, 도보 1분

**비보시티**
MRT 하버프론트역 출구 E와 바로 연결

# Access to Sentosa

## 센토사로 이동하기

먼저 센토사로 이동하는 교통수단과 센토사 내 교통수단을 나누어서 파악해야 한다. 센토사로 들어가는 방법은 센토사 익스프레스(모노레일)부터 케이블카, 택시, 시내버스, 도보까지 다양하다. 또한 센토사로 들어갈 때 탑승한 교통수단과 상관없이 섬 내에서는 센토사 익스프레스, 센토사 버스, 비치 셔틀을 무료로 이용할 수 있다.

· MRT 하버프론트역에서 가장 빠르게 이동하려면 → **센토사 익스프레스**
· 마운트 페이버 공원과 센토사를 모두 돌아본다면 → **케이블카**
· 짐을 들고 센토사 호텔로 이동해야 한다면 → **택시/공유 차량**
· 시내에서 센토사로 느긋하게 이동한다면 → **시내버스**
· 찬찬히 주변 경관을 감상하고 싶다면 → **도보**

 ( Pick ) **센토사 익스프레스 Sentosa Express**
센토사로 가는 가장 보편적인 방법. 하버프론트(비보시티)와 센토사를 연결하는 모노레일로 빠르고 저렴해 가장 많은 여행객이 선택한다.
🚶 MRT 하버프론트역과 연결된 비보시티 3층 탑승장에서 승차 후 동선에 따라 하차 🏷 S$4, 7세 이하 무료(이지링크 카드, 신용카드 결제 가능) ⏱ 07:00~24:00(15분 간격, 역 간 약 1~3분 소요)

## 센토사 익스프레스 노선

| 센토사 익스프레스역 | 비보시티역 VivoCity | 리조트월드역 Resort World | 임비아역 Imbiah | 비치역 Beach |
|---|---|---|---|---|
| 환승역 | 하버프론트역 | | 임비아룩아웃역 | 비치역 환승 허브 |
| 주요 스폿 | · 비보시티 | · 리조트 월드 센토사<br>· 유니버설 스튜디오 싱가포르<br>· S.E.A. 아쿠아리움<br>· 어드벤처 코브 워터파크 | · 마담 투소 싱가포르<br>· 스카이헬릭스 센토사<br>· 센토사 4D 어드벤처랜드<br>· 스카이라인 루지<br>(임비아룩아웃 티케팅 카운터) | · 실로소·팔라완·탄종 비치<br>· 윙스 오브 타임<br>· 메가 어드벤처<br>· 스카이라인 루지<br>(실로소 비치 카운터) |

아이콘 범례: MRT / 케이블카 마운트 페이버 라인 / 케이블카 센토사 라인 / 센토사 버스 A / 센토사 버스 B / 비치 셔틀

### 케이블카 Singapore Cable Car

하버프론트에서 마운트 페이버 라인(Mount Faber Line)을 타고 센토사섬으로 들어갈 수 있다. 이후 섬 내에서는 센토사 라인(Sentosa Line)을 이용한다. 일반 티켓 구매 시 각 구간별 1회씩만 왕복할 수 있으며, 동일한 구간은 중복 탑승할 수 없다. 편도 티켓은 없고, 1일권만 판매한다. 홈페이지 예약 시 10% 할인.

🚶 MRT 하버프론트역 출구 B에서 구름다리를 건너 하버프론트 타워 2 케이블카 승강장 이용  🎫 스카이 패스(마운트 페이버 라인+센토사 라인): 성인 S\$35, 4~12세 S\$25/마운트 페이버 라인: 성인 S\$33, 4~12세 S\$22
⏰ 매일 08:45~22:00(마지막 탑승 21:30)  🔗 booking.mountfaberleisure.com

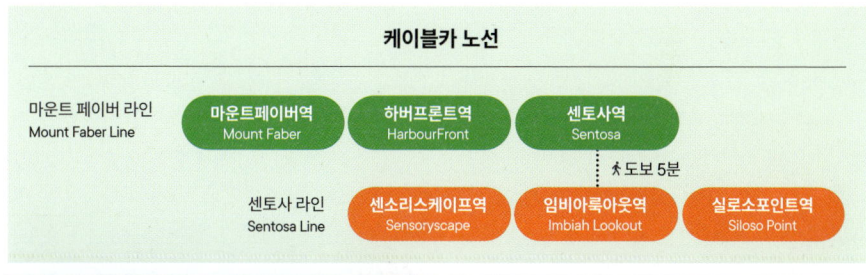

케이블카 노선

### 택시/차량 공유 서비스
센토사로 이동하는 가장 편한 방법으로, 짐이 많을 경우 추천한다. 단, 미터 요금 외에 센토사 입장료가 추가되며, 추가 요금은 시간대별로 다르다.

🏷 미터 요금 외 시간별 추가 요금(07:00~11:29 S$6, 11:30~13:30 S$2, 13:31~17:00 S$6, 17:01~06:59 S$2)

### 시내버스
123번 버스가 시내에서 센토사섬으로 직행한다. 다만 50분 정도 소요되어 시간이 오래 걸리는 편.

🏷 오차드 로드-비치역 S$1.89(거리에 따라 상이)

**123번 버스 노선의 주요 스폿**
오차드 로드-티옹 바루-리조트 월드 센토사-빌리지 호텔-비치역

### 도보
MRT 하버프론트역과 연결된 비보시티 1층(Lobby F)에서 밖으로 나가면 센토사 보드워크(Sentosa Boardwalk)로 센토사까지 걸어갈 수 있다. 동남아시아에서는 유일하게 정원을 테마로 한 이 보드워크에선 바다 풍경뿐 아니라 종종 야외 공연도 함께 즐길 수 있다. 유니버셜 스튜디오까지 약 20분 소요.

# Transport Guide

## 센토사에서 이동하기

센토사섬 내에서는 센토사 익스프레스, 센토사 버스, 비치 셔틀(비치 트램)을 무료로 이용할 수 있다. 이때 비치역이 교통의 허브 역할을 한다는 점을 기억하자. 케이블카는 센토사 라인 티켓을 구매해야 이용할 수 있다.

· 주요 어트랙션 간 이동을 원한다면 → **센토사 익스프레스 또는 센토사 버스**
· 센토사 3대 비치와 그 주변을 즐긴다면 → **비치 셔틀**
· 주변 경관을 감상하고 싶다면 → **케이블카**

### 센토사 익스프레스 Sentosa Express
모노레일인 센토사 익스프레스는 본섬에서 센토사섬으로 이동할 때만이 아니라 센토사 내에서도 가장 빈번하게 이용하는 교통수단이다.
● 무료(센토사 내 이동)
● 매일 07:00~24:00(15분 간격)

### 케이블카 Singapore Cable Car
마운트 페이버 라인이 센토사섬과 외부를 연결한다면, 센토사 라인은 섬 내부를 가로지른다. 이동 목적보다는 주변 경관을 감상하는 관광용으로 주로 이용한다. 기존의 머라이언역(Merlion)은 센서리스케이프역(Sensoryscape)으로 이름이 바뀌었다.
🚶 마운트 페이버 라인 센토사역에서 센토사 라인 환승역인 임비아룩아웃역까지 도보 5분
● 센토사 라인: 성인 S$17, 4~12세 S$12  ● 08:45~22:00(마지막 탑승 21:30)

# Map 01

센토사 버스&비치 셔틀 노선도

### 센토사 버스 Sentosa Bus

A, B 2개의 노선 모두 비치역을 중심으로 순환한다. 걸어가기 힘든 어트랙션과 호텔로 이동할 때 유용하다. 버스 A는 비치역에서 실로소 포인트를 지나 리조트 월드 센토사를, 버스 B는 센토사 동쪽의 유명 호텔들과 팔라완 비치를 순환한다.

◆ 무료　◉ 07:00~24:10(15분 간격)

### 비치 셔틀(비치 트램) Beach Shuttle

과거 비치 트램으로 불렸던 비치 셔틀은 비치역에서 출발해 센토사의 3대 비치인 실로소 비치, 팔라완 비치, 탄종 비치와 그 주변을 왕복한다.

◆ 무료　◉ 일~금요일 09:00~22:00, 토요일 09:00~23:30(10~15분 간격)

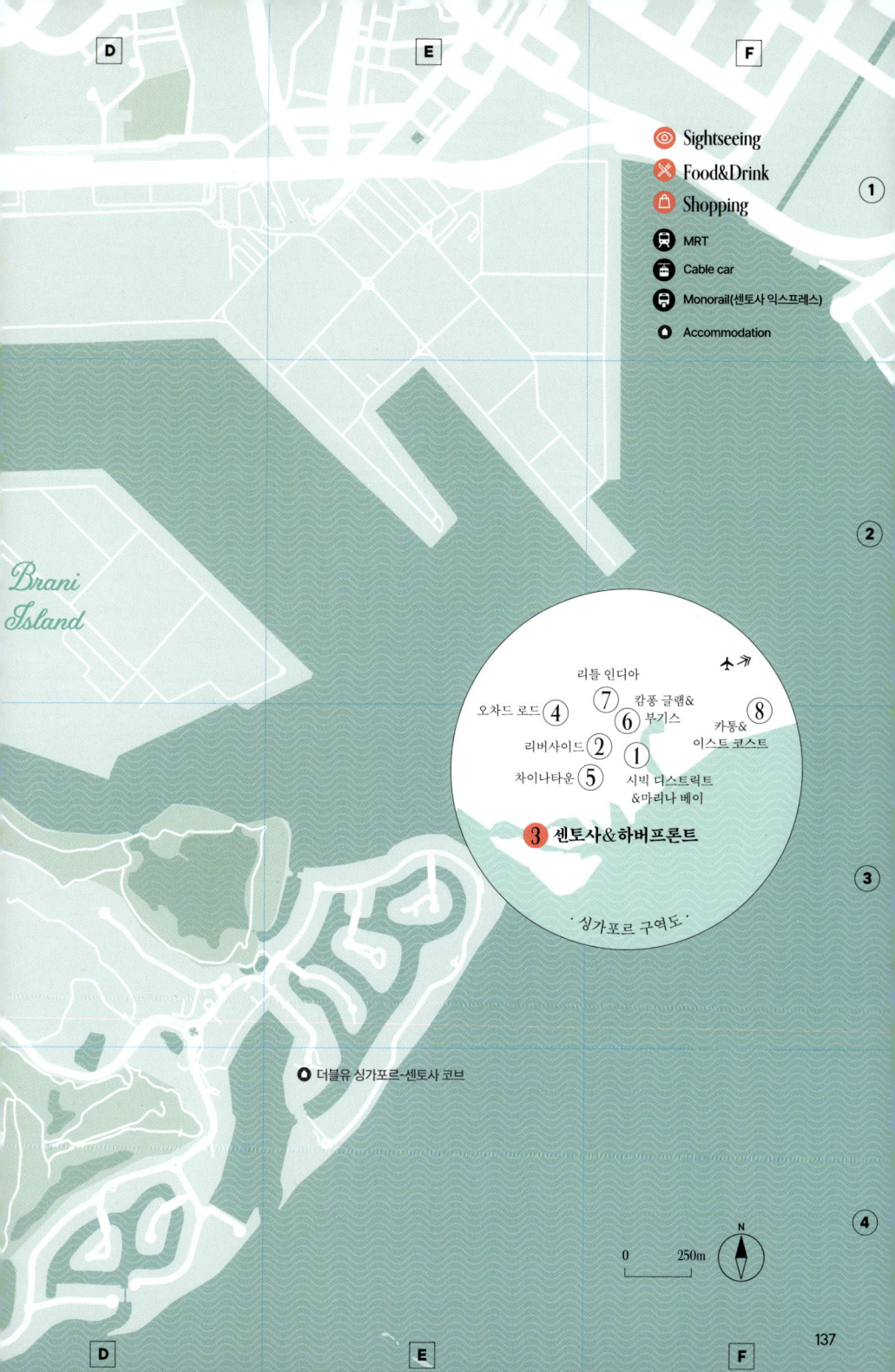

## Theme

# 테마파크부터
# 해변의 석양까지
# 센토사 하루 여행

일단 센토사에 도착하면 도심에서 차량으로 20~30분, 대중교통으로는 40~50분 만에 다다른 곳이라고는 믿기지 않는 풍경이 펼쳐진다. 여의도의 절반에 불과한 면적이지만 영화 속 세상을 그대로 재현한 유니버셜 스튜디오 싱가포르와 신나는 액티비티 루지, 아름다운 3대 비치까지 모두 하루에 둘러보려면 꽤 부지런히 움직여야 한다. 야외 활동이 많은 지역이므로 햇볕이 강할 땐 실내 활동을 즐기고, 자주 휴식을 취하는 것이 중요하다. 유니버셜 스튜디오의 입장이 시작되는 오전 10시에 일정을 시작하고, 해변을 물들이는 아름다운 노을을 끝으로 일정을 마무리하는 걸 추천한다.

| 10:00 액티비티 | **유니버셜 스튜디오 싱가포르** Universal Studios Singapore | Sightseeing 01 |

**모두를 설레게 하는 파란 지구본!**

인기 영화와 TV 쇼를 어트랙션으로 구현한 세계적 테마파크, 동남아시아 유일의 유니버셜 스튜디오가 이곳 센토사섬에 있다. 할리우드(Hollywood), 뉴욕(New York), 사이파이 시티(Sci-Fi City), 고대 이집트(Ancient Egypt), 잃어버린 세계(The Lost World), 머나먼 왕국(Far Far Away), 미니언 랜드(Minion Land) 총 7개의 테마존에 17개의 놀이기구와 9개의 공연을 포함한 총 26개의 어트랙션이 들어서 있다. 규모가 크지 않아 전체를 돌아보는 데 반나절이면 충분하지만, 하루 이용 인원 제한이 있어 사전에 티켓을 구매하는 것을 추천한다. 1시간 이상 기다려야 탈 수 있는 인기 어트랙션은 1일권(One-Day Ticket)과 별개인 유니버셜 익스프레스(Universal Express) 티켓을 구입하면 빠르게 이용할 수 있다.

**Tips. 유니버셜 스튜디오 싱가포르 여행 팁**
· 유니버셜 스튜디오 싱가포르 애플리케이션에서 어트랙션별 예상 대기 시간과 공연 정보 등을 실시간으로 확인할 수 있다.
· 혼자라면 싱글 라이더(Single Riders) 줄을 통해 입장하자.
· 캐노피 플라이어(Canopy Flyer), 트래저 헌터(Treasure Hunter), 매직 포션 스핀(Magic Potion Spin) 등은 유니버셜 익스프레스 이용이 불가하다.
· 나이, 신장 등 어트랙션별 탑승 제한 사항, 시기별 프로모션과 이벤트는 홈페이지에서 확인.

📍 8 Sentosa Gateway, Singapore 098269 🚶 센토사 익스프레스 리조트월드역에서 도보 2분 또는 케이블카 센토사역에서 버스 A 탑승 후 리조트월드센토사 정류장 지하 1층 하차, 도보 1분 ⏰ 매일 10:00~19:00
💰 1일권 성인 S$83, 4~12세 S$62(S$5 상당 음식·기념품 바우처 포함), 유니버셜 익스프레스 S$110 🌐 rwsentosa.com 📷 universalstudio 📖 p.139-F3

## 추천 어트랙션과 제한 사항

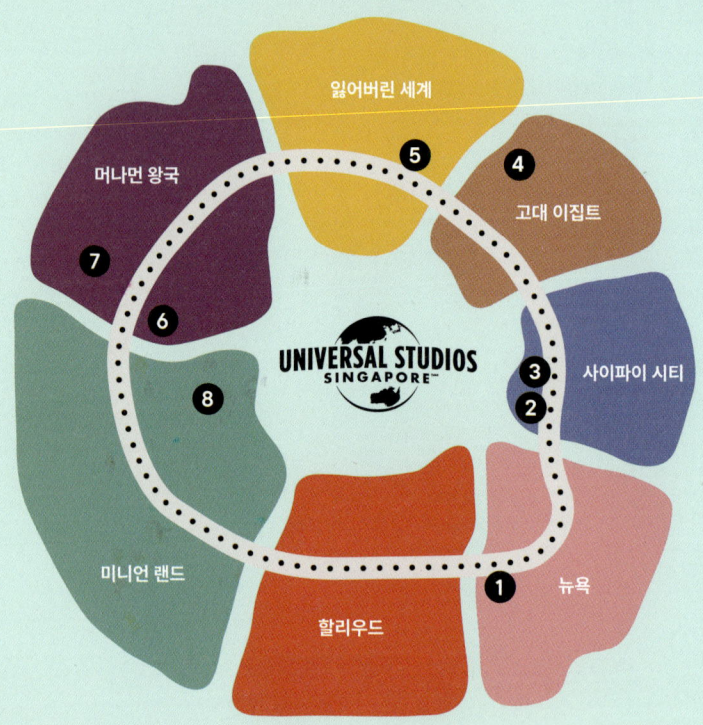

### 뉴욕 New York
❶ 라이트! 카메라! 액션! Light! Camera! Action! : 신장 122cm 미만 어린이는 보호자 동반 입장.

### 사이파이 시티 Sci-Fi City
❷ 트랜스포머 더 라이드 TRANSFORMERS The Ride : 신장 102cm 이상 탑승 가능, 신장 102~122cm 어린이는 보호자 동반 탑승.
❸ 배틀스타 갤러티카 Battlestar Galactica : 휴먼&사이클로: 신장 125cm 이상 탑승 가능.

### 고대 이집트 Ancient Egypt
❹ 리벤지 오브 더 머미 Revenge of The Mummy : 신장 122cm 이상 탑승 가능.

### 잃어버린 세계 The Lost World
❺ 쥬라식 파크 래피드 어드벤처 Jurassic Park Rapids Adventure : 신장 107cm 이상 탑승 가능, 신장 107~122cm 어린이는 보호자 동반 탑승.

### 머나먼 왕국 Far Far Away
❻ 인챈티드 에어웨이즈 Enchanted Airways : 신장 92cm 이상 탑승 가능, 신장 92~122cm 어린이는 보호자 동반 탑승.
❼ 슈렉 4D 어드벤처 Shrek 4-D Adventure : 신장 122cm 미만 어린이는 보호자 동반 입장.

### 미니언 랜드 Minion Land
❽ 부기 부기 Buggie Boogie : 신장 122cm 미만 어린이는 보호자 동반 입장.

## 유니버셜 스튜디오 싱가포르의 추천 스폿

### 할리우드 Hollywood
**설레는 기념품과 볼거리가 가득!**

입구에서 가장 가까운 테마존으로 1970년대 미국 브로드웨이를 재현했다. 판타지 할리우드 극장을 비롯해 다양한 캐릭터의 기념품 숍을 만날 수 있다.

### 뉴욕 New York
**싱가포르에서 만나는 뉴욕의 랜드마크**

스티븐 스필버그 감독의 특수 효과를 체험하는 라이트! 카메라! 액션!(Light! Camera! Action!)은 오직 싱가포르 유니버셜 스튜디오에서만 만날 수 있는 어트랙션이다.

### 사이파이 시티 Sci-Fi City
**인기 어트랙션이 모여 있는 곳**

짜릿한 회전과 낙하를 즐기는 강심장이라면 이곳을 놓쳐선 안 된다. 영화 〈트랜스포머〉를 테마로 한 3D 어트랙션 트랜스포머 더 라이드(TRANSFORMERS The Ride), 세계에서 가장 긴 듀얼 롤러코스터이자 동명의 미국 TV 드라마를 주제로 한 배틀스타 갤러티카(Battlestar Galactica)는 미래 도시를 주제로 아드레날린을 최고조로 이끈다. 듀얼 롤러코스터 중에서는 사이클론(Cylon)이 휴먼(Human)보다 더 짜릿하다.

## 유니버설 스튜디오 싱가포르의 추천 스폿

### 고대 이집트 Ancient Egypt
**캄캄한 암흑 속에서 펼쳐지는 모험**

미라를 주제로 한 실내 롤러코스터 리벤지 오브 더 머미(Revenge of The Mummy)는 유니버설 스튜디오에서 가장 인기 있는 어트랙션 중 하나. 암흑 속 급커브와 수직 하강의 짜릿함이 압권이다.

### 잃어버린 세계 The Lost World
**영화 속 액션에 환호하는 시간**

원형 보트를 타고 급류를 탐험하는 쥬라식 파크 래피드 어드벤처(Jurassic Park Rapids Adventure)와 영화 속 액션을 실감나게 재현한 워터월드(Water World)가 이곳에 있다. 워터월드 공연은 우의를 준비하는 관람객도 있을 정도.

### 머나먼 왕국 Far Far Away
**오직 싱가포르에만 있는 슈렉 테마존**

아이들에게 가장 인기 있는 구역으로 애니메이션 〈슈렉〉을 배경으로 한 롤러코스터 인챈티드 에어웨이즈(Enchanted Airways)뿐만 아니라 슈렉과 피오나 공주의 모험담을 담은 4D 영화 〈슈렉 4D 어드벤처〉를 만날 수 있다.

### 미니언 랜드 Minion Land
**NEW! 2025년 2월 오픈**

인기 애니메이션 〈미니언즈〉의 캐릭터로 꾸민 신규 테마존. 미니언 댄스 파티를 콘셉트로 한 회전목마 부기 부기(Buggie Boogie)와 공중에서 빙글빙글 돌아가는 놀이기구 실리 스월리(Silly Swirly) 등의 어트랙션과 기념품 숍, 레스토랑이 있다.

©Resorts World Sentosa Singapore

©Resorts World Sentosa Singapore

| 14:00 관광 | **S.E.A. 아쿠아리움** S.E.A. Aquarium | Sightseeing 02 |

**신비한 바닷속 세계로!**

40여 개 서식지의 해양 생물 1000여 종, 10만 마리가 사는 바닷속 세계를 그대로 옮겨 놓았다. 거대한 난파선이 담긴 수조를 시작으로 12종이 넘는 상어를 가까이에서 볼 수 있는 유리 터널과 다양한 퍼포먼스가 펼쳐지는 다이버 쇼 등 볼거리가 풍성하다. 이곳의 하이라이트는 초대형 수조인 오픈 오션 해비타트(Open Ocean Habitat), 형형색색의 물고기를 바라보고 있노라면 바깥세상은 까맣게 잊고 만다. 유니버셜 스튜디오와 함께 남녀노소, 가족 단위 모두가 만족할 곳.

📍 8 Sentosa Gateway, Sentosa Island, Singapore 098269 🚶 센토사 익스프레스 리조트월드역에서 도보 6분 또는 케이블카 센토사역에서 버스 A 탑승 후 리조트월드센토사 정류장 지하 1층 하차, 도보 5분
🕐 매일 10:00~19:00 💲 성인 S$74, 4~12세 S$33 🌐 rwsentosa.com 💬 s.e.a.aquarium 📖 p.139-E1

**Another Choice**

# 어드벤처 코브 워터파크 Adventure Cove Waterpark

Sightseeing 03

**더위를 한 방에 날려줄 수상 낙원**

싱가포르의 최대 워터파크로 14개의 테마존에 여러 개의 워터 슬라이드와 어트랙션이 있다. 특히 튜브 위에서 롤러코스터를 타는 듯한 기분을 느낄 수 있는 립타이드 로켓(Riptide Rocket)과 스노클링을 하며 바닷속 2만여 마리의 알록달록한 열대어를 만날 수 있는 레인보 리프(Rainbow Reef)가 인기. 유유자적 유수풀을 떠다니는 어드벤처 리버(Adventure River)와 인공 파도 풀장인 블루워터 베이(Bluewater Bay) 등 다채로운 물놀이를 즐길 수 있다.

📍 8 Sentosa Gateway, Sentosa Island, Singapore 098269 🚶 센토사 익스프레스 리조트월드역에서 도보 14분 또는 케이블카 센토사역에서 버스 A 탑승 후 리조트월드센토사 정류장 지하 1층 하차, 도보 12분
🕐 매일 10:00~17:00 💰 성인 S$40, 4~12세 S$32(수건 불포함, 로커 가격 크기에 따라 S$10, S$20)
✈ rwsentosa.com 📖 p.139-D2

> **Tips.** 어드벤처 코브 추천 어트랙션 제한 사항
> **립타이드 로켓**(Riptide Rocket): 신장 107cm 이상, 107~122cm 어린이는 보호자 동반 탑승.
> **레인보 리프**(Rainbow Reef): 신장 107cm 이상, 107~122cm 어린이는 보호자 동반 이용.
> **어드벤처 리버**(Adventure River): 신장 122cm 미만 어린이는 보호자 동반 이용.
> **블루워터 베이**(Bluewater Bay): 신장 122cm 미만 어린이는 보호자 동반 이용.

| 16:00 | 스카이라인 루지 Skyline Luge | Sightseeing 04 |
|---|---|---|
| 액티비티 | 씽씽 신나게 달려보자! | |

별도의 동력 장치 없이 지형의 경사와 중력만으로 카트를 타고 트랙을 즐기는 루지. 탑승 전 간단한 안내 교육을 진행하고 작동법도 어렵지 않아 누구나 쉽게 배울 수 있고, 어른과 함께라면 6세 미만도 탈 수 있다. 스키장 리프트와 비슷한 스카이라이드와 세트로 구성돼 있으며, 총 4개의 트랙 중 자유롭게 선택하면 된다. 모든 코스의 출발점(임비아룩아웃)과 도착점(실로소 비치)은 같으며, 그 과정을 원하는 난이도로 정하는 방식이다. 초보자는 무난한 '정글(Jungle)' 트레일을, 제법 신나게 내려오고 싶다면 '쿠푸 쿠푸(Kupu Kupu)' 또는 '드래곤(Dragon)' 트레일을 추천한다. 금~토요일은 저녁까지 운영한다.

**임비아룩아웃 디케팅 가운디** 1 Imbiah Rd, Singapore 099692
일~목요일 10:00~19:30, 금~토요일 10:00~21:00(마지막 탑승 각 1시간 전까지) 루지+스카이라이드: 2회 S$28~32, 3회 S$29~35, 4회 S$30~38, 5회+사진 S$44~46. 6세 미만 무제한 동반(Unlimited Child Doubling, 신장 110cm 미만 조건): S$12 sentosa.skylineluge.com  p.139-D2

**Tips. 스카이라인 루지 티케팅 카운터 찾아가기**
**임비아룩아웃 티케팅 카운터**
· [센토사 익스프레스] 임비아역에서 도보 1분.
· [케이블카] 센토사역 또는 임비아룩아웃역에서 도보 1분.
· [버스 A] 임비아룩아웃 정류장 하차.

**실로소 비치 카운터**
· [센토사 익스프레스] 비치역에서 도보 2분.
· [케이블카+비치 셔틀] 실로소포인트역 하차 후 비치 셔틀을 탄 다음 비치역 하차.
· [버스 A 또는 B] 비치역 정류장 하차.

**Tips. 루지, 스카이라이드 탑승 조건**
· **루지**: 6세 이상, 신장 110cm 이상 탑승 가능. 6세 미만, 신장 110cm 미만 어린이는 별도 티켓으로 성인 동반 탑승.
· **스카이라이드**: 신장 85~135cm 어린이는 성인 동반 탑승.

| 17:00 해변 산책 | **실로소 비치** Siloso Beach | Sightseeing 05 |

**활기가 넘치는 서쪽 해변**

팔라완 비치, 탄종 비치와 함께 섬의 가장 서쪽에 자리한 해변으로 이들 중 가장 규모가 크다. 'SILOSO' 알파벳 포토 스폿을 중심으로 펼쳐진 해변의 고운 모래와 잔잔한 파도 덕분에 물놀이와 해양 스포츠를 즐기기에 제격이다. 레스토랑, 비치 클럽, 카페, 바, 숙박 시설 등의 편의 시설도 잘 갖춰져 현지인이 사랑하는 휴식처일 뿐만 아니라 가족 단위 여행객에게도 인기가 많다.

📍Siloso Beach, Singapore 🚶센토사 익스프레스 비치역 하차 후 비치 셔틀을 탄 다음 실로소포인트 정류장 하차 또는 케이블카 실로소포인트역에서 버스 A 탑승 후 실로소포인트 정류장 하차 📖p.138-B3

**Another Choice**

## 팔라완 비치 Palawan Beach
**즐길 거리가 가득한 해변**

Sightseeing 06

실로소 비치와 탄종 비치 사이에 자리한 해변. 긴 해안선을 따라 모래성을 테마로 한 어린이 수영장부터 놀이기구를 갖춘 수상 레저 시설, 비치 클럽이 활기찬 에너지를 뿜어낸다. 센토사의 자연이 한눈에 펼쳐지는 아시아 대륙 최남단 전망대(Southernmost Point of Continental Asia)의 일몰은 하루를 마무리하기에 제격!

📍Palawan Beach, Singpapore 🚶센토사 익스프레스 비치역에서 탄종 비치행 비치 셔틀 탑승 후 오퍼짓팔라완비치 정류장 하차 또는 케이블카 센서리스케이프역(구 머라이언역)에서 도보 10분 또는 버스 B 팔라완비치 정류장 하차 📖p.136-C4

---

**Another Choice**

## 탄종 비치 Tanjong Beach
**낮과 밤이 다른 반전 매력**

Sightseeing 07

센토사 동쪽 끝에 자리한 곳으로 3개의 해변 중 가장 한적하다. 그러나 밤이 되면 태닝을 즐기는 한가로운 분위기는 사라지고, 탄종 비치 클럽 p.150을 중심으로 음악과 낭만이 어우러진 '핫플'이 된다. 비치 클럽을 여유롭게 즐기고 싶다면 평일에, 기분 좋은 북적임을 즐긴다면 주말에 방문할 것.

📍Tanjong Beach, Singapore 🚶센토사 익스프레스 비치역에서 탄종 비치행 비치 셔틀 탑승 후 탄종비치 정류장 하차 또는 케이블카 센서리스케이프역(구 머라이언역)에서 비치역까지 도보 이동 후 비치 셔틀을 탄 다음 탄종비치 정류장 하차 📖p.136-C4

| **18:00** | **트라피자** Trapizza | Food&Drink 01 |
| 저녁 식사 | 캐주얼하게 즐기는 정통 이탤리언 피자 | |

실로소 비치에서 가장 인기 있는 레스토랑으로 글로벌 호텔 체인인 샹그릴라에서 운영한다. 화덕에 구워 기름기가 적고 바삭한 피자는 어느새 한 판 '순삭'이 가능하다. 시그니처 피자에 시원한 생맥주까지 곁들이면 부러울 게 없다.

📍 10 Siloso Beach Walk, Singapore 098995 🚶 센토사 익스프레스 비치역에서 도보 2분 ⏰ 월~목요일 12:00~21:00, 금~일요일 11:00~22:00 💳 피자 S$24~46(카드만 가능)/서비스 차지&GST 19% 별도 📷 trapizza.sg  p.138-B2

| Another Choice | **코스테스** Coastes | Food&Drink 02 |
| | 실로소 비치에서 쉴 곳은 여기! | |

탁 트인 비치 앞에 놓인 선베드와 테이블에서 피자, 버거, 파스타 등의 식사와 음료를 즐길 수 있는 곳. 아이들도 쉬어가기 좋아 가족 단위 여행객도 즐겨 찾는다. 평일·주말 메뉴 구성이 시간대에 따라 조금씩 바뀐다.

📍 50 Siloso Bch Walk, #01-06, Singapore 099000 🚶 센토사 익스프레스 비치역에서 도보 4분 ⏰ 월~목요일 11:00~21:00, 금요일 11:00~22:30, 토요일 09:00~22:30, 일요일 09:00~21:00 💳 피자 S$25~34/서비스 차지&GST 19% 별도 🌐 www.coastes.com  p.139-D3

| **20:00** | **탄종 비치 클럽** Tanjong Beach Club | Food&Drink 03 |
| 나이트 라이프 | 센토사 비치 클럽의 원조 | |

2010년 오픈한 인기 비치 클럽으로 주말에는 자리가 없을 정도다. 칵테일이나 맥주, 와인 한잔 마시러 가도 좋고, 브런치나 저녁 식사를 즐기기에도 좋다. 다소 비싼 편이고, 자리에 따라 최소 주문 금액도 발생한다.

📍 120 Tanjong Beach Walk, Singapore 098942 🚶 센토사 익스프레스 비치역에서 비치 셔틀 탑승 후 탄종비치 정류장 하차 ⏰ 월~목요일 10:30~21:30, 금~일요일 10:00~22:00 💳 칵테일 S$23~26, 시그니처 탄종 버거 S$32/서비스 차지&GST 19% 별도 🌐 www.tanjongbeachclub.com p.136-C4

대부분의 여행자가 유니버셜 스튜디오를 방문하기 위해 센토사를 찾지만 이 섬을 당일치기로 다녀오는 것은 왠지 아쉽다. 짜릿한 놀이기구, 화려한 나이트쇼, 열정 넘치는 비치 클럽은 물론 해변 앞 리조트와 호텔에서 휴식을 취하기도 그만이다. 싱가포르 본섬과 센토사를 잇는 관문 하버프론트에선 페이버산에 오르거나 비보시티만 구경해도 시간이 금세 흐른다.

# Best Spots

## 센토사&하버프론트 추천 스폿

- 👁 Sightseeing
- 🍴 Food&Drink
- 🛍 Shopping

### Pick 마운트 페이버 공원 Mount Faber Park　　　　Sightseeing 08
**자연과 도시 경관을 한눈에**

싱가포르에서 두 번째로 높은 페이버산에 오르는 방법은 여러 가지다. 물론 버스나 택시로도 갈 수 있지만, 자연을 두 눈에 가득 담고 싶은 여행자에게는 케이블카가 제격이다. 케이블카를 타고 마운트페이버역에서 도보 10분이면 정상인 페이버 피크(Faber Peak)에 다다르는데, 이곳에 서면 센토사섬과 싱가포르 도심이 파노라마처럼 펼쳐진다. 싱가포르 관광청에서 공식 인증한 5개의 머라이언 중 하나인 3m 크기의 머라이언 동상도 만날 수 있다.

📍Mount Faber Rd, Singapore 🚶 MRT 하버프론트역 B번 출구에서 하버프론트타워 2층으로 이동, 케이블카 마운트 페이버 라인 탑승 후 마운트페이버역 하차 🕐 24시간 💲 무료
🔗 mountfaberleisure.com 📖 p.136-B1

### Plus Spot 헨더슨 웨이브 Henderson Waves　　　　Sightseeing 09
**산과 숲을 연결하는 하늘 위 노을 명소**

마운트 페이버와 텔록 블랑가 힐(Telok Blangah Hill)을 연결하는 싱가포르에서 가장 높은 보행자 전용 다리. 높이 36m, 길이 274m의 독특한 곡선 구조는 파도를 형상화했다고 알려져 있다. 매일 저녁 7시부터 새벽 2시까지 켜지는 조명이 낭만을 더한다.

📍Henderson Rd, Mount Faber Park, Telok Blangah Hill Park, Singapore 🚶 마운트 페이버 피크에서 도보 10~15분 🕐 24시간 💲 무료 📖 p.136-B1

## 윙스 오브 타임 Wings of Time
**물의 장막 위로 펼쳐지는 밤의 분수 쇼**

Sightseeing 10

센토사에서 나이트쇼를 경험하고 싶다면 실로소 비치의 이곳으로 가자. 탁 트인 밤바다를 배경으로 가상의 인물인 레이첼과 펠릭스가 전설의 새가 집으로 돌아가도록 돕기 위해 시간 여행을 떠난다. 화려한 레이저와 분수, 불꽃은 기대 이상의 감동. 좌석은 등받이 유무에 따라 일반과 프리미엄으로 구분되며, 약 20분 동안 진행된다.

📍 60 Siloso Beach Walk, Singapore 098997
🚶 센토사 익스프레스 비치역에서 하차, 도보 2분 또는 케이블카 센서리스케이프역(구 머라이언역)에서 도보 13분 또는 버스 A, B 비치역에서 하차 🕐 매일 19:40·20:40 🎫 일반 티켓 S$19, 프리미엄 티켓 S$24(온라인 10% 할인)/4세 이하 무료
✈ mountfaberleisure.com 📖 p.139-D3

## Pick 메가 어드벤처 Mega Adventure
**실로소 비치를 즐기는 가장 짜릿한 방법**

Sightseeing 11

이름처럼 다양한 메가급 액티비티 중에서도 75m 높이에서 실로소 비치 위를 활강하는 메가집이 단연 인기. 로프로 장애물을 넘는 메가클라임, 15m 높이 나무에서 낙하하는 메가점프, 어린이 트램펄린 메가바운스 등이 여행객들을 기다린다.

📍 10A Siloso Beach Walk, Singapore 099008 🚶 센토사 익스프레스 비치역에서 실로소 비치행 비치 셔틀 탑승 후 메가어드벤처 정류장 하차 또는 버스 A 실로소포인트 정류장 하차 🕐 매일 11:00~18:30(마지막 탑승: 메가집·메가바운스 18:30, 메가클라임 17:45) 🎫 메가집 S$66, 메가클라임+점프 S$66, 메가바운스 S$20 ✈ sg.megaadventure.com 📖 p.138-B2

---

**Tips. 메가 어드벤처 이용 조건**
- **메가집**(MegaZip): 신장 90cm 이상, 체중 30~140kg 이용 가능/신장 90cm 이상, 체중 30kg 이하 어린이는 보호자 동반 이용.
- **메가클라임**(Mega Climb): 신장 90cm 이상, 체중 120kg 이하 이용 가능.
- **메가점프**(Mega Jump): 체중 30~120kg 이용 가능.
- **메가바운스**(MegaBounce): 체중 10~90kg 이용 가능.

## 스카이파크 센토사 바이 AJ 해켓 Skypark Sentosa by AJ Hackett   Sightseeing 12
**스리, 투, 원, 번지!**

실로소 비치를 배경으로 47m 타워에서 뛰어내리는 번지점프에 도전해보자. 특수 케이블에 매달려 최고 시속 120km로 하강하는 자이언트스윙, 투명한 바닥 위를 걷는 스카이브리지도 준비되어 있다. 자, 이제 용기만 내면 된다!

📍 30 Siloso Beach Walk, Sentosa Island, Singapore 099011
🚶 센토사 익스프레스 비치역에서 실로소 비치행 비치 셔틀 탑승 후 스카이파크 정류장 하차 또는 버스 A 실로소포인트 정류장 하차 ⏰ 매일 11:30~19:30(마지막 등록 19:00)
💰 번지점프 S$129, 자이언트스윙 S$69, 스카이브리지 S$15
🔗 skyparksentosa.com 📖 p.138-C2

> **Tips. 스카이파크 이용 조건**
> · **번지점프**(Bungy Jump): 체중 45~150kg 이용 가능.
> · **자이언트 스윙**(Giant Swing): 신장 120cm 이상, 어린이 체중 30kg 이상, 성인 체중 60~150kg/2명 탑승 시 300kg 이하 이용 가능.

## 마담 투소 싱가포르 Madame Tussauds Singapore   Sightseeing 13
**밀랍 인형으로 만나는 셀러브리티**

전 세계 유명 인사의 실물 크기 밀랍 인형을 전시하는 박물관으로 2014년 오픈했다. 한류관(K-Wave Zone)에서는 수지, 이민호 등의 밀랍 인형도 만날 수 있다. 전시 관람 외에도 배로 싱가포르를 경험하는 어트랙션과 마블 영화의 주인공들이 등장하는 4D 영화 체험 등의 즐길 거리가 마련되어 있다. 홈페이지에서 예약 시 10% 이상 할인된다.

📍 40 Imbiah Rd, Sentosa, Singapore 099700 🚶 센토사 익스프레스 임비아역에서 도보 4분 또는 케이블카 센토사역·임비아룩아웃역에서 도보 3분 또는 버스 A 임비아룩아웃 정류장 하차 ⏰ 매일 10:00~19:00(마지막 입장 18:00)
💰 성인 S$44, 3~12세 S$32(디지털 기념사진 1장 포함)
🔗 madametussauds.com/singapore 📷 mtssingapore
📖 p.139-D3

## 스카이헬릭스 센토사 SkyHelix Sentosa
**싱가포르에서 가장 높은 어트랙션**

Sightseeing 14

사방으로 뻥 뚫린 좌석이 360°로 돌며 해발 79m 높이까지 천천히 움직이기 때문에 센토사는 물론 남쪽 섬의 전망을 파노라마로 감상할 수 있다. 롯데월드의 자이로드롭을 떠올리게 하지만 승·하강 속도가 다르다. 최대 16명까지 탑승하며, 정상에서 머무는 10분을 포함해 총 20분 정도 소요된다.

📍 41 Imbiah Rd, Sentosa, Singapore 099707 🚶 센토사 익스프레스 임비아역에서 도보 1분 또는 케이블카 센토사역·임비아룩아웃역에서 도보 3분 또는 버스 A 임비아룩아웃 정류장 하차 🕐 매일 10:00~21:30(마지막 입장 21:15) 💰 성인 S$20, 4~12세 S$17(온라인 구매 시 10% 할인) 🌐 mountfaberleisure.com  p.139-D2

> **Tips. 스카이헬릭스 센토사 탑승 조건**
> 신장 105cm 이상 탑승 가능, 신장 105~120cm·12세 미만은 성인 동반 탑승.

## 센토사 4D 어드벤처랜드 Sentosa 4D AdventureLand
**남녀노소 오감 만족 영화관**

Sightseeing 15

아시아 최초의 4D 영화관으로 4가지 영상과 게임에 따라 의자가 움직이고 비, 바람, 안개, 진동 등의 특수 효과를 느끼며 화면 속 환경을 그대로 경험할 수 있다. 온라인 예매 시 할인이 있으며, 상영 시간은 약 1시간 30분이다. 이용 조건은 신장 110cm 이상.

📍 51B Imbiah Rd, Singapore 099708 🚶 센토사 익스프레스 임비아역에서 도보 13분 또는 케이블기 센토시역·임비아룩아웃역에서 도보 3분 또는 버스 A 임비아룩아웃 정류장 하차 🕐 매일 12:00~19:00(2가지 라이드, 4-in-1 콤보 마지막 입장 18:00/싱글 라이드 18:40) 💰 4-in-1 콤보 성인 S$49.90, 3~12세 S$36.90, 홈페이지에서 구매 시 성인 S$44.90, 3~12세 S$35/패밀리 패키지(성인 2명+어린이 2명) S$130 🌐 4dadventureland.com.sg  p.139-D2

### Food&Drink 04

## 에프오시 바이 더 비치 FOC by the Beach
**탄종 비치의 활기찬 스페인 식당**

카탈루냐 해안가 식당에서 착안한 스페인 요리 전문점으로 '파에야 (Paella)'가 대표 메뉴. 쌀을 주재료로 치킨, 해산물 등 부재료에 따라 변주가 가능한데 조리 시간이 30분 정도 걸린다. 상그리아에 타파스 조합도 추천.

📍 110 Tanjong Beach Walk, Singapore 098943 🚶 센토사 익스프레스 비치역에서 탄종 비치행 비치 셔틀 탑승 후 어퍼짓탄종1카파크 하차 🕐 월요일 12:00~21:00, 수·목·일요일 11:30~22:30, 금~토요일 11:30~23:00 ❌ 화요일 🍽 파에야 S$40~54, 상그리아 S$18, 평일 런치 코스 ~S$38/서비스 차지&GST 19% 별도 📖 p.136-C4

### Food&Drink 05

## 올라 비치 클럽 Ola Beach Club
**실로소 비치에서 느끼는 하와이 바이브!**

해변을 배경으로 먹고 마시는 비치 클럽을 넘어 바나나보트, 카약 등 수상 스포츠를 즐길 수 있는 곳. 한적한 휴양지 같은 분위기가 공간을 채운다. 주말은 테이블과 선베드에 1인당 최소 지불 금액이 있고, 예약은 필수.

📍 46 Siloso Beach Walk, Singapore 099005 🚶 센토사 익스프레스 비치역에서 도보 5분 🕐 월~목요일 10:00~21:00, 금요일 10:00~22:00, 토요일 09:00~22:00, 일요일 09:00~21:00 🍽 바나나보트·카약 S$25~, 피자 S$24~27/서비스 차지&GST 19% 별도 🌐 olabeachclub.com 📖 p.138-C3

### Food&Drink 06

## 플러스 트웰브 +Twelve
**팔라완 비치의 신상 '핫플'**

만 16세 이상 입장 가능한 비치 클럽. 입장료는 따로 없지만 카바나, 데이베드 등의 자리마다 최소 지불 금액이 있고, 요일과 시간별 가격이 다르다. 투명 유리로 된 수영장에서 인증샷은 필수.

📍 54 Palawan Beach Walk, Singapore 098233 🚶 센토사 익스프레스 비치역에서 탄종 비치행 비치 셔틀 탑승 후 팔라완키즈시티 정류장 하차 🕐 월~금요일 11:00~21:00, 토~일요일 09:30~22:30 🍽 플러스 트웰브 와규 사테 S$35, 하이네켄 생맥주 S$18/서비스 차지&GST 19% 별도 📖 p.139-E4

( Pick ) **비보시티** VivoCity                    Shopping 01

**센토사에 간다면 무조건 들르게 된다!**

싱가포르에 있는 쇼핑몰 중에서 가장 규모가 크고, MRT 하버프론트역과 바로 연결돼 센토사섬을 방문한다면 한 번은 들르게 되는 곳이다. 지하 2층부터 패션과 뷰티, 라이프 스타일 매장과 슈퍼마켓, 식당, 카페 등이 입점해 있고 고급 브랜드보다는 트렌디한 중저가 브랜드 숍이 주를 이룬다. 3층에는 푸드 코트인 푸드 리퍼블릭(Food Republic)과 센토사섬으로 가는 모노레일인 센토사 익스프레스 탑승장이 있다.

⊙ 1 HarbourFront Walk, Singapore 098585   ⊼ MRT 하버프론트역 출구 C, E와 바로 연결
⊙ 매일 10:00~22:00  ⊼ vivocity.com.sg  ⊙ vivocitysingapore  ⊙ p.136-C2

### 층별 주요 매장

|  | 상점 | 레스토랑&카페 |
|---|---|---|
| 3층 |  | 댄싱 크랩, 푸드 리퍼블릭 |
| 2층 | 벤자민바커, 버켄스탁, 찰스앤키스, 코튼 온, 다이소 재팬, 러브 보니토, 페드로, 샘소나이트, 산스앤산스, 탕스, 토이저러스, 타이포 | 타이 어센트, 아스톤 스페셜리티즈, 리호 티, 파라다이스 다이너스티, 푸티엔, 샤보텐, 스시테이, 디 오리지널 보트누들 |
| 1층 | 이솝, 알도, 배스앤바디웍스, 빔바이몰라, 샤넬, 코치, 데시구엘, 페어프라이스 엑스트라, 룰루레몬, 메종 마르지엘라, 막스앤스펜서, 마이클 코어스, 폴로 랄프 로렌, 프라다, 풀앤베어, 세포라, 탕스, 빅토리아 시크릿 | 맘마 미아! 트라토리아&카페, 수카야, 팀 홀튼, 어플리초콜릿, 치미창가, 크리스탈 제이드 파빌리온, 헤이티, 호시노 커피, 쉐이크쉑, 스타벅스, 타파스 클럽, 티옹 바루 베이커리 |
| B1 | 러쉬, 미니소 |  |
| B2 | 페어프라이스 엑스트라 | 고양 프라투남 치킨라이스, 코피티암, 맥도날드, 타이 청 베이커리, 토스트 박스, 야쿤 카야 토스트 |

## 비보시티의 추천 스폿

(Pick) **맘마 미아! 트라토리아&카페**
Mamma Mia! Trattoria E Caffè
캐주얼한 이탤리언 레스토랑

비보시티의 많은 식당 중에서도 분위기가 아늑해 '혼밥'부터 가족 단위까지 모두에게 인기 있는 곳. 파스타, 리소토 등 이탈리아 음식을 두루 선보인다. 추천 메뉴는 부드러운 로제 소스에 새우가 들어간 스파게티.

**비보시티점(VivoCity)** 비보시티 1층(#01-116) 매일 11:30~22:00 새우 로제 스파게티 S$18.90/서비스 차지&GST 19% 별도

(Pick) **타이 어센트** Thai Accent
강렬한 레드! 개성 있는 태국 음식점

그림으로 포인트를 준 인테리어가 돋보이는 태국 식당. 번잡하지 않고 음식도 훌륭하다. 테이블의 QR코드로 주문하며 태국식 볶음면 팟타이나 솜땀 등의 메뉴가 준비되어 있다. 디저트로 망고 스티키 라이스까지 곁들인다면 더할 나위가 없다.

**비보시티점(VivoCity)** 비보시티 2층(#02-143) 월~목·일요일 11:30~21:00, 금~토요일 11:30~21:30 새우 팟타이 S$15.90, 망고 스티키 라이스 S$10.50/서비스 차지&GST 19% 별도

(Pick) **댄싱 크랩** Dancing Crab
전망도 맛도 남다른 칠리크랩

3층 야외 공간에 센토사섬의 전망을 감상할 수 있는 해산물 레스토랑이 있다. 이 집에서 가장 인기 있는 메뉴는 동그란 빵인 빠네 속에 칠리크랩을 넣은 칠리크랩 브레드 볼. 랍스터 통살을 아낌없이 채운 랍스터 롤도 별미.

**비보시티점(VivoCity)** 비보시티 3층(#03-10) 매일 11:30~15:00, 17:30~22:00 칠리크랩 브레드 볼(700g) S$138, 랍스터 롤(Live Boston Lobster Roll with Spicy Cajun Fries) S$56.80/서비스 차지&GST 19% 별도

## 비보시티의 추천 스폿

### 고앙 프라투남 치킨라이스
Go-Ang Pratunam Chicken Rice
**7년 연속 미쉐린 빕 구르망 선정**

합리적인 가격에 품질 좋은 음식을 선정하는 미쉐린 빕 구르망에 꾸준히 이름을 올린 식당. 닭 육수로 지은 밥에 닭고기, 간장, 칠리소스, 생강 페이스트 등을 곁들어 먹는 하이난 치킨라이스를 태국식으로 선보인다. 미쉐린 빕 구르망에 빛나는 깊은 풍미가 느껴진다.

**비보시티점(VivoCity)** ⊙ 비보시티 지하 2층(#B2-30) ⊙ 매일 11:00~22:00 ⊙ 치킨라이스 S$5.50~6.50/서비스 차지&GST 19% 별도

### Pick 수키야 Suki-Ya
**가성비 최고! 무제한 핫팟**

끓는 육수에 각종 재료를 넣어 익혀 먹는 무제한 핫팟(Hot Pot) 전문점. 핫팟은 끓는 육수에 각종 재료를 넣어 익혀 먹는 냄비 요리를 일컫는다. 수키야는 육류와 해산물, 채소 등을 무제한으로 먹을 수 있는 핫팟 레스토랑이다. 취향에 맞는 고기와 육수를 고르고 뷔페형 샐러드 바에서 디저트, 음료까지 마음껏 즐기면 된다.

**비보시티점(VivoCity)** ⊙ 비보시티 1층(#01-102, 103) ⊙ 매일 11:30~22:00 ⊙ 점심 S$22.90, 저녁 S$27.90/서비스 차지&GST 19% 별도

### Pick 팀 홀튼 Tim Hortons
**미국에는 스타벅스, 캐나다는 어디?**

캐나다에서 큰 인기를 끌고 있는 60년 전통의 카페. 100% 프리미엄 아라비카 원두로 내린 진한 풍미의 커피와 도넛, 샌드위치를 판매한다. 커피에 설탕과 크림을 넣은 더블 더블과 얼음을 갈아 만든 혼합 음료 아이스 캡은 꼭 맛봐야 할 시그니처 메뉴다.

**비보시티점(VivoCity)** ⊙ 비보시티 1층(#01 207) ⊙ 매일 08:00~21:00 ⊙ 더블 더블 S$ 5.50~6.70, 아이스 캡 S$7~9.70

# Part 03

## 먹고 마시고 쇼핑하는 싱가포르 여행

# Eat, Drink, Shop

## Area 04

# 유서 깊은 쇼핑몰들의 접전
# 오차드 로드

# Orchard Road

## Intro & Access

# 오차드 로드로의 여행

1830년대 '오차드 로드(Orchard Road)' 부근에는 과일, 육두구(Nutmeg), 후추 같은 향신료를 재배하던 과수원(Orchard)과 농장이 자리해 그 이름이 유래했다. 1800년대 중반 이 지역 과수원과 농장에 전염병이 돌자 주거용 지구로 개발하기 시작했고, 1800년대 후반부터는 중국인, 인도인, 말레이시아인 등을 위한 상업 시설이 들어섰다.
오차드 로드가 싱가포르 최고의 쇼핑 거리로 자리매김하게 된 것은 1950년대인데, 1958년에 들어선 오차드 로드 최초의 백화점 탕스(Tangs)가 큰 역할을 했다. 그 후 탕린 로드(Tanglin Road) 끝자락부터 MRT 도비고트역(Dhoby Ghaut)까지 길게 이어진 약 2.7km 거리 양쪽에는 크고 작은 쇼핑몰과 유명 호텔들이 줄줄이 생겨났다.
1년 내내 에어컨을 풀가동하는 오차드 로드의 쇼핑몰들을 도장 깨듯 둘러보았다면 오차드 로드 북서쪽에 있는 싱가포르 보태닉 가든(Singapore Botanic Garden)p.174을 방문하거나 서쪽의 뎀시 힐(Dempsey Hill)p.252이나 홀랜드 빌리지(Holland Village)p.260에서 시간을 보내는 것을 추천한다.

### Access 오차드 로드
오차드 로드에는 MRT 오차드역과 서머셋역, 도비고트역이 있다. 오차드역에시 출빌해 도비고트역 쪽으로 이동하는 것이 편리하다.

### 🚇 MRT 주요 역
**오차드**(Orchard)
**서머셋**(Somerset)
**도비고트**(Dhoby Ghaut)

### 📍 주요 관광지
**아이온 오차드**
🚶 오차드역 4번 출구와 바로 연결

**탕스**
🚶 오차드역 1번 출구와 바로 연결

**니 안 시티와 다카시마야 백화점**
🚶 오차드역 2번 출구에서 도보 5분

*Theme*

# 눈도 입도 마음도 즐겁게!
# 오차드 로드 하루 여행

"싱가포르 쇼핑의 메카"라 불리는 오차드 로드. 일자로 뻗은 약 2.7km의 거리 양쪽으로 수십 개의 쇼핑몰이 늘어서 있다. 명품의 경우 가격은 우리나라와 큰 차이가 없지만, 오차드 로드 쇼핑몰의 상품이 더 다양하고 신상품을 먼저 만날 수 있다. 뿐만 아니라 우리나라에는 없는 로컬 브랜드 제품도 구입할 수 있다는 점에서 오차드 로드를 방문할 가치는 충분하다.
쇼핑몰 몇 곳만 자세히 돌아봐도 하루가 훌쩍 지나가겠지만 쇼핑만 하기엔 뭔가 아쉬운 곳도 바로 오차드 로드다. 국수 맛집에서 새우국수도 먹고 맥줏집에서 시원하게 한잔 들이켜야 비로소 만족스러운 하루가 완성된다.

| 10:00 | Pick 아이온 오차드 Ion Orchard | Shopping 01 |
|---|---|---|
| 메인 쇼핑몰 | 화려함으로 눈길을 사로잡는 랜드마크 | |

유리로 된 화려한 외벽이 밤이면 하나의 거대한 스크린으로 변한다. 명품 브랜드부터 디자이너 숍까지 취향을 만족시키는 다양한 브랜드가 입점해 언제나 붐비는 곳이지만, 구조가 단순하고 안내판이 잘되어 있어 둘러보는 데 어려움이 없다. 푸드 코트부터 미쉐린 레스토랑까지 다양한 가격대의 먹거리가 여행자를 기다린다. 56층 아이온 스카이(Ion Sky) 전망대에선 오차드 로드 일대가 한눈에 보인다. 아이온 오차드에서 당일 구매한 금액이 S$50 이상이라면 55~56층에 위치한 아이온 스카이 아티코 라운지(Atico Lounge, 55~56층)로 가자. 정오부터 오후 4시까지 무료 음료를 제공한다.

📍 2 Orchard Turn, Singapore 238801  🚶 MRT 오차드역 4번 출구와 바로 연결  🕐 매일 10:00~22:00
✈ ionorchard.com  📷 ion_orchard  📍 p.166-B2

### 층별 주요 매장

| | 상점 | 레스토랑&카페 |
|---|---|---|
| 4층 | 바인드 아티산, 탄 | 점보 시푸드, 푸티엔, 더 마멜레이드 팬트리 |
| 3층 | 까르띠에, 디올, 라이카, 롱샴, 마제, 산드로 | 레이디 엠, 바이올렛 운 |
| 2층 | 까르띠에, 디올, 돌체앤가바나, 루이 비통, 프라다, 티파니앤코 | TWG Tea |
| 1층 | 알렉산더 맥퀸, 불가리, 까르띠에, 디올, 돌체앤가바나, 펜디, 구찌, 로에베, 오메가, 프라다, 롤렉스, 생 로랑, 티파니앤코, 루이 비통 | 바샤 커피 |
| B1 | 이솝, 아르마니 익스체인지, 인 굿 컴퍼니, 라메르 | 플레인바닐라, 퍼즐커피 |
| B2 | 알도, 배스앤바디웍스, 샤넬, 조르지오 아르마니 뷰티, 세포라, 스미글, 타이포, 빅토리아 시크릿 | 브레드토크, 더 어셈블리 그라운드 |
| B3 | 벤자민바커, 비욘드 더 바인스, 찰스앤키스, 크록스, 러브보니토 | 커먼 맨 커피 로스터즈, 파이브가이즈, 호시노커피, 스타벅스 |
| B4 | 아디다스, 다이소, 호카, 무지 | 어플리초콜릿, 벵가완솔로, 푸드 오페라, 헤이티, 몬스터 커리, 올드 창키, 토스트 박스, 야쿤 카야 토스트 |

| 11:40 | Pick **엉클 치엥** Uncle Chieng | Food&Drink 01 |
|---|---|---|
| 간식 타임 | 줄 서서 먹는 노점 아이스크림 샌드위치 | |

싱가포르의 대표 길거리 음식인 아이스크림 샌드위치를 맛볼 수 있는 곳. 여기저기 비슷한 가게가 많지만 다카시마야 백화점 바로 앞 빨간 파라솔이 펼쳐진 가판이 가장 인기 있는 엉클 치엥이다. 바삭한 웨이퍼와 알록달록한 무지개 식빵 중 선택하고 속을 채울 두리안, 초콜릿, 바닐라, 블루베리 등의 아이스크림 맛을 고르면 된다. 먹기 전 인증샷은 필수!

📍391 Orchard Rd, Singapore 238801 🚶다카시마야 백화점 앞, MRT 오차드역 2번 출구에서 도보 5분 🕐매일 13:00~22:00 💰아이스크림 샌드위치 S$1.50 📖p.166-C2

| 12:00 | **니 안 시티와 다카시마야 백화점** | Shopping 02 |
|---|---|---|
| 대형 쇼핑몰 | Ngee Ann City&Takashimaya Shopping Centre | |
| | 오차드 로드 최대 쇼핑몰 | |

니 안 시티는 오차드 로드에서 가장 규모가 큰 쇼핑몰로, 쇼핑몰 안에 일본 백화점인 다카시마야가 입점해 있다. 명품에 관심 있는 여행자들이 아이온 오차드와 더불어 많이 찾는다. 샤넬, 루이 비통, 디올, 펜디, 셀린 등의 명품 브랜드는 1층에, 화장품 편집숍인 세포라와 이솝, 맥, 나스 등의 뷰티 브랜드는 지하 1층에 들어서 있으며 각 층에 식당과 카페가 있어 쇼핑과 식사를 겸하기 좋다. 4층에는 일본의 대표 서점인 키노쿠니야(Kinokuniya)가 있는데 외서 코너가 넓으니 책에 관심 있는 사람이라면 들러볼 것.

📍391A Orchard Road, Singapore 238872 🚶MRT 오차드역 2번 출구에서 도보 5분 🕐매일 10:00~21:30 🌐ngeeanncity.com.sg, takashimasc.com.sg 📖p.166-C3

| 13:00 |
| 로컬 브랜드 |

### 디자인 오차드  Design Orchard

Shopping 03

**오직 이곳만의 로컬 감성**

싱가포르의 로컬 디자이너 브랜드를 소개하고 신진 디자이너를 지원하는 공간. 여행자들은 패션, 액세서리, 소품 등 90여 개의 브랜드 제품을 판매하는 1층을 주로 찾는다. 제품마다 만든 이와 제품의 탄생 과정을 소개하는 안내가 있어 특별하다.

📍 250 Orchard Rd, Singapore 238905　🚶 서머셋역 출구 B에서 도보 3분　🕐 매일 10:30~21:30　🔗 designorchard.sg
📖 p.167-D3

| 14:00 |
| 유명인 맛집 |

### (Pick) 다 시 지아 빅 프라운 미  Da Shi Jia Big Prawn Mee

Food&Drink 02

**대식가도 극찬한 진짜 '대식가'**

오차드 메인 로드에서는 떨어져 있지만 일부러 찾아갈 정도로 인기가 많은 국숫집. 새우 등 주재료를 고른 후 면과 부재료를 선택하면 된다. 국물류는 무난한 맛이고, 시그니처 메뉴인 볶음 국수도 인기 있다. 전체적으로 간이 다소 센 편.

📍 89 Killiney Rd, Singapore 239534　🚶 MRT 서머셋역 출구 A에서 도보 4분　🕐 매일 11:00~22:00　🍜 국물 새우국수 S$7.50~, 볶음 새우국수 S$19.60~/GST 9% 별도
🔗 dashijiabigprawnmee.oddle.me　📖 p.167-E4

| 15:30 |
| 커피 충전 |

### (Pick) 알케미스트 더 헤렌  Alchemist The Heeren

Food&Drink 03

**오차드 로드에서 가장 인기 있는 카페**

여러 지점을 운영 중인 싱가포르의 커피 브랜드. 장시간 머물기보다 잠시 쉬어가거나 포장하는 손님이 많다. 산미가 있고 진한 맛이 특징이며, 나오는 데까지 시간이 걸리는 편이니 인내심을 갖고 기다릴 것.

**헤렌점(The Heeren)** 📍 260 Orchard Rd, #01-02 ORA The Heeren, Singapore 238855　🚶 더 헤렌 쇼핑몰 1층 외부, MRT 서머셋역 출구 B에서 도보 5분　🕐 매일 09:00~21:00　☕ 아이스 블랙 S$6.50, 아이스 화이트 S$7　🔗 alchemist.global/pages/alchemist-the-heeren　📖 p.167-D3

| 16:30 | 라이브러리@오차드 Library@orchard | Sightseeing 01 |
| 로컬 브랜드 | 쇼핑몰을 빛내는 아름다운 도서관 | |

쇼핑몰 한가운데 문학, 인문, 예술 등 다양한 분야의 책 10만여 권과 독서 공간이 아름답게 배치되어 있다. 오차드 게이트웨이(Orchard Gateway) 쇼핑몰 3~4층에 위치하나 리노베이션 공사로 임시 휴업 중이다.

📍 277 Orchard Rd, #03-12/#04-11, Singapore 238858
🚶 MRT 서머셋역 출구 C, D와 바로 연결 ⏰ 매일 11:00~21:00
💰 무료 🌐 nlb.gov.sg/main/visit-us/our-libraries-and-locations/libraries/library-orchard 📖 p.167-E3

| 18:00 | Pick 사인 어 테이스트 오브 베트남 포 | Food&Drink 04  |
| 현지인 맛집 | Signs A Taste of Vietnam Pho | |
| | 현지인이 꼽는 베트남 쌀국수 맛집 | |

대표 메뉴인 소고기 쌀국수의 깔끔하면서도 깊은 국물이 인상적이다. 고기 종류와 부위에 따른 다양한 메뉴가 있고 가격도 합리적인 편. 닭 날개 튀김과 스프링 롤, 반미도 있다.

📍 277 Orchard Rd, #B2-15, Singapore 238858 🚶 오차드 게이트웨이 쇼핑몰 지하 2층, MRT 서머셋역 출구 C, D와 바로 연결 ⏰ 월~토요일 11:00~20:30 ❌ 일요일 💰 소고기 쌀국수 S$10~13, 닭 날개 튀김(4개) S$7 📖 p.167-E3

| 19:30 | Pick 아이스 콜드 비어 Ice-Cold Beer | Food&Drink 05  |
| 저녁 맥주 | 싱가포르에서 가장 오래된 펍 | |

1900년대 초에 지은 페라나칸 하우스가 모여 있는 에메랄드 힐의 맥줏집. 오래된 숍 하우스 건물을 멋스럽게 활용한다. 60여 가지 맥주와 바삭한 치킨 윙의 조합은 설명이 필요 없다.

📍 9 Emerald Hill Rd, Singapore 229293 🚶 MRT 서머셋역 출구 C에서 도보 5분 ⏰ 월~금요일 15:00~02:00, 토~일요일 14:00~03:00 💰 생맥주 S$12~, 치킨 윙 S$15~/서비스 차지&GST 19% 별도 🌐 ice-cold-beer.com 📖 p.167-D3

오차드 로드에서 시간을 더 보내고 싶은 여행자, 오차드 로드 근처 에메랄드 힐이나 싱가포르 보태닉 가든까지 둘러보고 싶은 여행자 모두를 위해 스폿을 추렸다. 1900년대에 부유한 페라나칸의 거주지였던 에메랄드 힐은 오차드 로드와 달리 한적한데, 알록달록한 페라나칸 숍 하우스는 이제 레스토랑과 펍으로 변모했다.

## *Best Spots*

### 오차드 로드 추천 스폿

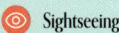 Sightseeing

 Food&Drink

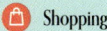 Shopping

# Pick 싱가포르 보태닉 가든 Singapore Botanic Gardens

Sightseeing 02

**싱가포르의 가장 오래된 정원**

1859년부터 약 82만㎡ 부지에 6만 종이 넘는 식물이 살고 있는 이곳은 2015년 싱가포르 최초로 유네스코 세계문화유산에 등재되었다. 다양한 테마의 정원과 호수, 산책로는 현지인들에게 사랑받는 피크닉 장소. 유일하게 입장료를 내는 국립 난초 정원(National Orchid Garden)은 유명 인사들의 이름을 딴 난을 비롯해 수백 종의 난초가 눈길을 끈다. 여행객들은 주 출입구인 탕린 게이트(Tanglin Gate), 방문자 안내센터(Visitor Center)와 가까운 부킷 티마 게이트(Bukit Timah Gate)를 주로 이용한다. 면적이 넓어 제대로 둘러보려면 반나절은 족히 걸린다.

📍 1 Cluny Rd, Singapore 259569  🚶 MRT 네이피어역 1번 출구에서 탕린 게이트까지 도보 1분, 보태닉 가든역 출구 A, B에서 부킷 티마 게이트까지 도보 1분  🕐 매일 05:00~24:00  💰 무료  🌐 nparks.gov.sg/sbg  📖 p.166-A1

## Pick 뉴턴 푸드센터 Newton Food Centre

Food&Drink 06

**영화 〈크레이지 리치 아시안〉의 그곳!**

2023년 새롭게 단장한 후 여행자들의 필수 방문 코스가 된 호커센터. MRT 접근성이 좋아 오차드 로드 쇼핑을 겸해 들르기 편하다. 칠리크랩, 새우국수, 치킨라이스 등의 현지 음식부터 인도네시아, 태국, 인도 음식까지 판매하는 100여 개의 노점이 모여 있다. 호커센터가 늘 그렇듯 자리를 먼저 잡고 주문하고, 현금을 준비하는 것이 좋다. 22번 노점 베스트 사테는 라우 파 삿 사테 거리에 있는 베스트 사테p.97와 같은 가게로 세트 구성이 알차다. 한국인 입맛에 잘 맞는 칠리크랩을 맛보고 싶다면 27번 알리앙스 시푸드나 31번 헹헹 비비큐를 방문해보자. 28번 헹 캐럿 케이크에선 우리가 알고 있는 당근 케이크와는 다른 중국풍 요리를 맛볼 수 있는데, 무, 달걀, 쌀가루 등을 소스에 볶아낸다.

📍 500 Clemenceau Ave. N, Singapore 229395　🚶 MRT 뉴턴역 출구 B에서 도보 5분　🕐 12:00~24:00/가게마다 상이　❌ 가게마다 상이　💵 1인 S$5~30　🌐 newtonfoodcentre.com　📍 p.167-E1

### 추천 노점

| 상호 | 영업시간/휴무일 | 대표 메뉴와 가격 |
| --- | --- | --- |
| [22번] 베스트 사테<br>Best Satay | 화~일요일 15:00~23:30/월요일 | 사테 A세트(치킨 10개+비프/머튼 중 선택 10개+프라운 6개 포함) S$28, 사테 B세트(치킨 15개+비프/머튼 중 선택 15개+프라운 10개 포함) S$44 |
| [27번] 알리앙스 시푸드<br>Alliance Seafood | 월·수~금요일 15:00~23:00, 토~일요일 13:00~23:00/화요일 | A세트(칠리크랩+시리얼 새우+볶음밥+번) S$75 |
| [28번] 헹 캐럿 케이크<br>Heng Carrot Cake | 월·수~일요일 17:00~23:00/화요일 | 캐럿 케이크 S$4.5~8 |
| [31번] 헹헹 비비큐<br>Heng Heng BBQ | 수~월요일 12:00~22:30/화요일 | 세트1(칠리크랩 또는 페퍼크랩+시리얼 새우+볶음밥+번) S$69/카드 결제 가능, 한국어 메뉴판 있음 |

### Food&Drink 07

## 메르시 마르셀 Merci Marcel
**싱가포르 속 작은 프랑스**

아침에는 크루아상, 팽 오 쇼콜라 같은 프랑스식 베이커리와 달걀 요리를, 점심과 저녁에는 버거, 파스타, 립아이 등을 선보인다. 캐주얼 다이닝 레스토랑으로 가격은 다소 비싼 편.

**오차드점(ORCHARD)** ♀390 Orchard Rd, #01-03/04, Singapore 238871 ☆ 팔레 르네상스 1층, MRT 오차드역 4번 출구에서 도보 5분 ⏱ 일~월요일 08:00~23:00, 화~토요일 08:00~24:00 🍴 크루아상 S$4, 스크램블드에그 S$21, 비프 버거 S$30/서비스 차지&GST 19% 별도 ✈ mercimarcelgroup.com/merci-marcel/orchard-singapore 📖 p.166-B2

### Food&Drink 08

## 셰프 와이즈 포치드 라이스
Chef Wai's Poached Rice
**속이 확 풀리는 싱가포르식 해물 국밥**

해산물로 맛을 낸 육수에 밥을 넣고 끓인 파오판(Paofan)이 주메뉴. "포치드 라이스(Poached Rice)"라고도 불리는 파오판은 우리나라의 짬뽕밥과 비슷해 든든한 한 끼 식사나 해장에 제격이다.

♀391A Orchard Road, Singapore 238873 ☆ 다카시마야 백화점 지하 2층 푸드 빌리지, MRT 오차드역 2번 출구에서 도보 5분 ⏱ 매일 10:30~21:45 🍴 엠퍼러 믹스 시푸드 파오판 S$12.90 📷 chefwaipoachedrice 📖 p.166-C3

### Food&Drink 09

## 레이디 엠 Lady M
**쇼핑 후 당 충전은 이곳에서!**

뉴욕에서 시작해 홍콩, 대만에도 매장을 둔 디저트 전문점. 얇은 크레이프 시트와 크림을 20단 이상 겹겹이 쌓아 올린 크레이프 케이크가 주메뉴. 그린티, 솔티드 캐러멜 등 다양한 변주도 만날 수 있다.

**오차드센트럴점(Orchard Central)** ♀181 Orchard Road #01-27/#02-07, Singapore ☆ 오차드 센트럴 쇼핑몰 1~2층, MRT 서머셋역 출구 D와 바로 연결 ⏱ 매일 11:00~22:00(마지막 주문 21:30) 🍴 시그니처 밀 크레이프 1조각 S$12/서비스 차지&GST 19% 별도 ✈ ladym.com.sg 📖 p.167-E3

### 🍴 Food&Drink 10
## 와일드 허니 Wild Honey
**올데이 브랙퍼스트 레스토랑**

세계 각국의 음식으로 구성한 아침 메뉴를 온종일 즐길 수 있다. 팬케이크 위에 코코넛 요거트와 과일을 토핑한 타히티식 아침 식사 '타히티안(Tahitian)'은 가볍고 건강한 맛이다.

만다린갤러리점(Mandarin Gallery) 📍 333A Orchard Rd #03-01/02, Singapore 238897 🚶 만다린 갤러리 3층, MRT 오차드역 2번 출구에서 도보 10분 🕐 일~월요일 09:00~18:00(마지막 주문 16:30), 화~목요일 09:00~21:30(마지막 주문 20:30), 금~토요일·공휴일 전날 09:00~22:30(마지막 주문 21:30) 🍴 타히티식 S$28/서비스 차지&GST 19% 별도 ✈ wildhoney.com.sg 📖 p.167-D3

### 🍴 Food&Drink 11
## 마멀레이드 팬트리 The Marmalade Pantry
**아이온 오차드에서 만난 유럽의 노천카페**

아이온 오차드에서 휴식이 필요하다면 바로 여기다. 중동식 샐러드인 치킨 타불레(Tabbouleh)와 바질 살사 소스가 별미인 토마토 리소토는 셰프 추천 메뉴. 3단 트레이에 정갈하게 나오는 디저트와 음료로 구성된 애프터눈 티 세트도 인기다.

아이온오차드점(ION Orchard) 📍 2 Orchard Turn, #04-11A, Singapore 238801 🚶 아이온 오차드 4층, MRT 오차드역과 바로 연결 🕐 매일 10:00~22:00 🍴 치킨 타불레 S$28, 토마토 리소토 S$26, 애프터눈 티(2인) S$78/서비스 차지&GST 19% 별도 ✈ themarmaladepantry.com.sg 📖 p.166-B2

### 🍴 Food&Drink 12
## 앨리 바 Alley Bar
**에메랄드 힐의 보석 같은 공간**

에메랄드 힐 초입에서 조금 걷다 보면 페라나칸 숍 하우스 사이에 자리한 앨리 바를 발견할 수 있다. 영화 속 한 장면 같은 분위기, 페라나칸 요리에 쓰이는 허브와 향신료로 만든 칵테일은 오직 이곳에서만 만날 수 있다.

📍 2 Emerald Hill Rd, Peranakan Place, Singapore 229237 🚶 MRT 서머셋역 출구 C에서 도보 5분 🕐 일~목요일 17:00~01:00, 금~토요일 17:00~02:00 🍴 시그니처 칵테일 S$23/서비스 차지&GST 19% 별도 ✈ alleybar.sg 📖 p.167-E3

 Shopping 04

### 탕스 Tangs
**기와지붕이 독특한 오차드 로드 최초의 백화점**

탕스는 싱가포르에서 가장 오래된 쇼핑몰로 우리나라의 백화점과 흡사하다. 주변의 대규모 쇼핑몰에 비해 규모는 작지만 로컬 브랜드가 많고 기획전과 할인 행사도 자주 열린다. 비보시티에서도 만날 수 있다.

탕플라자점(Tang Plaza) ♥ 310 Orchard Rd, Singapore 238864 ⚘ MRT 오차드역 1번 출구와 바로 연결 ⏰ 월~토요일 10:30~21:30, 일요일 11:00~21:00 ✈ tangs.com ⓜ p.166-C2

 Shopping 05

### 파라곤 Paragon
**명품 브랜드가 즐비한 고급 쇼핑몰**

명품 쇼핑을 좋아하는 사람들이 선호하는 곳으로 인기 브랜드가 모여 있다. 영국 백화점인 막스앤스펜서(3층)와 다 파올로 가스트로노미아(지하 1층), 피에스 카페(3층) 등 유명 식당이 입점해 있고 장난감 가게인 토이저러스(6층) 매장도 있다.

♥ 290 Orchard Rd, Singapore 238859 ⚘ MRT 오차드역 2번 출구에서 도보 10분 ⏰ 매일 10:00~22:00 ✈ paragon.com.sg ⓜ p.167-D2

 Shopping 06

### 만다린 갤러리 Mandarin Gallery
**다양한 스펙트럼의 취향을 만나다!**

힐튼 호텔과 연결된 아담한 규모의 쇼핑몰. 내부 동선은 다소 효율적이지 않지만 명품 브랜드부터 개성 넘치는 싱가포르 로컬 디자이너 브랜드, 다른 곳에서는 보기 힘든 단독 부티크 숍까지 다채로운 쇼핑이 가능하다.

♥ 333A Orchard Rd, Singapore 238897 ⚘ MRT 서머셋역 출구 B에서 도보 6분 ⏰ 매일 11:00~22:00 ✈ mandaringallery.com.sg ⓜ p.167-D3

 Shopping 07
### 313@서머셋 313@somerset
**젊은 취향의 숍과 식당이 가득**

싱가포르 젊은이들이 사랑하는 쇼핑몰 중 하나. 명품 브랜드보다는 자라, 망고, 코튼 온, 찰스앤키스, 페드로 등 중저가 브랜드 매장이 주를 이룬다. 다양한 나라의 음식점이 많아 먹는 즐거움까지 제공한다.

📍 313 Orchard Rd, Singapore 238895  🚶 MRT 서머셋역 출구 B와 바로 연결  🕐 일~목요일 10:00~22:00, 금~토요일 10:00~23:00  ✈ 313somerset.com.sg  📖 p.167-D3

 Shopping 08
### 오차드 센트럴 Orchard Central
**먹으러 가는 쇼핑몰**

칠리크랩으로 유명한 댄싱 크랩p.158과 크레이프 케이크 전문점 레이디 엠p.176 등 맛집이 많다. '돈키호테'로 우리에게 익숙한 일본 잡화점 돈 돈 돈키가 24시간 영업한다. 오차드 게이트웨이, 313@서머셋 쇼핑몰과 연결된다.

📍 181 Orchard Rd, Singapore 238896  🚶 MRT 서머셋역 출구 D와 바로 연결  🕐 매일 11:00~22:00  ✈ fareastmalls.com.sg/orchard-central  📖 p.167-E3

 Shopping 09
### 위스마 아트리아 Wisma Atria
**맛집과 엔터테인먼트가 한 곳에**

20대가 좋아하는 패션 브랜드와 맛집, 카페가 있는 쇼핑몰. 4층에 자리한 푸드 리퍼블릭(Food Republic)은 싱가포르 최대 규모의 푸드 코트 중 하나로 60여 개의 식음료 매장이 입점해 있다. 아이온 오차드와 나란히 자리힌다.

📍 435 Orchard Rd, Singapore 238877  🚶 MRT 오차드역 3번 출구와 바로 연결  🕐 매일 10:00~22:00  ✈ wismaonline.com  📖 p.166-C2

## Area 05

# 로컬들도 인정한 미식 천국
# 차이나타운

# Chinatown

*Intro & Access*

# 차이나타운으로의 여행

세계 어딜 가든 '차이나타운' 하면 떠오르는 풍경이 있다. 황금빛 용 문양과 붉은 장식품, 간판이 화려한 식당 같은 것들이다. 싱가포르의 차이나타운 풍경도 언뜻 보면 크게 다르지 않다. 하지만 분명한 차이가 있다. 싱가포르 전통 건축물인 숍 하우스를 골목골목에서 만날 수 있고 중국, 힌두, 도교 사원이 한데 어우러져 있으니 말이다. 싱가포르의 차이나타운은 도시 전체 크기에 비해 그 규모가 상당하다. 도시계획을 수립하면서 이주민 대다수가 중국인일 것으로 예상한 래플스 경은 상업 지구와 인접한 서쪽 지역 전체를 차이나타운으로 할당하고, 출신지를 반영해 거주지를 나눴다. 그래서일까. 차이나타운 안에서도 구역마다 각기 다른 분위기가 느껴진다. 초기 중국계 이민자들이 배에서 내려 상륙한 텔록 에이어(Telok Ayer)와 차이나타운의 메인 구역이자 하이라이트인 크레타 에이어(Kreta Ayer), 지금 싱가포르에서 가장 힙한 거리인 케옹색 로드(Keong Saik Road)가 있는 부킷 파소(Bukit Pasoh), 한식당이 모여 있는 탄종 파가르(Tanjong Pagar)까지. 이곳에는 '차이나타운'이라는 이름 아래 모인 다종다양한 볼거리와 먹을거리가 넘쳐난다.

### Access 차이나타운
인기 관광지는 MRT 주요 역에서 도보로 방문할 수 있다. 차이나타운의 중심 거리인 파고다 스트리트, 템플 스트리트, 스미스 스트리트는 MRT 차이나타운역 출구 A에서 도보로 약 1~3분 거리다.

### MRT 주요 역
**차이나타운**(Chinatown)
**맥스웰**(Maxwell)
**텔록에이어**(Telok Ayer)
**아우트램파크**(Outram Park)

### 주요 관광지
**불아사**
맥스웰역 1번 출구에서 도보 1분

**맥스웰 푸드센터**
맥스웰역 2번 출구에서 도보 1분

**차이나타운 스트리트 마켓**
차이나타운역 출구 A에서 도보 1~3분

## Theme

# 취향대로 골라 즐기다!
# 차이나타운 미식 여행

어떤 여행은 맛으로 기억된다. 처음 접하는 새로운 맛, 익숙해서 더 반가운 맛, 생각과 달라 기억에 남는 맛. 싱가포르의 차이나타운은 이 모든 맛을 경험하기에 더없이 좋은 곳이다.
"싱가포르에서 맛있는 음식을 배불리 먹고 싶다면 차이나타운으로 가라"라는 말이 있을 만큼, 구석구석 가성비 좋은 중국 음식점과 호커센터, 분위기 좋은 식당과 카페들이 자리한다. 차이나타운이라면 어떤 취향을 가진 사람이라도 입에 맞는 음식 하나는 찾을 수 있다.

# 나는 어떤 타입의 미식가일까?

### 모험파: 중국 음식점
**중국 음식은 기름지고 향이 강하다?**
싱가포르의 차이나타운에는 달콤 바삭한 꿔바로우부터 아삭한 숙주가 들어간 짜장면까지, 모험해볼 가치가 있는 중국요리들이 여행자를 기다린다. 같은 요리라도 가게마다 메뉴 이름이 다르니 잘 확인하자.

### 실속파: 호커센터
**물가 비싼 싱가포르에서 가성비 좋은 한 끼 식사!**
주머니가 가벼운 여행자에겐 호커센터만 한 곳이 없다. 가기 편한 곳부터 현지인들이 자주 찾는 맛집까지, 가격, 맛, 동선 모두 만족스러운 호커센터에서 왁자지껄한 로컬 바이브를 느껴보자.

### 안전파: 브런치 카페
**차이나타운에는 중국 음식점만 있을 거라 생각한디먼 오산!**
싱그러운 분위기와 깔끔한 음식으로 차이나타운의 편견을 깰 브런치 카페들을 소개한다. 가벼운 식사와 커피 한잔의 여유를 즐기다 보면 여행에 잔잔한 행복이 더해진다.

• 모험파: 중국 음식점 •

### Pick 동방미식 Oriental Chinese Restaurant·东方美食
Food&Drink 01

**중국 음식 입문하기 좋은 곳**

꽤 큰 규모임에도 저녁 시간이면 앉을 자리가 없을 만큼 붐빈다. 인기 메뉴는 찹쌀 탕수육인 꿔바로우. 겉은 바삭하고 속은 부드러우며 적당한 단맛의 소스가 어우러져 입맛을 돋운다. 토마토 달걀볶음과 마파두부도 별미이니 곁들여보길 추천한다. 테이블에 놓인 물티슈는 사용 시 추가 금액이 붙는다.

📍 193, 195, 197 New Bridge Rd, Singapore 059425 🚶 MRT 차이나타운역 출구 A에서 도보 1분 🕐 매일 11:00~06:00 🍴 꿔바로우(Pan-Fried Meat) S$14.80, 토마토 달걀볶음 S$7.80, 마파두부(Mapo Tofu with Minced Pork) S$7.80/서비스 차지&GST 19% 별도
🌐 orientalchineserestaurant.com 🗺 p.184-B2

### 동북인가 Dong Bei Ren Jia·东北人家
Food&Drink 02

**동방미식 꿔바로우와 라이벌!**

시원하고 깔끔한 공간을 원한다면 이곳이 정답이다. 메뉴판에서 원하는 메뉴의 사진과 번호를 보고 테이블에 있는 주문서에 표시하면 된다. 이곳의 꿔바로우는 튀김옷이 과자처럼 바삭해 시간이 지나도 눅눅해지지 않는 것이 특징. 여기에 김치를 고명으로 올린 새콤달콤한 중국식 냉면까지 곁들이면 금상첨화다.

📍 22 Upper Cross St, Singapore 058334 🚶 MRT 차이나타운역 출구 G에서 도보 3분 🕐 매일 11:00~23:00 🍴 꿔바로우(Sweet and Sour Pork/57번) S$14, 냉면(Cold Noodle/108번) S$8/서비스 차지&GST 19% 별도 🗺 p.184-C2

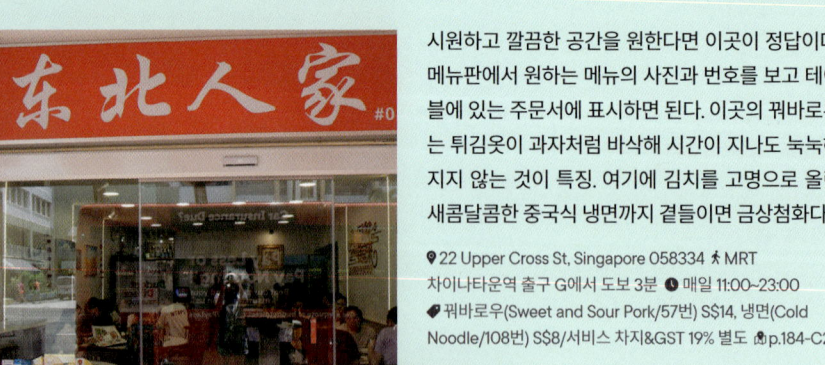

• 모험파: 중국 음식점 •

---

Pick **동북소주** Dong Bei Xiao Chu·东北小厨   Food&Drink 03

차이나타운에서 즐기는 마라탕

지척에 동북인가가 있어 어느 집으로 들어가야 할지 행복한 고민을 하게 만든다. 이곳에서는 차돌 마라탕을 꼭 맛봐야 한다. 혀가 얼얼할 정도로 맵지만, 차돌박이와 버섯이 듬뿍 들어 있고 젓가락을 멈출 수 없을 정도로 중독성이 있다. 꿔바로우는 호불호가 갈리는 편. 테이블에 부착된 QR코드로 주문한다.

📍 12 Upper Cross St, Singapore 058329  🚶 MRT 차이나타운역 출구 G에서 도보 3분  🕐 매일 10:30~22:00  🍴 차돌 마라탕(Hotpot Beef w/Enoki Mushroom/72번) S$22/ 서비스 차지&GST 19% 별도  📖 p.184-C2

---

**징화샤오치** Jing Hua Xiao Chi·京华小吃   Food&Drink 04

중국 가정식을 맛보고 싶다면

1989년에 문을 연 중식당으로 맛은 물론 재료의 신선도와 청결을 강조하는 곳이다. 수제 만두와 볶음밥 같은 중국 가정식 요리를 선보인다. 대표 메뉴는 짜장면인데, 한국식 짜장면을 기대했다면 실망하기 십상이지만 아삭한 숙주가 더해져 색다른 맛이다. 고기와 해산물이 듬뿍 들어간 중국식 피자도 별미.

📍 21/23 Neil Rd, Singapore 088814  🚶 MRT 맥스웰역 3번 출구에서 도보 1분  🕐 화~일요일 11:30~15:00(점심), 17:30~21:30(저녁)  ❌ 월요일  🍴 짜장면(Zha Jiang Noodle, 10번) S$6.80, 중국식 피자 S$14/서비스 차지&GST 19% 별도  ✈ jinghua.sg  📷 jinghuaxiaochi  📖 p.184-B3

## • 실속파: 호커센터 •

### Pick 맥스웰 푸드센터 Maxwell Food Centre
Food&Drink 05

**차이나타운 대표 호커센터**

합리적인 가격과 평균 이상의 맛으로 사랑받는 호커센터. 1986년부터 운영해온 만큼 세월이 느껴지는 건물에 내공 강한 100여 개의 식당이 들어서 있는데 싱가포르 요리 전문점이 주를 이룬다. 5번 노점은 굴 케이크 전문점으로, 고기와 굴 등으로 속을 채우고 튀김옷을 입혀 튀겨낸다. 미쉐린 빕 구르망에 선정된 인기 노점인 10~11번은 닭 육수로 지은 밥과 담백한 닭고기가 조화로운 치킨라이스가 별미. 54번에선 싱가포르의 대표 아침 식사인 포리지를 만날 수 있는데 우리나라의 죽과 비슷하다. 56번에선 얇게 구운 전병에 순무를 비롯한 채소와 달걀, 땅콩 소스를 넣어 둘둘 만 포피아, 파인애플과 구아바 등 과일과 채소에 소스와 땅콩을 뿌린 샐러드 로작을 판매한다. 디저트는 91번에서 두유로 만든 푸딩인 빈커드로 해결하자.

📍 1 Kadayanallur St, Singapore 069184  🚇 MRT 맥스웰역 2번 출구에서 도보 1분
🕐 매일 08:00~22:00(가게마다 상이)  ❌ 가게마다 상이  💲 S$3~10/대부분 현금 결제만 가능
🌐 maxwellfoodcentre.com  📖 p.184-C3

### 층별 주요 매장

| 상호 | 영업시간/휴무일 | 대표 메뉴와 가격 |
|---|---|---|
| [5번] 맥스웰 푸저우 오이스터 케이크<br>Maxwell Fuzhou Oyster Cake | 월~토요일 09:00~20:00/일요일 | 오이스터 케이크 S$2.50 |
| [10~11번] 티안 티안 하이난 치킨라이스<br>Tian Tian Hainanese Chicken Rice | 화~일요일 10:00~20:00/월요일 | 하이난 치킨라이스 S$6(중)/S$9(대) |
| [54번] 젠 젠 포리지<br>Zhen Zhen Porridge | 수~월요일 05:30~14:00/화요일 | 포리지 S$4~5 |
| [56번] 로작·포피아&코클<br>Rojak·Popiah&Cockle | 매일 11:30~20:30 | 포피아 2개 S$3.40, 로작 S$4~10 |
| [91번] 라오 반 소야 빈커드<br>Lao Ban Soya Beancurd | 매일 11:00~19:00 | 오리지널 빈커드 S$2 |

## 실속파: 호커센터

### Food&Drink 06
### 아모이 스트리트 푸드센터
Amoy Street Food Centre

**현지인이 사랑하는 점심 밥집**

40년 넘는 역사를 가진 푸드센터로 가격이 저렴해 현지인들이 애용한다. 싱가포르, 중국, 태국 등 아시아 각국의 요리를 맛볼 수 있다. 일찍 문을 닫는 식당이 많으니 아침이나 낮 시간대에 방문하자.

📍 7 Maxwell Rd, Singapore 069111 🚶 MRT 맥스웰역 2번 출구에서 도보 6분 🕐 월~토요일 06:30~21:00, 일요일 06:30~18:00(가게마다 상이) ❌ 가게마다 상이 💰 S\$3~10(가게마다 상이) 📖 p.184-C3

### Food&Drink 07
### 홍 림 마켓 앤 푸드센터 Hong Lim Market&Food Centre

**숨은 맛집 찾는 재미**

시설은 다소 허름하고 낡았지만 맛집이 많다. 특히 2층 59호 커리치킨국수집(Ah Heng Curry Bee Hoon Mee)은 미쉐린 레스토랑으로 늘 문전성시. 깔끔하면서 감칠맛 나는 국물이 일품이다.

📍 531A Upper Cross St, Singapore 051531 🚶 MRT 차이나타운역 출구 F에서 도보 2분 🕐 가게마다 상이 ❌ 가게마다 상이 💰 S\$3~10(가게마다 상이) 📖 p.184-C1

### Food&Drink 08
### 차이나타운 콤플렉스 마켓 앤 푸드센터
Chinatown Complex Market&Food Centre

**미쉐린 식당이 있는 푸드센터**

차이나타운 중심에 자리해 접근성이 뛰어나다. 특히 이곳에는 세계에서 가장 저렴한 미쉐린 원스타 레스토랑 랴오 판 호커 찬(Liao Fan Hawker Chan, 2층 126호)의 본점이 있다. 간장으로 맛을 낸 소야 소스 치킨라이스는 꼭 맛봐야 한다.

📍 335 Smith Street, Singapore 050335 🚶 MRT 차이나타운역 출구 A에서 도보 2분 🕐 매일 07:00~22:00(가게마다 상이) ❌ 가게마다 상이 💰 소야 소스 치킨 밥·면 각각 S\$6.80·7.80, S\$3~10(가게마다 상이) 📖 p.184-B2

· 안전파: 브런치 카페 ·

Pick **셉템버 커피** September Coffee

Food&Drink 09

**오픈 런 필수인 핫 플레이스!**

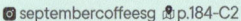

지금 차이나타운에서 가장 핫한 브런치 식당. 오픈 시간에 맞춰 가지 않으면 주말에는 1~2시간 기다릴 각오를 해야 한다. 재료 본연의 맛을 살린 동서양의 브런치 메뉴 중에서도 게살과 날치알의 감칠맛이 입맛을 돋우는 오일 파스타 크랩 링귀니, 고추장과 크림으로 맛을 낸 로제 소스와 바삭한 치킨 가라아게가 함께 나오는 로제 우동이 인기다. 고소한 아이스 블랙 참깨 라테도 놓치지 말자.

📍 258 South Bridge Rd, #01-01, Singapore 058807  🚶 MRT 차이나타운역 출구 A에서 도보 5분
🕐 화~목요일 11:30~20:30, 금~토요일 11:30~21:00, 일요일 11:30~17:00  ❌ 월요일  🍴 크랩 링귀니 S$20, 로제 우동 S$20, 아이스 블랙 참깨 라테 S$8/서비스 차지&GST 19% 별도  🌐 septembercoffeesg.com
📷 septembercoffeesg  📖 p.184-C2

· 안전파: 브런치 카페 ·

### Pick 파이브 오어즈 커피 로스터스 헤리티지
Five Oars Coffee Roasters Heritage

Food&Drink 10

**싱가포르 한인타운에서는 여기!**

차이나타운 맞은편, 싱가포르의 한인타운으로 통하는 탄종 파가르에 위치한 이곳은 맛있는 커피와 가벼운 식사를 즐기기 위한 사람들로 이른 아침부터 북적인다. 브런치 메뉴로는 빵부터 달걀 요리, 사이드 메뉴까지 기호에 맞게 주문할 수 있는 에그 유어 웨이를 추천한다. 이스트 코스트에도 매장이 있다.

**탄종파가르점(Tanjong Pagar)** 📍 43 Tanjong Pagar Rd, #01-01, Singapore 088464 🚶 MRT 맥스웰역 2번 출구에서 도보 4분 🕐 매일 08:00~22:00 🍴 에그 유어 웨이 S$12, 브런치 S$12~33, 아이스 블랙 S$5/서비스 차지&GST 19% 별도
✈ focr.sg  📷 focr.sg  📖 p.184-B3

### 더 소셜 스페이스 The Social Space

Food&Drink 11

**카페와 공정 무역 상점, 일터가 한곳에!**

편안한 분위기의 브런치 카페로 샐러드, 토스트, 파스타 등을 제공한다. 평일 아침이면 유독 노트북을 펼쳐놓고 일하는 사람이 많은데, 코워킹 데이패스를 구입하면 음료 2잔과 토스트, 스무디볼을 먹으며 오전 9시부터 오후 5시까지 이용할 수 있기 때문이다. 카페 한쪽에서는 친환경 비누와 오일, 대나무 빨대 등 공정 무역 제품을 판매한다.

📍 333 Kreta Ayer Rd, #01-14, Singapore 080333 🚶 MRT 맥스웰역 3번 출구에서 도보 3분 🕐 매일 09:00~17:00
🍴 토스트 S$9~28, 스무디볼 S$13~15, 코워킹 데이패스 S$45/서비스 차지&GST 19% 별도 ✈ thesocialspace.co
📷 thesocialspace.sg  📖 p.184-B3

2~3층 높이의 숍 하우스는 차이나타운 골목골목에서도 만날 수 있다.
중국, 힌두, 도교 사원이 서로 어우러지고, 독립 서점과 기념품 숍이 공존하는
골목들을 걸으며 눈과 입을 호강시켜 보자.

# *Best Spots*

## 차이나타운 추천 스폿

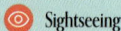 Sightseeing

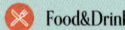 Food&Drink

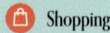 Shopping

( Pick ) **불아사** Buddha Tooth Relic Temple·佛牙寺

Sightseeing 01

부처의 치아가 안치된 절

차이나타운 한복판에 위치한 절. 1층은 기도를 올리는 본당으로 거대한 미륵불상을 비롯해 크고 작은 불상들이 있으며, 2층과 3층엔 불교 유물과 미술품을 전시하고 있다. 4층에는 인도 쿠시나가르에서 발견한 부처의 치아 사리가 금으로 된 사리탑에 안치되어 있는데, 유일하게 이곳만 사진 촬영을 엄격히 제한한다. 옥상에는 작은 정원, 지하 1층에는 채식 식당이 마련돼 있다.

📍 288 South Bridge Rd, Singapore 058840  🚶 MRT 맥스웰역 1번 출구에서 도보 1분  🕐 매일 07:00~17:00  💰 무료
✈ buddhatoothrelictemple.org.sg  📷 btrts_singapore
📖 p.184-B3

( Pick ) **싱가포르 시티 갤러리** Singapore City Gallery

Sightseeing 02

어촌 마을에서 국제 도시로, 그 시간의 기록

싱가포르의 과거와 현재, 미래를 모두 볼 수 있는 공간. 3개 층에 걸쳐 있는 10개의 테마관은 다양한 시청각 자료와 전시를 통해 싱가포르의 도시계획과 성장을 입체적으로 보여준다. 특히 싱가포르 도심의 모습을 한눈에 감상할 수 있도록 만든 2층 축소판 모형물은 몰입감을 더한다. 맥스웰 푸드센터p.190 건너편에 자리해 식사 전후 부담 없이 들르기 좋다.

📍 45 Maxwell Road The URA Centre, Singapore 069118
🚶 MRT 맥스웰역 2번 출구에서 도보 3분  🕐 월~토요일 09:00~17:00  ❌ 일요일  💰 무료  ✈ www.ura.gov.sg/Corporate/Singapore-City-Gallery  📖 p.184-C3

## 스리 마리암만 사원 Sri Mariamman Temple

Sightseeing 03

**싱가포르에서 가장 오래된 힌두 사원**

남인도 상인들이 지은 힌두 사원이 세월이 흘러 차이나타운의 랜드마크가 되었다. 힌두교의 여러 신을 조각해 쌓아 올린 탑 고푸람(Gopuram)이 눈길을 사로잡는 이곳은 질병을 다스리는 신 마리암만(Mariamman)을 기리기 위해 1827년에 건립했다. 매년 10월에는 불 위를 맨발로 걸으며 소원을 비는 티미티(Thimithi) 행사가 열린다. 사원에 들어갈 땐 신발을 벗어야 하고, 어깨와 무릎을 가리는 복장이 필요하다.

244 South Bridge Rd, Singapore 058793  MRT 맥스웰역 2번 출구에서 도보 3분  매일 06:00~12:00, 18:00~21:00  무료  smt.org.sg  p.184-C2

## 티안 혹 켕 사원 Thian Hock Keng Temple·天福宮

Sightseeing 04

**못 없이 지은 아름다운 도교 사원**

1840년에 세운 중국식 도교 사원으로 중국인들이 싱가포르에 처음 상륙한 텔록 에이어 지역에 있다. 남중국해를 건너 싱가포르로 온 초기 중국 이민자들이 바다의 신 마주(Mazu)에게 감사 기도를 올린 장소로 이주민들의 모임 공간으로도 이용했다. 못 하나 없이 돌, 조각, 나무 등의 재료를 정교하게 조립하여 만든 건축물이라는 점에서 높은 평가를 받고 있으며, 1973년 국가 기념물로 지정되었다.

158 Telok Ayer St, Singapore 068613  MRT 텔록에이어역 출구 A에서 도보 3분  매일 07:30~17:00  thianhockkeng.com.sg/site  p.185-D3

## (Pick) 동아 이팅 하우스 Tong Ah Eating House
**노포 분위기 가득한 카야 토스트집**

1939년에 오픈해 80년이 넘는 역사를 이어오고 있는 카페 겸 식당. 케옹색 거리의 상징이었던 '동아(東亞)'라는 글자가 쓰여 있는 하얀 건물에서 오랜 시간 영업하다 2013년 현재의 자리로 이전했다. 단품보다는 카야 토스트, 수란, 커피로 구성된 세트 메뉴가 인기다. 기본을 맛보고 싶다면 트래디셔널 카야 토스트, 얇고 바삭한 빵을 원한다면 크리스피 씬 카야 토스트를 선택하자.

📍35 Keong Saik Rd, Singapore 089142 🚶 MRT 맥스웰역 3번 출구에서 도보 4분 🕐 월·화·목~일요일 07:00~22:00, 수요일 07:00~14:00 🍽 콤보A 트래디셔널 카야 토스트 S$6.20, 콤보B 크리스피 씬 카야 토스트 S$6.80/아이스커피 주문 시 금액 추가 🗺 p.184-A3

## 야쿤 카야 토스트 Ya Kun Kaya Toast
**호불호가 드문 대중적인 맛**

싱가포르 전역에 80여 개의 매장을 운영하는 야쿤 카야 토스트의 본점. 자리를 먼저 맡은 후 주문대에 가서 주문과 계산을 한다. 세트 주문 시 수란과 커피를 바로 내어주며, 토스트는 영수증에 있는 번호가 전광판에 뜨면 가져오면 된다. 숯불에서 바삭하게 구운 토스트에 카야잼과 버터를 넣어 만든 이곳의 카야 토스트는 '단짠'의 정서이다.

**본점(파이스트스퀘어점, Far East Square)** 📍18 China St, #01-01, Singapore 049560 🚶 MRT 텔록에이어역 출구 B에서 도보 3분 🕐 월~금요일 07:30~17:00, 토~일요일 07:30~15:00 🍽 A 카야 토스트 버터 세트 S$6.30/아이스커피 주문 시 금액 추가, GST 9% 별도 ✈ yakun.com 🗺 p.185-D2

### 사니즈 Sarnies
**작지만 알찬 브런치 맛집**

Food&Drink 14

주변 직장인들이 사랑하는 호주식 브런치 카페. 신선한 재료로 만든 아침 메뉴와 샌드위치, 파스타 등이 준비돼 있다. 이른 아침 문을 열기 때문에 차이나타운의 일정을 이곳에서 시작해도 좋다.

📍136 Telok Ayer St, Singapore 068601 🚶MRT 텔록에이어역 출구 A에서 도보 2분 🕐매일 07:30~17:30 🍴아침 메뉴 S$8.50~16, 샌드위치 S$16~22/서비스 차지&GST 19% 별도
📖p.185-D2

### 샹샹 후난 퀴진 Xiang Xiang Hunan Cuisine
**구글 평점이 무려 4.8**

Food&Drink 15

알싸하고 매콤한 중국 후난식 요리를 기본으로 하는 체인점. 대표 메뉴인 돼지고기 볶음과 가지 요리에 상큼한 레몬차를 곁들이면 개운하게 마무리된다. 선텍 시티 몰, 부기스, 원 홀랜드 빌리지 등에도 지점이 있다.

**차이나타운점(Chinatown)** 📍8 Mosque St, #08/09/10, Singapore 059188 🚶MRT 차이나타운역 출구 A에서 도보 2분 🕐매일 11:00~22:00 🍴후난식 돼지고기 볶음 S$22.90, 가지 요리 S$13.90~/서비스 차지&GST 19% 별도 📖p.184-B2

### 녹스 Nox-Dine in the Dark
**마음으로 즐기는 한 끼**

Food&Drink 16

녹스에서는 어둠 속에서 밥을 먹기에 오롯이 미각, 촉각, 후각, 청각에만 집중하게 된다. 무엇을 먹었는지는 식사가 끝난 뒤에 알 수 있다. 저녁에만 영업하며 예약제로 운영 중이다.

📍83 Club St, Singapore 069451 🚶MRT 맥스웰역 2번 출구에서 도보 3분 🕐화~일요일 18:00~22:30 🚫월요일 🍴12개의 음식이 나오는 3가지 저녁 코스 요리 S$98~/서비스 차지&GST 19% 별도 ✉noxdineinthedark.com(예약제로 운영)
📖p.184-C2

## Pick 티 챕터 Tea Chapter
**영국 여왕이 다녀간 티 하우스**

1989년에 문을 연 차 전문점으로 엘리자베스 2세 여왕 방문 이후 유명세를 탔다. 1층 상점에서는 보이차와 녹차, 백차 등의 차와 다기를 판매하며, 2~3층 티하우스에서는 1층에서 판매하는 차를 맛볼 수 있다. 2층은 단독 룸으로 추가 금액이 있으며, 3층에 좌식 테이블이 마련돼 있다. 원하는 차를 주문하면 직원이 차에 대한 설명과 다구 사용법을 알려주는데, 5~6회 정도 우리면 더 깊고 진한 맛이 난다고 한다.

📍 9 Neil Rd, Singapore 088808 🚶 MRT 맥스웰역 3번 출구에서 도보 1분 ⏰ 티 하우스 일~목요일 11:00~21:00, 금~토요일 11:00~22:30/상점 일~목요일 10:30~21:00, 금~토요일 10:30~22:30 💰 보이차 S$18~35/티 하우스 이용 시 서비스 차지&GST 19% 별도 ✈ teachapter.com
📷 tea.chapter 📖 p.184-B3

## Pick 맥시 커피 바 Maxi Coffee Bar
**로컬들도 인정한 커피**

개성 넘치는 레스토랑과 카페, 바가 모여 있는 앤 시앙 힐(Ann Siang Hill)에 자리한 카페다. 바 테이블의 내부 좌석과 2개의 야외 테이블로 구성된 작은 공간이지만 커피 맛이 워낙 뛰어나 아침 일찍부터 인근 직장인들로 북적인다. 기본 커피를 즐기려면 롱블랙이나 필터 커피를 선택하자. 커피와 곁들이기 좋은 토스트와 샌드위치도 판매한다.

📍 6 Ann Siang Hill, Singapore 069787 🚶 MRT 맥스웰역 2번 출구에서 도보 2분 ⏰ 화~금요일 08:00~17:00, 토~일요일 09:00~17:00/마지막 주문 30분 전까지 ❌ 월요일 💰 아이스 롱블랙 S$6, 토스트 S$6.50~7, 샌드위치 S$14~16 ✈ maxicoffeebar.com 📷 maxi.coffeebar 📖 p.184-C3

### Food&Drink 19
## 애피어리 Apiary
**맛도 건강에도 좋은 아이스크림**

'양봉장'이라는 뜻을 가진 이곳은 인공 향료나 색소를 쓰지 않고 천연 재료만으로 맛과 향을 살린 건강한 아이스크림을 선보인다. 2층에 테이블이 있고, 맛을 고르기 위한 시식은 따로 제공하지 않는다.

📍 84 Neil Rd, Singapore 088844  🚶 MRT 맥스웰역 2번 출구에서 도보 3분
🕐 일~목요일 12:00~22:00, 금~토요일 12:00~23:00  💰 싱글 컵(1가지 맛) S$5.50, 더블 컵(2가지 맛) S$10/프리미엄 맛은 S$1 추가  ✈ apiary.sg
📷 apiary.sg  📖 p.184-B3

---

### Food&Drink 20
## Pick 미향원 Mei Heong Yuen Dessert
**차이나타운에서 가장 인기 있는 빙수**

대표 메뉴는 우리나라 빙수와 비슷한 스노 아이스로 망고, 녹차, 두리안, 참깨 등 여러 맛 중에서 고를 수 있다. 차이나타운에만 2개의 매장이 있고 여러 대형 쇼핑몰에도 입점해 있다.

**차이나타운아웃렛점(Chinatown Outlet)** 📍 63-67 Temple St, #63-67, Singapore 058611  🚶 MRT 차이나타운역 출구 A에서 도보 1분
🕐 화~일요일 12:00~21:30  ❌ 월요일  💰 스노 아이스(Snow Ice) S$8~9
✈ meiheongyuendessert.com.sg  📖 p.184-B2

---

### Food&Drink 21
## 공허관 Gong He Guan·恭和館
**20년이 훌쩍 넘은 중국식 건강 디저트**

밥알처럼 생긴 작은 알갱이 사고(Sago)와 망고, 코코넛 밀크 등을 넣어 만든 양 즈 간루가 대표 메뉴. 오리지널 구이 링 가오는 23가지 천연 허브를 사용해 35시간 우려낸 건강식 디저트로 한약 맛과 향이 난다.

**차이나타운점(Chinatown)** 📍 28 Upper Cross St, Singapore 058337  🚶 MRT 차이나타운역 출구 G에서 도보 3분  🕐 매일 10:30~22:30  💰 양 즈 간루 S$6.20, 오리지널 구이 링 가오 S$8.60  📖 p.184-C2

## Shopping 01

**Pick 북스 비욘드 보더스** Books Beyond Borders
네팔인들을 돕는 착한 중고 서점

맥스웰 푸드센터p.190 맞은편에 자리한 작은 책방. 소설부터 에세이, 동화책까지 다양한 중고 책을 판매해 수익의 일부를 네팔 소녀들의 교육을 돕는 자선 단체에 기부한다. 네팔 여성들이 만든 수공예품도 만날 수 있다.

◈ 33 Erskine Rd, #01-08, Singapore 069333 ⚲ MRT 맥스웰역 2번 출구에서 도보 2분 ⏱ 매일 11:00~20:00 ◈ 중고책 S$10~25 ✈ booksbeyondborders.org ◉ booksbeyond.borders ⬚ p.184-C3

## Shopping 02

**Pick 리터드 위드 북스** Littered with books
싱가포르 독립 서점을 경험하고 싶다면

세심한 큐레이션으로 꾸린 독립 서점. 2층 규모의 서가에는 그림책부터 시, 소설, 에세이, 판타지, SF, 예술 등 다양한 분야의 책으로 채워져 있다. 실내에서는 사진 촬영을 할 수 없다.

◈ 20 Duxton Rd, Singapore 089486 ⚲ MRT 맥스웰역 3번 출구에서 도보 1분 ⏱ 월~금요일 12:00~20:00, 토~일요일 11:00~20:00 ◈ 책 S$20~ ◉ litteredwithbooks ⬚ p.184-B3

## Shopping 03

**북 바** book bar
책도 사고 커피도 마시고

추천 이유를 담은 귀여운 메모가 적힌 책들이 놓여 있고, 책방 더 안쪽으로 들어가면 음식과 음료를 먹는 공간이 마련돼 있다. 아시아 작가의 책을 주로 판매하며 북토크, 사인회도 열린다.

◈ 57 Duxton Rd, Singapore 089521 ⚲ MRT 맥스웰역 3번 출구에서 도보 3분 ⏱ 월~목요일 09:30~19:00, 금~토요일 09:30~22:00, 일요일 09:30~18:00 ◈ 책 S$20~ ✈ bookbar.sg ◉ bookbarsg ⬚ p.184-B4

## Shopping 04
## 차이나타운 포인트 Chinatown Point
**더위를 피하기 좋은 복합 상업 시설**

25층 규모로 쇼핑몰, 사무실, 아파트 등이 있다. 가볍게 들러 더위를 식히거나 송 파 바쿠테p.117의 분점 등에서 식사하기 좋다.

📍 133 New Bridge Rd, Singapore 059413 🚶 MRT 차이나타운역 출구 E에서 도보 1분 🕐 매일 10:00~22:00 🗺 p.184-C1

## Shopping 05
## 유화 차이니스 프로덕트
Yue Hwa Chinese Products
**작지만 깔끔한 중국 백화점**

홍콩에 본사를 둔 6층 규모의 백화점. 1층에서 기념품으로 사기 좋은 호랑이 연고, 파스 등을 판다.

차이나타운점(Chinatown) 📍 70 Eu Tong Sen St, Singapore 059805 🚶 MRT 차이나타운역 출구 C에서 도보 1분 🕐 매일 11:00~21:00 🛒 호랑이 연고 S$2.70 🗺 p.184-B1

## 차이나타운 스트리트 마켓 Chinatown Street Market
Shopping 06
**기념품 사기 좋은 노점상**

차이나타운의 중심이라 할 수 있는 파고다 스트리트, 트렝가누 스트리트, 스미스 스트리트 일대에는 싱가포르 전통 가옥인 숍 하우스의 모습을 그대로 간직한 노점상이 늘어서 있다. 싱가포르 여행을 추억하는 마그넷, 열쇠고리, 엽서, 티셔츠, 찻잔, 젓가락 등의 기념품을 주로 판매한다. 정찰제로 가게마다 물건과 가격이 비슷해 흥정 스트레스가 덜하다.

📍 29 Smith Street, Singapore 058943 🚶 MRT 차이나타운역 출구 A에서 도보 1~3분 🕐 매일 09:00~22:00(가게마다 상이) 🛒 마그넷 3~4개 S$10, 열쇠고리 4~5개 S$10 🗺 p.184-B2

## Shopping 07
### 비첸향 Bee Cheng Hiang
**싱가포르식 육포, 박과의 대명사**

1933년에 시작해 현재 전 세계에 300여 개가 넘는 매장을 운영 중인 싱가포르 대표 박과(肉干, Bak Kwa) 브랜드. 방부제, 인공 착색제, MSG를 넣지 않고 100% 천연 재료로 만든다. 우리나라에도 매장이 있지만 현지 가격이 더 저렴하다.

뉴브릿지로드점**(New Bridge Road)** 📍 189 New Bridge Rd, Singapore 059422 🚶 MRT 차이나타운역 출구 A에서 도보 1분 🕐 매일 09:00~22:00 💰 황금 동전 박과 300g S$22.20
🔗 beechenghiang.com.sg 📖 p.184-B2

## Shopping 08
### 림치관 Lim Chee Guan
**숯불 향 그윽한 부드러운 박과**

1938년 오픈 이래 현지인들의 사랑을 차지한 박과 전문점. 다른 박과보다 식감이 부드럽고 매콤한 BBQ 칠리 포크 맛이 인기다. 차이나타운에 2개의 지점과 아이온 오차드, 주얼 창이 공항에도 매장이 있다.

뉴브리지로드점**(New Bridge Road)** 📍 203 New Bridge Rd, Singapore 059429 🚶 MRT 차이나타운역 출구 A에서 도보 1분 🕐 매일 09:00~22:00 💰 BBQ 칠리 포크 300g S$21
🔗 limcheeguan.sg 📖 p.184-B2

## Shopping 09
### 김주관 플래그십 스토어
Kim Joo Guan Flagship Store
**기름기가 적은 프리미엄 박과**

1977년에 개업했으니 다른 브랜드보다 역사는 짧은 편이지만, 100% 호주산 돼지고기만을 사용해 담백하면서도 풍부한 맛을 선사한다. 기본 맛인 고멧 트레디셔널 박과와 동전 크기로 먹기 좋은 골드 코인 박과가 잘 팔린다.

📍 257 South Bridge Rd, Singapore 058806 🚶 MRT 차이나타운역 출구 A에서 도보 5분 🕐 매일 09:30~19:30
💰 고멧 트레디셔널 박과 500g S$33, 골드 코인 박과 500g S$32 🔗 kimjooguan.com 📖 p.184-C2

# Part 04

## 다양성을 만나는 싱가포르 여행

# Multicultural Places

## Area 06

# 아기자기 이국적인
# 골목을 따라서
# 캄퐁 글램 & 부기스

# Kampong Glam
# & Bugis

*Intro & Access*

# 캄퐁 글램&부기스로의 여행

우리에게는 아랍 스트리트(Arab Street)라는 이름으로 더 알려진 캄퐁 글램(Kampong Glam). 말레이어로 캄퐁(Kampong)은 '마을', 글램(Glam)은 '글램 나무'를 뜻하는데 과거 글램 나무가 많았던 이곳을 글램 나무 마을, "캄퐁 글램"으로 불렀다고 전해진다. 이곳의 기원 역시 래플스 경의 도시계획에서 시작되었다. 1822년 래플스 경은 민족별로 도시의 거주 구역을 정해주고, 싱가포르 최초의 술탄인 후세인 샤(Hussein Shah)에게는 캄퐁 글램의 땅을 할당했다. 후세인 샤는 이곳에 이슬람 사원을 짓기 시작했다. 자연스레 같은 종교를 믿는 말레이인들과 아랍인들이 이곳에 정착했고, 캄퐁 글램은 싱가포르 말레이 문화와 이슬람교의 중심지로 거듭났다.
부기스(Bugis)는 인도네시아 술라웨시(Sulawesi)섬에서 건너온 민족을 뜻하는 말로 싱가포르 원주민과 말레이시아, 인도네시아 등에서 이주한 말레이인들이 모여 지금의 모습이 되었다. 트렌디한 상점들과 웅장한 사원의 위엄이 공존하는 곳, 다민족의 문화가 살아 숨 쉬는 캄퐁 글램과 부기스에서 싱가포르의 다양성을 발견해보자.

**Access 캄퐁 글램&부기스**
캄퐁 글램과 부기스의 주요 스팟은 MRT 부기스역에서 도보로 이동 가능하다. 택시를 이용할 경우 아랍 스트리트로 가자.

**MRT 주요 역**
부기스(Bugis)

**주요 관광지**
**하지 레인**
부기스역 출구 B에서 도보 5분

**술탄 모스크**
부기스역 출구 E에서 도보 5분

**부기스 정션**
부기스역 출구 C와 바로 연결

**부기스 스트리트 마켓**
부기스역 출구 C에서 도보 3분

## Theme

# 이색적인 좁은 골목 따라서
# 하지 레인 탐방

'하즈(Hajj)'란 이슬람교도들이 사우디아라비아 서남부에 있는 도시 메카의 성지를 순례하며 종교 의례에 참가하는 일로, 이러한 순례를 마친 이들을 하지(Haji)라고 부른다. 일찍부터 항구가 발달한 싱가포르는 동남아시아 각지의 순례자들이 메카로 가는 출발지였고, 숙박 시설이 모여 있던 하지 레인(Haji Lane)은 이슬람교도들, 즉 무슬림들이 순례를 떠나기 전 머물던 장소였다.
하지 레인이 갑자기 주목받은 것은 2005년 유명 패션 브랜드인 꼼데가르송(Comme de Garcons)이 이곳에 팝업 스토어를 열면서부터다. 이후 신진 디자이너의 옷 가게와 빈티지 숍, 소품 상점, 식당, 카페가 들어서기 시작했고, 금세 싱가포르의 핫 플레이스로 급부상했다.
하지 레인은 MRT 부기스역 B번 출구에서 도보 5분이면 만날 수 있다. 많은 상점이 점심시간 즈음 열기 때문에 오후에 방문하는 것을 추천.

## Shopping 01
**Pick 휘게** Hygge
아기자기 귀여운 소품점

하지 레인 끝자락에 위치한 곳으로, 간판의 귀여운 옷과 액세서리를 보면 도저히 들어가지 않을 수 없다. 접시와 머그잔, 티 코스터 등 싱가포르를 추억하기 좋은 기념품이 가득하다.

📍 672 North Bridge Rd. Singapore 188803 ⏰ 월~화요일 11:30~17:00, 수~토요일 11:30~18:30 ❌ 일요일 🏷 티 코스터 S$9.90, 머그잔 S$22.90 🌐 shophygge.sg 📖 p.210-B2

## Shopping 02
**빈티지위켄드** Vintagewknd
빈티지 옷의 매력 속으로

알록달록한 간판의 빈티지 옷가게. 타미 힐피거와 디키즈 브랜드의 셔츠부터 입을수록 멋스러워지는 청바지까지 다양한 빈티지 의류를 만나볼 수 있다.

📍 41 Haji Lane, Singapore 189234 ⏰ 매일 12:00~21:00 🏷 셔츠 S$35~ 🌐 vintagewknd.com 📷 vintagewknd 📖 p.210-B3

## Shopping 03
**Pick 유토피아 어페럴** Utopia Apparels
싱가포르 로컬 디자이너 브랜드

인도네시아에서 주로 사용하는 정교한 염색 기법으로 만든 바틱(Batik)에 캐주얼한 디자인을 더해 평상복으로 입을 수 있는 제품을 선보인다. 가격은 다소 비싼 편.

하지레인점(Haji Lane) 📍 47 Haji Lane, Singapore 189240 ⏰ 일~목요일 11:00~20:00, 금~토요일 11:00~21:00 🏷 원피스 S$188~ 🌐 utopiaapparels.com 📷 missy_utopia 📖 p.210-B2

## Shopping 04
**SSFW**
취향 저격 주얼리

2007년에 문을 연 싱가포르의 로컬 주얼리 숍. 다양한 문양의 참(Charm) 장식과 진주, 비즈 등을 활용한 액세서리를 판매한다. 오차드 탕스 p.178 에도 매장이 있다.

하지레인점(Haji Lane) 📍 75 Haji Lane, Singapore 189268 ⏰ 매일 11:00~20:00 🏷 이니셜 목걸이 S$45~ 🌐 ssfw.com.sg 📷 shopssfw 📖 p.210-B2

## Shopping 05
### 뮤지콜로지 레코즈 Musicology Records
**단골 삼고 싶은 레코드 가게**

LP 마니아라면 절대 지나칠 수 없는 곳. 재즈부터 힙합, 클래식, 최신 음반까지 판매하며 운이 좋으면 구하기 힘든 음반도 '득템'할 수 있다. 직원의 친절한 서비스와 상대적으로 저렴한 가격도 인기에 한몫한다.

📍 66 Haji Lane, Singapore 189259 🕐 월~토요일 12:30~20:30, 일요일 13:00~20:00 💰 LP S$48~ 📷 musicology.records 🗺 p.210-B2

## Food&Drink 01
### 앤 아사이 어페어 An Açaí Affair
**맛과 건강을 담은 스무디 한 그릇**

아사이베리와 각종 과일, 그래놀라, 치아시드를 곁들인 아사이볼은 더위에 지친 여행객에게 한 끼 식사로 손색없다. 테이크아웃 위주로 운영한다.

📍 하지레인점(Haji Lane) 📍 44 Haji Lane, Singapore 189237 🕐 매일 10:00~22:00
💰 시그니처 아사이볼 S$6.90~16.70
🌐 anacaiaffair.com 📷 anacaiaffair
🗺 p.210-B2

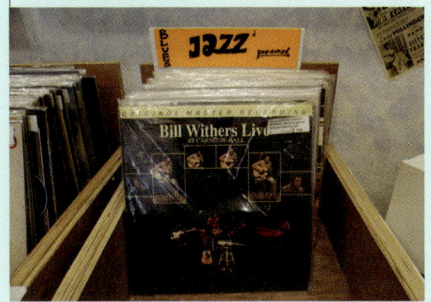

## Food&Drink 02
### 매드 피자 MADD PIZZA
**정통 로만 스타일 사각 피자**

48시간 동안 차갑게 발효시킨 도우를 사용해 부드럽고 쫄깃한 맛을 극대화한다. 바삭하고 얇은 크러스트 피자인 로만 스타일 사각 피자 외에도 이탈리언 메뉴가 많다.

📍 19, 20, 21 Haji Lane, Singapore 189212 🕐 매일 11:45~24:00 💰 조각 피자 S$9~20/서비스 차지&GST 19% 별도 🌐 maddpizza.sg 📷 maddpizzasg 🗺 p.210-C3

## Food&Drink 03
### 굿럭 Good Luck
**기분 좋은 소란함, 낮술 명소**

싱가포르 로컬 수제 맥주가 맛있지만 한 잔에 1만 원이 넘어 자제력이 필요하다. 딤섬, 사테 등 간단한 요리와 음료도 판매한다. 매장이 작은 편이므로 홈페이지에서 미리 예약하는 것도 한 방법이다.

📍 9 Haji Lane, Singapore 189202 🕐 매일 09:00~24:00 💰 수제 맥주 S$13~21/서비스 차지&GST 19% 별도 🌐 goodluckgoodluck.sg(예약 가능) 📷 goodluckgoodluck
🗺 p.210-C3

싱가포르의 오래된 도심인 캄퐁 글램과 부기스는 독특한 문화적 경험을 선사하는 지역인 동시에 싱가포르의 현재를 만날 수 있는 곳이다. 위엄 있는 사원을 둘러보고, 유명 맛집에서 새우국수를 즐기고, 압도적인 화려함을 자랑하는 바에서 칵테일 한잔하기까지, 반나절이면 충분하다.

## *Best Spots*

### 캄퐁 글램&부기스 추천 스폿

- ◎ Sightseeing
- ✕ Food&Drink
- 🛍 Shopping

## Pick 술탄 모스크 Sultan Mosque

Sightseeing 01

**캄퐁 글램의 랜드마크**

멀리서도 웅장한 황금빛 돔과 첨탑이 눈에 띄는 이곳은 싱가포르에서 가장 오래된 이슬람 사원으로 싱가포르 무슬림, 즉 이슬람교도의 성지이자 말레이 커뮤니티의 구심점이다. 1824년 싱가포르 최초의 무슬림 통치자인 후세인 샤의 제안으로 건립을 시작했으며, 래플스 경의 기부로 1826년에 완공했다. 이후 몇 차례의 복원 작업을 거쳐 1932년 현재의 모습에 이르렀다.

높은 아치형 천장과 기하학적 문양으로 꾸민 내부도 상당히 흥미롭다. 방문을 원한다면 되도록 긴 소매의 상의와 긴 히잡을 착용하는 것이 좋다. 모스크 정문을 향해 난 부소라 스트리트(Bussorah Street)를 마주한 5번 게이트를 통해 입장할 수 있다.

📍 3 Muscat St, Singapore 198833  🚶 MRT 부기스역 출구 E에서 도보 5분  🕐 입장 가능 시간 토~목요일 10:00~12:00, 14:00~16:00(기도 시간 12:30~14:00, 16:00~17:00에는 입장 제한)  ❌ 금요일  💰 무료
✈ sultanmosque.sg  📷 masjidsultan  📍 p.210-B2

## Pick 블랑코 코트 프라운 미 Blanco Court Prawn Mee

Food&Drink 04

**입맛 돋우는 새우국수**

이곳의 새우국수는 여행자들이 캄퐁 글램을 찾는 이유 중 하나다. 식사 시간에는 가게 앞에 긴 줄이 늘어서는데, 직원의 안내에 따라 자리를 잡은 뒤 주문대에서 메뉴와 테이블 번호를 말하면 음식을 가져다준다. 대부분 점보 새우국수나 돼지갈비와 새우가 함께 들어간 새우&갈비 국수를 주문하고, 쌀국수 면인 비훈 면 또는 밀가루에 달걀을 섞은 노란 호키엔 면, 2가지를 섞은 면 중에서 선택할 수 있다. 조금 부족하다 싶으면 식당 내부에 있는 별도의 카운터에서 튀김을 주문한다.

📍 243 Beach Rd, #01-01, Singapore 189754 🚶 MRT 부기스역 출구 E에서 도보 5분 🕐 수~월요일 07:30~16:00 ❌ 화요일 🍴 점보 새우국수(Jumbo Prawn Noodle) S$12.80, 새우&갈비 국수(Prawn&Pork Ribs Noodle) S$7~12.80/현금 결제만 가능 📖 p.210-C3

## Pick 싱가포르 잠잠 Singapore Zam Zam Restaurant

Food&Drink 05

**100년이 넘은 무르타박 맛집**

1908년에 문을 연 인도 음식점으로 현지인은 물론 여행객들에게도 많은 사랑을 받고 있다. 대표 메뉴인 무르타박은 밀가루 반죽 안에 달걀, 양파 등 각종 재료를 넣고 기름에 부친 요리로 우리의 전과 맛이 비슷한데 함께 나오는 카레를 곁들여 먹으면 더 맛있다. 양고기, 소고기, 닭고기 등 고기를 선택할 수 있으며 채식주의자를 위한 옵션도 준비돼 있다.

📍 697-699 North Bridge Rd, Singapore 198675 🚶 MRT 부기스역 출구 B에서 도보 5분 🕐 매일 07:00~23:00 🍴 무르타박(Murtabak) S$7~23, 플레인 프라타와 치킨 세트 S$8 🔗 zamzam.sg 📖 p.210-B2

## Pick 피타 베이커리 Pita Bakery — Food&Drink 06
**단골만 아는 숨은 할랄 맛집**

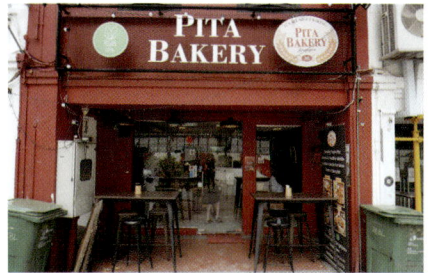

할랄 인증을 받은 비건 음식 전문점. 직접 발효시켜 구운 피타 브레드, 병아리콩을 갈아 스프레드 형태로 만든 후무스, 병아리콩을 으깨서 둥글게 튀긴 팔라펠 등을 만날 수 있다. '배고파(I'm Hungry)', '쉬엄쉬엄해(Take it easy)' 등 센스 있는 메뉴명이 눈에 띈다. 그래도 뭘 골라야 할지 모르겠다면 주인장 추천을 받아보자.

📍29 Bali Lane, Singapore 189865 🚶MRT 부기스역 출구 E에서 도보 5분 🕐 월~목요일 09:00~21:00, 금~일요일 09:00~21:30 🍴아임 헝그리(팔라펠과 후무스, 피타 브레드 2조각) S$21.90/서비스 차지&GST 19% 별도 ✈ pita-bakery.com ⓘ pitabakerysingapore 📖p.210-B2

### Food&Drink 07
## 카파도키아 터키시 앤 메디터레니언 레스토랑
Cappadocia Turkish&Mediterranean Restaurant
**캄퐁 글램 속 작은 터키**

부소라 스트리트의 터키 음식점 중에서도 맛과 서비스로 언제나 문전성시이다. 대표 메뉴는 양념 고기를 숯불에 구운 케밥. 그중 양갈비가 가장 인기 있다.

📍69 Bussorah St, Singapore 199482 🚶MRT 부기스역 출구 E에서 도보 5분 🕐 매일 11:00~23:00 🍴양갈비 케밥 S$39.90/서비스 차지&GST 19% 별도 📖p.210-C3

### Food&Drink 08
## 울리스 베이글 Wooly's Bagels
**베이글의 맛있는 변신**

한 끼 대용으로 손색없는 든든한 베이글 샌드위치를 판매한다. 쫄깃한 베이글 안에 치킨 슬라이스와 스크램블드에그, 해시 브라운이 들어간 GTF 베이글 2.0이 인기.

**아랍스트리트점(Arab Street)** 📍27 Arab St, Singapore 199726 🚶MRT 부기스역 출구 E에서 도보 5분 🕐 매일 10:30~20:30 🍴GTF 베이글 2.0(Get The Freak'n Bagel 2.0) S$18 ⓘ woolysbagels 📖p.210-C3

## % 아라바카 % Arabica Singapore

Food&Drink 09

**인생 라테를 만나다**

새하얀 인테리어가 눈길을 사로잡는 이곳은 일명 "응(%) 커피"로 불리는 스페셜티 커피 전문점. 일본 교토에서 시작해 전 세계에 매장을 운영 중이다. 시그니처 메뉴는 라테에 소량의 연유를 넣은 교토 라테로 고소하면서도 부드러운 맛이 특징. 블랑코 코트 프라운 미p.216에서 새우국수를 먹은 후 커피로 입가심하기에 최적의 동선이지만, 좌석이 협소해 여유 있게 즐기긴 어렵다.

아랍스트리트점(Arab Street) 56 Arab St, Singapore 199753 MRT 부기스역 출구 E에서 도보 7분 일~목요일 08:00~18:00, 금~토요일 08:00~20:00 교토 라테 S$8.20~9.40/GST 9% 별도 arabica.coffee/en/location/arabica-singapore-arab-street arabicasg p.210-C3

## (Pick) 아틀라스 Atlas

Food&Drink 10

**랜드마크에 자리 잡은 클래식 칵테일 바**

지금 싱가포르에서 가장 핫한 칵테일 바. 뉴욕 맨해튼의 랜드마크인 채닌 빌딩(Chanin Building)에서 영감을 받은 고전적인 아르데코 스타일 건물 로비의 높은 천장과 금빛 장식, 벨벳 소재 소파를 활용한 압도적 화려함을 뽐낸다. 진과 샴페인에 레몬, 복숭아, 소금을 블렌딩한 아틀라스 프렌치는 가볍고 부드러운 맛으로 부담 없이 마시기 좋다. 예약 필수이며 오후 5시부터 스마트 캐주얼 드레스 코드가 적용된다.

600 North Bridge Rd, Singapore 188778
파크뷰 스퀘어 1층. MRT 부기스역 출구 E에서 도보 4분
월요일 15:00~24:00, 화~목요일 12:00~24:00, 금~토요일 12:00~02:00 일요일 아틀라스 프렌치(Atlas French) S$27/서비스 차지&GST 19% 별도 atlasbar.sg(예약 가능) atlasbarsg p.210-B3

### 🛍 Shopping 06
# 부기스 정션 Bugis Junction
**부기스를 대표하는 쇼핑 메카**

BHG 백화점과 쇼핑몰을 합쳐 부기스 정선이라 한다. 숍 하우스가 모여 있던 거리에 유리 천장을 씌워 실내인데도 야외 같은 개방감을 선사한다. 젊은 소비층을 겨냥한 중저가 패션 잡화, 화장품 매장이 많다. 1층에서 인터컨티넨탈 호텔과 바로 연결된다.

📍 200 Victoria St, Singapore 188021 🚶 MRT 부기스역 출구 C와 바로 연결 🕙 매일 10:00~22:00(가게마다 상이, BHG 매일 10:30~22:00) 🌐 capitaland.com/sg/malls/bugisjunction/en.html 📖 p.210-A3

---

### 🛍 Shopping 07
# 부기스 플러스 Bugis+
**쇼핑몰과 마켓을 한 번에!**

육각형 크리스털 외관이 존재감을 드러내는 쇼핑몰. 부기스 정션과 구름다리로 이어지며 부기스 스트리트 마켓과도 연결된다. 유니클로 매장(1~2층), 세포라(2층) 외에도 레스토랑, 카페, 영화관, 당구장 등이 입점해 있다.

📍 201 Victoria St, Singapore 188067 🚶 MRT 부기스역 출구 C에서 도보 6분 🕙 매일 10:00~22:00 🌐 capitaland.com/sg/malls/bugisplus/en.html 📖 p.210-A3

---

### 🛍 Shopping 08
# 부기스 스트리트 마켓 Bugis Street Market
**부기스에도 '고터'가 있다!**

부기스 스트리트는 과거 군인과 선원들의 나이트 라이프를 책임졌던 곳으로 지붕이 덮인 마켓이 마치 강남 고속터미널 지하상가 같은 느낌을 준다. 옷과 액세서리, 기념품 등을 판매하는 가게와 다양한 길거리 음식점 등 점포 400여 개가 들어서 있다.

📍 261 Victoria St, Singapore 189876 🚶 MRT 부기스역 출구 C에서 도보 3분 🕙 매일 10:00~22:00 💰 기념품 마그넷(4개) S$10~ 🌐 capitaland.com/sg/malls/bugis-street/en.html 📖 p.210-A3

*Area 07*

# 오감을 자극하는
# 작은 인도
# 리틀 인디아

# Little India

## Intro & Access

# 리틀 인디아로의 여행

래플스 경의 도시계획에서 인도 이주민들의 최초 본거지는 차이나타운 인근이었다. 하지만 인도에서 건너온 이민자 수가 많아지면서 외곽 지역인 세랑군 로드(Serangoon Road)까지 거주지가 확장됐다. 1822년 래플스 경이 세랑군 로드 주변 일대를 인도인 구역으로 정한 후 이곳은 '싱가포르 속 작은 인도'라는 뜻의 "리틀 인디아(Little India)"로 불리며 1989년에 문화유산 보존 지구로 지정되었다.

리틀 인디아의 주요 스폿들은 중심 거리인 세랑군 로드와 레이스 코스 로드(Race Course Road), 잘란 베사르(Jalan Besar)를 따라 자리한다. 싱가포르에서 가장 북적거리고 소란스러운 곳이지만, 싱가포르 인도인들의 생생한 삶의 모습을 가장 가까이에서 보고 느낄 수 있는 동네이기도 하다. 위험하지는 않을까 하는 우려와는 다르게 안전하고 정감이 넘친다. 숙박비와 생활 물가가 저렴해 놀라운 가성비는 덤! 새로움을 받아들일 준비와 용기만 필요할 뿐이다.

**Access 리틀 인디아**
대표 스폿들은 주요 역에서 도보로 접근 가능하다. 리틀 인디아는 캄퐁 글램에서 도보로 10분 거리다.

**● MRT 주요 역**
**리틀인디아**(Little India)
**잘란베사르**(Jalan Besar)
**패러파크**(Farrer Park)
**벤데미어**(Bendemeer)

**◉ 주요 관광지**
**스리 비라마칼리암만 사원**
🚶 리틀인디아역 출구 E에서 도보 4분
**인디언 헤리티지센터**
🚶 리틀인디아역 출구 E에서 도보 4분
**무스타파센터**
🚶 패러파크역 출구 G에서 도보 4분

*Theme*

# 자유분방함 속의 질서
# 리틀 인디아 반나절 여행

'싱가포르의 작은 인도' 리틀 인디아는 인도 이주민들의 삶과 전통, 문화를 고스란히 느낄 수 있는 지역이다. 시빅 디스트릭트나 마리나 베이처럼 도시계획에 따라 정돈된 지역과는 분위기가 다르지만 떠들썩한 골목길 사이사이에도 나름의 질서와 균형을 유지한다. 인도인들은 여러 종교를 믿는 만큼 리틀 인디아에도 개성 강한 사원들이 자리한다. 대표 사원 한 곳만 둘러보고 싶다면 인도인의 약 80%가 믿는 힌두교의 사원, 스리 비라마칼리암만 사원을 추천한다. 이슬람교를 믿는 무슬림 동네, 캄퐁 글램의 사원과는 또 다른 문화적 경험을 선사한다. 여행의 마무리는 싱가포르 기념품을 한자리에서 좋은 가격에 만날 수 있는 무스타파센터가 좋겠다.

| 14:00 | Pick **체셍홧 하드웨어** Chye Seng Huat Hardware(CSHH) | Food&Drink 01  |
| :--- | :--- | ---: |
| 커피 타임 | 인더스트리얼 감성 카페 | |

싱가포르 스페셜티 커피의 1세대라 불리는 PPP 커피에서 철물점이었던 건물을 개조해 만든 카페 겸 로스터리다. 바 테이블에 앉으면 바리스타가 카페에서 직접 로스팅한 원두로 커피를 내리는 모습을 볼 수 있다.

📍150 Tyrwhitt Rd, Singapore 207563 🚶 MRT 벤더미어역 출구 A에서 도보 7분 🕐 매일 08:30~22:00 ❌ 매달 첫 번째 월요일 💰 롱 블랙 S$6~6.50, 아침 식사 S$14~26/서비스 차지&GST 19% 별도 🌐 cshhcoffee.com 📷 cshhcoffee 📖 p.224-C2

| Another Choice | Pick **어사일럼 커피하우스** Asylum Coffeehouse | Food&Drink 02  |
| :--- | :--- | ---: |
| | 현지인이 추천하는 카페 | |

10명이 들어가면 꽉 차는 아담한 동네 카페지만 커피 맛이 훌륭하다. 기본 커피는 초콜릿, 캐러멜, 구운 견과류의 진한 풍미가 느껴지는 클루왁 원두를 사용하며, 핸드 드립은 5~6종의 원두 중에서 고를 수 있다.

📍311 Jalan Besar, Singapore 208970 🚶 MRT 벤더미어역 출구 A에서 도보 7분 🕐 매일 08:00~16:30 💰 블랙커피 S$4.50~6.50, 핸드 드립 S$8.50~/GST 9% 별도 🌐 asylumcoffeehouse.com 📖 p.224-B2

| Another Choice | Pick **안티 소셜** Antea Social | Food&Drink 03 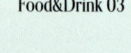 |
| :--- | :--- | ---: |
| | 마음이 평온해지는 티 하우스 | |

인기 메뉴인 리치 우롱은 청량하면서 깔끔한 맛이 은은하게 올라오는 것이 특징. 주문할 때 원하는 찻잔을 고를 수 있으며, 뜨거운 물은 1회 리필 가능하다. 찻잔과 다구도 판매한다.

📍9 Tyrwhitt Rd, Singapore 207528 🚶 MRT 잘란베사르역 출구 B에서 도보 7분 🕐 화~금·일요일 11:30~19:00, 토요일 11:30~22:00 ❌ 월요일 💰 리치 우롱(Lychee Oolong) S$8(아이스 S$0.50 추가)/GST 9% 별도 🌐 anteasocial.com.sg 📷 antea.social 📖 p.224-B3

| 15:30 |  **롱산시 사원** Leong San See Temple | Sightseeing 01 |
| --- | --- | --- |
| 불교 사원 | 리틀 인디아에서 만나는 불교 사원 | |

싱가포르에서 가장 화려한 불교 사원. 1917년에 중국의 한 스님이 관음보살상을 모시기 위해 건립한 곳으로 1926년에 싱가포르의 자선 사업가 탄 분 리앗(Tan Boon Liat)이 재건했다. 불교 사원이지만 입구 오른쪽에 유교의 공자상이 있어 눈길을 끈다.

📍 371 Race Course Rd, Singapore 218641 🚶 MRT 패러파크역 출구 B에서 도보 6분 ⏰ 매일 08:00~16:00
✈ leongsanseetemple.com 📖 p.224-B2

| 16:00 | **사캬무니 붓다 가야 사원** Sakya Muni Buddha Gaya Temple | Sightseeing 02 |
| --- | --- | --- |
| 불교 사원 | 무게 300t, 높이 15m의 좌불상 | |

거대한 좌불상이 강렬한 존재감을 내뿜는 불교 사원. 1927년에 태국의 승려가 세웠으며, 최초로 '호랑이 연고'를 만든 형제의 기부로 1930년에 현재의 모습이 되었다. 부처님 오신 날을 기념하는 베삭 데이(Vesak Day)에는 신자들이 작은 불상에 금박을 붙이는 행사를 열기도 한다.

📍 366 Race Course Rd, Singapore 218638 🚶 MRT 패러파크역 출구 B에서 도보 6분 ⏰ 매일 08:00~16:30
📖 p.224-B2

| 17:00 | **블랙 페퍼** Black Pepper | Food&Drink 04 |
| --- | --- | --- |
| 저녁 식사 | 친절한 인도 음식점 | |

손님 한 명 한 명을 정성스레 응대하는 직원들의 세심한 서비스가 돋보인다. 대표 메뉴는 버터 치킨 마살라로 향신료 맛이 강하지 않아 인도 요리가 익숙지 않아도 부담스럽지 않다. 식사 후 인도식 요거트 음료인 망고 라씨는 필수.

📍 326, 328 Serangoon Rd, Singapore 218112 🚶 MRT 패러파크역 출구 A에서 도보 1분 ⏰ 매일 11:00~23:00 🍴 버터 치킨 마살라 S$16, 망고 라씨 S$6/서비스 차지&GST 19% 별도
✈ blackpepper.com.sg 📖 p.224-B2

| 18:30 | **스리 비라마칼리암만 사원** Sri Veeramakaliamman Temple | Sightseeing 03 |
| 힌두 사원 | 싱가포르에서 가장 오래된 힌두 사원 | |

수많은 힌두신 조각상이 고푸람을 장식한 이곳은 시바 신의 부인이자 악을 파괴하고 질서를 유지하는 칼리 여신을 기리는 힌두 사원이다. 인도에서 싱가포르로 건너온 초기 이민자들은 칼리 여신이 모든 악과 질병으로부터 자신들을 보호해준다고 믿었다. 신발은 벗고 입장해야 하며 민소매, 반바지 차림은 출입이 제한된다.

⏷ 141 Serangoon Rd, Singapore 218042　🚶 MRT 리틀인디아역 출구 E에서 도보 4분　⏱ 매일 05:30~12:00, 17:00~21:00
📖 p.224-A3

| 19:00 | ⦗Pick⦘ **무스타파센터** Mustafa Centre | Shopping 01 |
| 쇼핑 | 없는 게 없는 쇼핑센터 | |

전자 제품부터 의류, 생필품, 식료품까지 생활에 필요한 모든 것을 판매하는 대형 쇼핑센터. 깔끔하진 않지만 매장 규모가 크고 무엇보다 가격이 저렴하다. 해피 히포 초콜릿, 히말라야 립밤, 카야 잼, 칠리크랩 소스 등 싱가포르의 인기 기념품은 주로 1층과 2층에 모여 있고, 총 구매 금액이 S$100을 넘으면 지하 2층에서 택스 리펀드를 받을 수 있다. 계산을 마치면 구매한 물건을 비닐 쇼핑백에 넣고 케이블 타이로 묶어준다.

⏷ 145 Syed Alwi Rd, Singapore 207704　🚶 MRT 패러파크역 출구 A에서 도보 4분　⏱ 매일, 24시간　✈ mustafa.com.sg
📷 mustafacentre　📖 p.224-B3

인도의 전통 의상인 사리를 입은 사람들, 코끝을 자극하는 향신료 냄새, 딤섬과 피시 커리 맛집들, 작은 화분들을 내어놓은 상점들과 상점에서 흘러나오는 인도 음악. 이 모든 게 한데 어우러진, 개성과 낭만이 넘치는 리틀 인디아로 여행을 떠나보자.

## *Best Spots*

### 리틀 인디아 추천 스폿

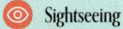 Sightseeing

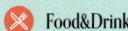 Food&Drink

🛍 Shopping

# 인디언 헤리티지센터 Indian Heritage Center

Sightseeing 04

인도 이주민들의 역사를 한눈에

싱가포르 인구의 약 9%를 차지하는 인도계 싱가포르인들의 삶과 역사, 문화를 보여주는 박물관이다. 총 4층 규모로 1층에서 엘리베이터를 타고 4층으로 올라가 아래로 내려오면서 전시를 감상하면 되는데, 주요 볼거리는 상설 전시관인 3층과 4층에 몰려 있다. 특히 계급과 신분에 따라 세분화한 의상과 장신구 전시는 관심 있게 볼 만하다. 매일 진행하는 무료 영어 가이드 투어가 있으니 홈페이지에서 확인하자.

📍 5 Campbell Lane, Singapore 209924 🚶 MRT 리틀인디아역 출구 E에서 도보 4분 ⏰ 화~일요일 10:00~18:00(마지막 입장 17:30) ❌ 월요일 💰 성인 S$8, 학생·60세 이상 S$5/6 세 이하 무료 ✈ indianheritage.gov.sg 📷 indianheritage_sg 📖 p.224-A3

## Sightseeing 05
### 스리 스리니바사 페루말 사원
Sri Srinivasa Perumal Temple

**1855년에 세운 힌두 사원**

힌두교의 3대 주신(主神)이자 질서를 유지하는 비슈누 신을 기린다. 매년 1~2월경 힌두교 대표 축제인 타이푸삼(Thaipusam) 행렬이 이곳에서 시작된다.

📍 397 Serangoon Rd, Singapore 218123 🚶 MRT 패러파크역 출구 G에서 도보 3분 ⏰ 일~금요일 05:30~12:00, 17:30~21:00, 토요일 05:30~12:30, 17:30~21:30 ✈ sspt.org.sg 📖 p.224-B2

## Sightseeing 06
### 포머 하우스 오브 탄 텡 니아
Former House of Tan Teng Niah

**눈길을 사로잡는 포토 스폿**

100년이 넘은 중국식 전통 가옥. 내부로 들어갈 수는 없지만 알록달록한 무지개 색감의 건물 자체가 멋스러워 근처에 갔다면 잠깐이라도 들러볼 만하다.

📍 37 Kerbau Rd, Singapore 219168 🚶 MRT 리틀인디아역 출구 E에서 도보 1분 📖 p.224-A3

Pick **섬 딤섬** Sum Dim Sum                                          Food&Drink 05

**딤섬의 다양한 변주**

현대적인 감각의 아담한 매장에서 중국 광둥식 전통 딤섬부터 상하이식 만두인 샤오롱바오, 다른 곳에서는 보기 힘든 딤섬을 두루 선보인다. 신선한 새우를 파란색 피로 감싼 하가우와 바삭하게 튀긴 새우를 넣은 쫄깃한 라이스 롤 추천. 테이블에 비치된 QR코드로 주문과 결제를 하는 방식이지만 대면 주문도 가능하다.

잘란베사르점(Jalan Besar) 📍161 Jalan Besar, Singapore 208876 🚶MRT 잘란베사르역 출구 B에서 도보 3분 🕒 월·목요일 11:30~15:00, 17:00~24:00, 화·금요일 11:30~01:00, 수요일 11:30~16:00, 17:00~24:00, 토요일 10:30~01:00, 일요일 10:30~24:00 🍽 프레시 프라운 티파니 블루 엑스라지 하가우 S$7.55, 크리스피 프라운 라이스 롤 S$11.70/서비스 차지&GST 19% 별도 ✈ sumdimsum.oddle.me/en_SG ◎ sumdimsumsg 📖 p.224-B3

Pick **스위 춘** Swee Choon                                          Food&Drink 06

**밤새도록 즐기는 딤섬이라니!**

60년이 넘은 전통의 딤섬 전문점. 아침부터 새벽까지 영업하며 한 입 거리의 적은 양과 합리적인 가격 덕분에 여러 개 먹기에도 부담이 없다. 걸쭉한 빨간 국물에 돼지고기와 청경채, 땅콩 가루를 올린 탄탄멘도 별미. 테이블 위 QR코드로 주문하고 결제는 나갈 때 하는데, 이때 사용하시 않은 물디슈를 반납해야 추가 금액이 붙지 않는다. 현금 결제만 가능.

잘란베사르 본점(Jalan Besar) 📍183·185·187·189·191·193 Jalan Besar, Singapore 208882 🚶MRT 잘란베사르역 출구 B에서 도보 4분 🕒 수~월요일 07:00~04:00(마지막 주문 03:30) 🚫 화요일 🍽 샤오마이(106번) S$3.92, 탄탄멘(402번) S$10.68/서비스 차지&GST 19% 별도 ✈ sweechoon.com ◎ sweechoon.sg 📖 p.224-B3

**Food&Drink 07**

## 퐁골 나시르막 Pongol Nasi Lemak
**싱가포르에서 만난 말레이시아 전통 음식**

코코넛 밀크와 판단 잎을 넣어 지은 쌀밥에 멸치, 땅콩, 달걀, 오이, 삼발 소스를 곁들인 나시르막을 판매한다. 생선, 닭고기, 새우튀김 등 토핑 선택 가능.

잘란베사르점(Jalan Besar) 📍 371 Jalan Besar, #01-01, Singapore 208998 🚶 MRT 벤더미어역 출구 A에서 도보 5분 🕐 금~수요일 11:30~22:00 ❂ 목요일 🍴 나시르막(Lasi Lemak) S$5.40~11 🔗 ponggolnasilemak.com.sg 📖 p.224-C2

 **Food&Drink 08**

## 콜카타 벡콘즈 Kolkata Beckons
**깊고 진한 맛의 인도 커리**

인도 콜카타 지역의 요리를 만날 수 있다. 정통 커리뿐만 아니라 탄두리 치킨과 난, 인도식 볶음밥인 비리야니 등을 판매한다. 가격은 다소 비싼 편.

📍 52 Race Course Rd, Singapore 218563 🚶 MRT 리틀인디아역 출구 E에서 도보 2분 🕐 매일 11:00~15:00, 17:00~22:00 🍴 버터 치킨 커리 S$18.90/서비스 차지&GST 19% 별도 🔗 kolkatabeckons.com.sg 📖 p.224-A3

**Food&Drink 09**

## 바나나 리프 아폴로 The Banana Leaf Apolo
**피시 헤드 커리 전문 인도 음식점**

앞접시 대신 주는 바나나 잎이 인상적이다. 커다란 생선 머리를 통째로 넣은 피시 헤드 커리는 수프처럼 묽은 농도에 칼칼한 맛이 특징.

레이스코스로드점(Race Course Road) 📍 54 Race Course Rd, Singapore 218564 🚶 MRT 리틀인디아역 출구 E에서 도보 2분 🕐 매일 10:30~22:30 🍴 피시 헤드 커리 S$33.50~44.50/서비스 차지&GST 19% 별도 📷 thebananaleafapolo 📖 p.224-A3

**Food&Drink 10**

## 무투스 커리 Muthu's Curry
**1969년 오픈한 미쉐린 빕 구르망 식당**

바나나 리프 아폴로와 함께 피시 헤드 커리의 양대 산맥으로 불린다. 이곳의 피시 헤드 커리는 살이 알차지만, 간이 세고 향신료 맛이 강하다는 평이다.

📍 138 Race Course Rd, #01-01, Singapore 218591 🚶 MRT 리틀인디아역 출구 E에서 도보 5분 🕐 매일 10:30~23:30 🍴 피시 헤드 커리 S$41.42/서비스 차지&GST 19% 별도 🔗 muthuscurry.com 📖 p.224-A3

## 시티 스퀘어 몰 City Square Mall
**리틀 인디아의 현대식 쇼핑몰**

Shopping 02

전기 자동차의 지정 주차 공간을 마련하고 에어컨 응축수를 재활용하는 등 친환경 쇼핑 공간으로서의 면모를 갖춘 대형 쇼핑몰이다. 찰스앤키스, 코튼 온, 유니클로, 아디다스 등 중저가 브랜드가 주를 이루며 지하 1~3층, 지상 4층에 다양한 음식점과 카페가 모여 있다. 실내 놀이터, 아동 전문 서점, 어린이를 위한 편집 숍 등이 자리해 현지인들이 자녀와 함께 즐겨 찾는다.

📍 180 Kitchener Rd, Singapore 208539 🚶 MRT 패러파크역 출구 I, H와 바로 연결 ⏰ 매일 10:00~22:00 🔗 citysquaremall.com.sg 📷 citysquaremall 📖 p.224-B2

 Shopping 03
## 테카센터 Tekka Centre
**현지인의 삶을 엿볼 수 있는 시장**

1915년에 영업을 시작해 1982년 현재 자리로 옮긴 2층 규모의 재래시장. 1층에는 고기, 생선, 과일, 향신료 등을 파는 시장과 호커센터, 2층에는 인도 의상과 액세서리 상점들이 있다.

📍 665 Buffalo Road Zhujiao Centre, Singapore 210665 🚶 MRT 리틀인디아역 출구 C에서 도보 3분 ⏰ 매일 06:30~21:00(가게마다 상이) 📖 p.224-A3

Shopping 04
## 리틀 인디아 아케이드 Little India Arcade
**인도의 색채가 진하게 담긴 점포들**

인디언 헤리티지센터 p.230 맞은편에 있다. 기념품보다는 인도풍 옷과 액세서리, 장식품이 주를 이룬다. 헤나 숍이 많아 관심이 있다면 방문할 만하다. 흥정 필수.

📍 48 Serangoon Rd, #02-07, Singapore 217959 🚶 MRT 리틀인디아역 출구 C에서 도보 5분 ⏰ 매일 09:00~22:00(가게마다 상이) 🔗 littleindiaarcade.com.sg 📖 p.224-A3

*Area 08*

# 하루쯤 소풍 가듯
# 예쁜 여행
# 카통&이스트 코스트

# Katong
# & East Coast

## *Intro & Access*

# 카통&이스트 코스트로의 여행

싱가포르 동쪽에 위치한 카통(Katong)은 싱가포르만의 혼합 문화 개념인 '페라나칸'의 문화가 살아 숨 쉬는 지역이다. 1920년대에 부유층 페라나칸들이 살았던 2층 숍 하우스가 그대로 남아 있는 주 치앗 로드(Joo Chiat Road)와 쿤 셍 로드(Koon Seng Road)를 걷다 보면 마치 타임머신을 타고 과거로 돌아간 듯한 기분이 든다. 페라나칸 수공예품 상점과 음식점뿐만 아니라 브런치 레스토랑과 카페도 즐비해 현지인들의 주말 나들이 장소로 큰 사랑을 받고 있다.

싱가포르의 동쪽 해안 지역을 일컫는 이스트 코스트(East Coast)에는 싱가포르 최대 규모의 해변 공원인 이스트 코스트 파크(East Coast Park)가 자리한다. 각종 해양 스포츠부터 자전거, 캠핑 등 다양한 액티비티를 즐길 수 있으며 식당과 카페, 호커센터도 있다.

두 지역 모두 여행객보다는 현지인들이 즐겨 찾는다. 특히 이 지역들은 MRT의 접근성이 다소 떨어지기 때문에 도보, 버스, 택시 등을 적절히 활용해야 한다. 로컬들의 생활 속으로 들어가 여유로운 시간을 보내고 싶다면 한 번쯤 감수해도 좋을 즐거운 경험이 될 것이다.

**Access 카통&이스트 코스트**
카통 지역은 MRT 마린퍼레이드역, 이스트 코스트 지역은 MRT 마린퍼레이드역과 마린테라스역, 시그랩역에서 도보 이동이 가능하나 두 지역 모두 장소에 따라 15분 이상 걸어야 하는 스폿도 있다. 싱가포르 도심에선 MRT로 약 30분, 차로 20여 분 소요된다.

**MRT 주요 역**
**마린퍼레이드**(Marine Parade)
**마린테라스**(Marine Terrace)
**시그랩**(Siglap)

**주요 관광지**
**페라나칸 하우스**
마린퍼레이드역 3번 출구에서 차로 5분, 도보 16분

**이스트 코스트 파크**
마린퍼레이드역 1번 출구에서 도보 7분

*Theme*

# 현지인처럼 즐기는
# 카통&이스트 코스트 하루 여행

싱가포르 사람들은 어디에서 주말을 보낼까? 현지인들의 휴식처로 사랑받는 카통과 이스트 코스트 지역에 들어서면 도시 외곽의 분위기가 물씬하다. 과거 바다 바로 옆에 위치했던 카통은 1970년대에 토지 부족으로 매립하면서 지금의 모습이 되었다.
주 치앗 로드와 이스트 코스트 로드에 대부분의 스폿이 모여 있는 카통은 걸어서 다니기에 부담이 없지만, 이스트 코스트 지역과 공원은 규모가 워낙 방대해 미리 갈 곳을 정한 후 도보 또는 자전거로 돌아보는 것이 좋다. 특히 지도상으로는 가까워 보이지만 이동 수단이 그리 좋지 않으므로 두 동네를 하루 안에 다 보고 싶다면 동선을 꼼꼼히 확인하는 것이 중요하다. 볼거리가 모여 있는 카통에서 시작해 한적한 이스트 코스트 파크에서 일정을 마무리하는 것을 추천한다.

| 11:00 관광 | Pick 페라나칸 하우스 Peranakan Houses | Sightseeing 01 |

**알록달록한 파스텔 톤의 2층 가옥**

카통 지역의 중심 거리인 주 치앗 로드에는 1920년대에 지은 페라나칸 숍 하우스들이 잘 보존되어 있다. 페라나칸 디자인 특유의 알록달록한 색감과 좁고 높은 외관, 꽃무늬 또는 기하학적 패턴의 세라믹 타일에는 부와 장수, 번영을 바라는 이들의 염원이 담겼다. 실제 주민들의 거주 공간이기에 내부는 볼 수 없지만, 아름다운 외관을 배경으로 기념사진을 조용히 남기기 좋다.

📍 287 Joo Chiat Rd, Singapore 427540
🚶 MRT 마린퍼레이드역 3번 출구에서 차로 5분, 도보 16분 📖 p.238-A2

| 12:00 가벼운 점심 | Pick 친미친 컨펙셔너리 Chin Mee Chin Confectionery | Food&Drink 01  |

**카통 NO.1 카야 토스트**

카통을 방문했다면 반드시 들러야 할 카야 토스트 전문점. 1925년 작은 커피숍으로 시작해 100년 동안 사랑받아 온 이곳은 2021년 외식 전문 기업인 에브 앤 플로우 그룹(Ebb&Flow Group)에서 운영을 맡으면서 깔끔한 모습으로 변모했다. 동그란 빵인 번(Bun)에 많이 달지 않은 수제 카야잼과 버터가 어우러진 카야 토스트의 세트 메뉴를 주문하면 수란과 커피를 함께 즐길 수 있다. 카야잼은 구매도 가능하나 유통기한이 2주 이내로 짧은 편.

📍 204 East Coast Rd, Singapore 428903 🚶 MRT 마린퍼레이드역 3번 출구에서 도보 10분 🕐 매일 08:00~16:00 ❌ 월요일 💰 카야 토스트 세트 S$5.90 🌐 chinmeechin.sg
📷 chinmeechin.sg 📖 p.238-B2

| 13:00 | Pick 버드 오브 파라다이스 젤라토 부티크 | Food&Drink 02  |
| --- | --- | --- |
| 디저트 | Birds of Paradise Gelato Boutique | |

줄 서서 먹는 젤라토 가게

과일, 꽃, 허브 등 천연 및 식물성 재료만 사용하는 젤라토 전문점. 인기 메뉴는 단짠 단짠의 정석인 시솔트 호지차(Sea-salt Hojicha)로 한 입 베어 물면 히말라야 소금과 진한 녹차의 풍미가 입안 가득 퍼진다. 이곳에서는 컵보다 콘 아이스크림이 단연 인기인데 매장에서 직접 구운 바삭한 와플 콘에 아이스크림을 담아주기 때문. 차이나타운, 홀랜드 빌리지, 주얼 창이 등에서도 만나볼 수 있다.

카통 본점(Katong) 📍63 East Coast Rd, #01-05, Singapore 428776  🚶MRT 마린퍼레이드역 2번 출구에서 도보 8분  🕐일~목요일 12:00~22:00, 금~토요일 12:00~22:30  🍨컵 싱글·더블 각각 S$5.50·9, 콘 싱글·더블 각각 S$6.80·10.30/카드 결제만 가능  ✈birdsofparadise.sg  📷bopgelato  📖p.238-A2

| 14:00 | Pick 이스트 코스트 파크 East Coast Park | Sightseeing 02  |
| --- | --- | --- |
| 해변 산책 | 싱가포르 유일 해변 공원 | |

싱가포르 남동쪽에 자리한 공원으로 현지인들의 휴식처로 사랑받는 곳이다. 약 15km에 달하는 해안을 따라 조성된 공원에서는 자전거, 인라인스케이트, 해양 스포츠, 캠핑 등 다양한 액티비티를 즐길 수 있으며 산책로가 잘 조성되어 걷기에도 그만이다. 점보 시푸드p.118, 롱 비치 등 유명 시푸드 레스토랑이 모여 있는 이스트 코스트 시푸드센터, 호기센터인 이스트 코스트 라군 푸드 빌리지p.242가 함께 있다.

📍East Coast Park Service Rd, Singapore  🚶MRT 마린퍼레이드역 1번 출구에서 도보 7분  🌐beta.nparks.gov.sg/visit/parks/park-detail/east-coast-park  📖p.238-B3

| 17:00 저녁 식사 | Pick 이스트 코스트 라군 푸드 빌리지 | Food&Drink 03 |

**East Coast Lagoon Food Village**

해변을 배경으로 저렴한 한 끼

공원 안에 있는 야외 호커센터다. 여러 가지 메뉴를 주문해도 부담 없는 가격뿐만 아니라 해변 가까이에 자리해 식사 전후 산책을 즐기기에도 그만이다. 즉석에서 구워주는 사테와 다양한 시푸드 메뉴를 갖추고 있다. 오전보다 오후 시간대에 문을 여는 노점이 많다. 14번 노점에선 숯불 향의 풍미와 부드러운 식감을 느낄 수 있는 닭날개 구이(Charcoal Chicken Wing)를, 15번 노점에선 굴에 달걀과 전분을 섞어 만든 굴 오믈렛을 맛보자. 절인 무와 달걀, 새우 등을 넣고 전처럼 부친 당근 케이크가 일품인 40번 노점, 중국식 바비큐 소스를 넣어 만든 완탕 누들이 대표 메뉴인 45번 노점을 추천한다.

📍 1220 East Coast Park, Singapore 468960 🚶 MRT 시그랩역 4번 출구에서 차로 5분, 도보 14분
🕐 가게마다 상이  💰 S$3~10  📖 p.238-D2

### 추천 노점

| 상호 | 영업 시간/휴무일 | 대표 메뉴와 가격 |
|---|---|---|
| [14번] 아휘 BBQ 치킨 윙 앤 스프링 치킨<br>Ah Hwee BBQ Chicken | 월~화요일, 목~금요일 15:00~22:00,<br>일요일 15:00~20:00/수요일 | 숯불 닭날개 구이 S$1.40 |
| [15번] 송키 프라이드 오이스터<br>Song Kee Fried Oyster | 목~화요일 16:30~21:00/수요일 | 오이스터 에그 S$5~11, 프라이드 오이스터 S$7~11 |
| [40번] 라군 페이머스 캐롯 케이크<br>Lagoon Famous Carrot Cake | 월·수~금요일 12:00~22:00, 토~일요일 08:30~22:00/화요일 | 크리스피 캐롯 케이크 S$5~7, 스위트 딜리셔스 캐롯 케이크 S$5~7 |
| [45번] 화키 바비큐 포크 누들<br>Hwa Kee Barbeque Pork Noodle | 월·금~토요일 17:00~24:00,<br>화·목요일 17:00~23:30, 일요일 12:00~23:30/수요일 | 비빔 완탕 누들(Wanton Noodle) S$5~7, 국물 완탕 누들 수프(Wanton Noodle Soup) S$5~7 |

도심에서 MRT로 30여 분이면 싱가포르 현지인과 주재원들이 주말 나들이를 떠나는 카통과 이스트 코스트 지역에 닿는다. 면화, 코코넛을 키우던 지역에서 제1차 세계 대전 이후 부유한 페라나칸의 주거지로 변모한 카통은 오랫동안 미식가들을 만족시켜 온 곳이기도 하다.

## Best Spots

### 카통&이스트 코스트 추천 스폿

- ◎ Sightseeing
- ✱ Food&Drink
- 🛍 Shopping

## Pick 비치 로드 프라운 누들 하우스 Beach Road Prawn Noodle House Food&Drink 04

**군더더기 없이 깔끔한 새우국수**

카통 중심에서는 다소 떨어져 있지만 싱가포르의 대표 음식인 새우국수를 맛보려는 손님들로 늘 대기줄이 있다. 다행히 회전은 빠른 편. 호커센터처럼 먼저 자리를 잡고 주문하면 되는데, 이때 테이블 번호를 말하면 음식을 가져다준다. 대표 메뉴인 새우국수는 국물의 유무와 면의 종류를 취향에 맞게 선택할 수 있는데, 담백하고 시원한 맛이 일품인 국물 새우국수를 추천한다. 현금 결제만 가능.

📍 370 East Coast Rd, Singapore 428981 🚶 MRT 마린테라스역 3번 출구에서 도보 8분 🕐 수~월요일 07:00~16:00 ❌ 화요일 🍽 새우국수(Prawn Mee) S\$6.50~, 점보 새우국수(Jumbo Prawn Mee) S\$15
✈ beachroadprawnnoodlehouse.shop
🗺 p.238-B2

## Pick 328 카통 락사 328 Katong Laksa Food&Drink 05

**유명인도 즐겨 찾는 락사 전문점**

카통에서 가장 유명한 락사 전문점이다. 락사는 생선이나 닭으로 우린 국물에 쌀국수를 넣어 만든 국수 요리로, 타마린드 즙을 넣은 아쌈 락사(Assam Laksa)와 코코넛 밀크를 첨가한 락사르막(Laksa lemak)으로 나뉜다. 그중 이곳에선 부드러운 코코넛 밀크에 잘게 끊은 쌀국수, 조갯살, 어묵, 새우 등으로 맛을 낸 락사르막을 즐길 수 있다. 떠먹기 쉽도록 젓가락 대신 수저만 주는 것이 특징. 함께 나오는 삼발 소스를 살짝 넣어 먹으면 풍미가 훨씬 좋다.

본점 📍 51 East Coast Rd, Singapore 428770 🚶 MRT 마린퍼레이드역 2번 출구에서 도보 4분 🕐 매일 09:30~21:30 🍽 락사 소·대 각각 S\$7.30·9.30, 라임 주스 S\$3
✈ 328katonglaksa.sg 🗺 p.238-A2

### Food&Drink 06
**비엣시** Vietsea
담백한 쌀국수가 생각날 때

주 치앗 로드의 아담한 베트남 식당. 대표 메뉴는 베트남 쌀국수인 포. 바게트에 각종 채소와 고기, 미트볼을 선택할 수 있는 베트남식 샌드위치 반미도 있다. 위치와 분위기, 서비스는 좋지만 맛은 다소 평범한 편.

**1호점** ♥ 304 Joo Chiat Rd, Singapore 427555 ⚲ MRT 마린퍼레이드역 3번 출구에서 차로 5분, 도보 15분 ● 매일 09:30~04:30 ♦ 소고기 쌀국수 S$12.90 반미 S$4.90~/서비스 차지&GST 19% 별도 ⎙ p.238-A2

### Food&Drink 07
**토모 카페** ToMo Cafe
안락한 공간에서 즐기는 브런치

동네 주민들의 맛있는 식사를 책임지는 일본식 브런치 카페다. 토스트부터 일본식 샌드위치인 산도, 파스타까지 메뉴가 다양하며 맛은 물론 플레이팅까지 세심히 신경 쓴다. 차이나타운에도 매장이 있다.

**주치앗점(Joo Chiat)** ♥ 189 Joo Chiat Rd, Singapore 427460 ⚲ MRT 마린퍼레이드역 3번 출구에서 차로 5분, 도보 19분 ● 매일 08:00~18:00 ♦ 산도 S$20~24/서비스 차지&GST 19% 별도 ⎚ tomocafe.sg ⎙ tomocafesg ⎙ p.238-A2

### Food&Drink 08
**주 치앗 반미 카페** Joo Chiat Banh Mi Ca Phe
로컬 분위기 물씬 나는 반미 전문점

반미를 대표 메뉴로 내세운 식당. 겉은 바삭하고 속은 부드러운 바게트 안에 구운 소고기와 신선한 채소를 넣은 레몬그라스 그릴드 비프 패티(4번), 닭다리 살을 달콤하게 양념한 허니 글레이즈드 치킨(2번)이 인기 있다.

♥ 263 Joo Chiat Rd, Singapore 427517 ⚲ MRT 마린퍼레이드역 3번 출구에서 차로 7분, 도보 16분 ● 월~금요일 09:00~19:00, 토~일요일 09:00~20:00 ♦ 레몬그라스 그릴드 비프 패티 S$8.50, 허니 글레이즈드 치킨 S$8 ⎚ joochiatcaphe.com ⎙ joochiatcaphe ⎙ p.238-A2

## 웨이브드 Waved

**주스와 커피, 둘 다 먹고 싶어!**

Food&Drink 09

자체 개발한 전자기파 기계를 이용해 열과 고압 없이 채소와 과일의 맛과 영양을 그대로 담은 착즙 주스와 스페셜티 커피를 만드는 주스 바 겸 카페다. 이곳엔 커피와 주스를 조금씩 모두 즐길 수 있는 테이스팅 메뉴 플라이트(Flight) 시리즈도 있다. 에스프레소, 블랙커피, 화이트 커피 중에서 선택하면 물과 커피 2잔, 주스 1잔이 나오는데, 먼저 물로 입을 헹군 뒤 커피 2잔을 순서대로 마시고, 마지막에 주스로 입가심하면 딱 좋다.

📍 2 Fowlie Rd, #01-06, Singapore 428505 🚶 MRT 마린퍼레이드역 2번 출구에서 도보 7분 🕐 월~금요일 08:00~17:00(마지막 주문 16:45), 토~일요일 09:00~18:00(마지막 주문 17:45) 🍽 블랙 플라이트 핫·아이스 각각 S$6.50·7.50 ✈ wavedbeverages.com 📖 p.238-A2

## (Pick) 킹스 카트 커피 팩토리 Kings Cart Coffee Factory

**창의적인 메뉴가 돋보이는 카페**

Food&Drink 10

카통에서 가장 힙한 카페 중 하나다. 겉보기엔 여느 카페와 크게 다르지 않지만 이곳에서만 맛볼 수 있는 특별한 커피 메뉴를 선보인다. 그중에서도 콜드브루에 유자 셔벗과 레몬 거품을 올린 유자 클라우드는 깔끔하면서도 새콤달콤한 맛이 오래도록 남는다. 연어 샐러드, 에그 베네딕트 등 브런치 메뉴도 준비되어 있다.

**주치앗점(Joo Chiat)** 📍 328 Joo Chiat Rd, #01-05, Singapore 427585 🚶 MRT 마린퍼레이드역 3번 출구에서 차로 3분, 도보 13분 🕐 매일 09:00~17:00 🍽 코코넛 라테 S$9, 유자 클라우드 S$9/서비스 차지&GST 19% 별도 ✈ kingscartcoffee.com 📷 kingscartcoffeesg 📖 p.238-A2

### 🍴 Food&Drink 11
# 마이크로 레드 하우스 MICRO red house
**우체국 아니고 베이커리 카페입니다**

과거 카통 제과점이었던 옛 건물을 복원해서 만든 베이커리 카페. 사워도우 발효종으로 만든 치아바타와 바게트 등이 쇼케이스를 빼곡하게 채우는데 한정 수량만 판매하기 때문에 오전에 방문하는 것을 추천한다.

📍 63 East Coast Rd, #01-06, Singapore 428776  🚶 MRT 마린퍼레이드역 3번 출구에서 도보 7분  🕐 수~금요일 08:30~16:00(마지막 식사 주문 15:30), 토~일요일 08:30~17:00  ❌ 월·화요일  💰 치아바타 S$5.50~, 식사류 S$7.50~26  ✈ microbakerykitchen.com  📖 p.238-A2

### 🛍 Shopping 01
# i12 카통 i12 Katong
**카통 한복판에 자리한 쇼핑몰**

이스트 코스트 로드와 주 치앗 로드 교차점에 위치한 7층 규모의 쇼핑몰. 1983년에 오픈한 쇼핑몰을 2021년에 리뉴얼했다. 식당과 카페에 특화된 곳으로 1층에 피에스 카페p.255와 잇푸도, 2층에 크리스탈 제이드(Crystal Jade) 등이 있다.

📍 112 East Coast Rd, Singapore 428802  🚶 MRT 마린퍼레이드역 3번 출구에서 도보 7분  🕐 매일 10:00~22:00  ✈ i12katong.com.sg  📖 p.238-A2

### 🛍 Shopping 02
# 파크웨이 퍼레이드 Parkway Parade
**공원과 맞닿은 대형 쇼핑몰**

1984년에 문을 연 복합 상업 시설. 지하 1층에는 싱가포르의 대표 푸드 코트인 푸드 리퍼블릭이, 1층에는 코튼 온 등 영 캐주얼 매장이 있다. 2층에서는 완구 전문 매장 토이저러스를, 3층에서는 페어프라이스 엑스트라(Fairprice Xtra) 슈퍼마켓을 만날 수 있다.

📍 80 Marine Parade Rd, Singapore 449269  🚶 MRT 마린퍼레이드역 1번 출구에서 도보 3분  🕐 매일 10:00~22:00  ✈ parkwayparade.com.sg  📖 p.238-A2

# Part 05

## 우리들의 작은 여행

# Special Journeys

## Plus Area 01

## 녹음 가득한 싱가포르의 한남동 뎀시 힐

# Dempsey Hill

*Intro & Access*

# 뎀시 힐로의 여행

울창한 녹음으로 둘러싸인 작은 언덕, 뎀시 힐(Dempsey Hill)에는 레스토랑, 카페, 식료품점, 골동품 가게, 가구점, 갤러리 등이 들어서 있다. 과거 육두구(Nutmeg) 농장이 있었던 곳이자 영국군 국방부와 중앙 인력기지 본부로 사용했던 땅, 이곳이 2007년 재개발을 통해 한적한 분위기의 다이닝 및 쇼핑 스폿으로 재탄생했다. '싱가포르의 한남동' 뎀시 힐은 싱가포르 보태닉 가든의 탕린 게이트(Tanglin Gate)에서 차로 4분, 오차드 로드p.164에서 차로 10분 거리로, 함께 묶어 둘러보기 좋다. 복작거리는 오차드 로드를 떠나 이곳을 거닐다 보면 도심에서 멀리 떠나온 기분이 든다. 브런치를 먹거나 차 한잔의 여유를 즐기기에 제격이지만 여유로운 동네 분위기만큼 물가는 높은 편. 뎀시 힐의 주요 스폿은 모두 도보로 이동할 수 있지만, MRT 네이피어역에서 이곳까지는 1.2km로 제법 거리가 있다. 도보 이동이 부담스럽다면 버스나 택시 이용을 추천한다.

**Access 뎀시 힐**
MRT 접근성이 좋지 않아 버스나 택시 이용을 추천한다. MRT 네이피어역에서 차로 3분, 도보 17분 소요.

**MRT 주요 역**
네이피어(Napier)

**주요 스폿**
**피에스 카페**
네이피어역 2번 출구에서 차로 2분, 도보 18분
**도버 스트리트 마켓**
네이피어역 2번 출구에서 차로 4분, 도보 19분

## Map of Best Spots
### 뎀시 힐 추천 스팟 지도

홀랜드 빌리지

레드닷 브루하우스
도버 스트리트 마켓
슈퍼네이처
캔들너트
피에스 카페
번트 앤즈
더 뎀시 프로젝트
칸치타 페루비안 퀴진
찹수이 카페 뎀시 힐

Harding Rd

---

#### Food&Drink 01
### 칸치타 페루비안 퀴진
CANCHITA Peruvian Cuisine
**페루 전통 요리 먹어봤니?**

싱그러운 식물들이 반기는 곳. 페루를 비롯한 남미 요리를 선보인다. 얇게 썬 생선과 조개에 시트러스를 곁들인 해산물 샐러드 '세비체' 추천.

📍 9A/9B Dempsey Rd  🕐 점심 금~일요일 11:30~15:00, 저녁 매일 17:30~22:30  🍴 세비체(Ceviche) S$30~32, 타코 S$20~28/서비스 차지&GST 19% 별도  ✈ canchita.sg(예약 가능)

#### Food&Drink 02
### Pick 더 뎀시 프로젝트 The Dempsey project
**활기찬 아침을 여는 브런치 메뉴**

뎀시 힐의 핫 플레이스. 정오 이전 아침 메뉴는 물론 시간대에 따라 점심, 저녁 메뉴 구성이 다르다. 글루텐 프리, 유제품 프리 등 다양한 비건 옵션이 있고, 식료품점을 함께 운영한다. 예약은 필수.

📍 9 Dempsey Rd. #01-12  🕐 일~목요일 08:00~21:00, 금~토요일 08:00~22:30  🍴 아침 S$19~32, 브런치 S$22~49, 저녁 S$28~68/서비스 차지&GST 19% 별도  ✈ thedempseyproject.com(예약 가능)

◉ Sightseeing
✖ Food&Drink
🛍 Shopping
🚇 MRT

• 싱가포르 보태닉 가든

네이피어역 1번 출구 •

네이피어역 2번 출구 •

TE 12 🚇
네이피어역 Napier

오차드 로드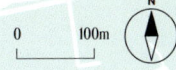

0  100m
N

## Food&Drink 03

(Pick) **피에스 카페** PS.Cafe
**예약 필수! 뎀시 힐 NO.1 레스토랑**

푸른 녹음을 바라보며 브런치를 즐길 수 있어 실내보다 야외 테라스 좌석 경쟁이 뜨겁다. 분위기에 걸맞은 브런치 메뉴가 충실히 준비돼 있다.

**하딩로드점(Harding Road)** 📍 28B Harding Rd ⏰ 일~목요일 08:00~22:00, 금~토요일 08:00~22:30 🍴 브런치 메뉴 (평일 08:00~11:00·주말 08:00~16:00) S$6.50~31/서비스 차지&GST 19% 별도 🔗 pscafe.com/pscafe-at-harding-road(예약 가능)

## Food&Drink 04

**찹수이 카페 뎀시 힐**
Chopsuey Cafe Dempsey Hill
**피에스 카페가 운영하는 분위기 맛집**

피에스 카페가 캐주얼 다이닝이라면 이곳은 세련된 중국식 퓨전 레스토랑이다. 애피타이저로 좋은 딤섬부터 칠리크랩, 폭립까지 음식 구성이 다양하다.

📍 10 Dempsey Rd, #01-23 ⏰ 일~목요일 11:00~23:00, 금~토요일 11:00~23:30 🍴 싱가포르 프라이드 프라운 누들 S$28/서비스 차지&GST 19% 별도 🔗 pscafe.com/chopsuey-cafe-at-dempcoy-hill(예약 가능)

# Map of Best Spots

## 뎀시 힐 추천 스폿 지도

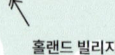
홀랜드 빌리지

레드닷 브루하우스

도버 스트리트 마켓
캔들너트

슈퍼네이처

번트 앤즈

피에스 카페

더 뎀시 프로젝트

칸치타 페루비안 퀴진

찹수이 카페 뎀시 힐

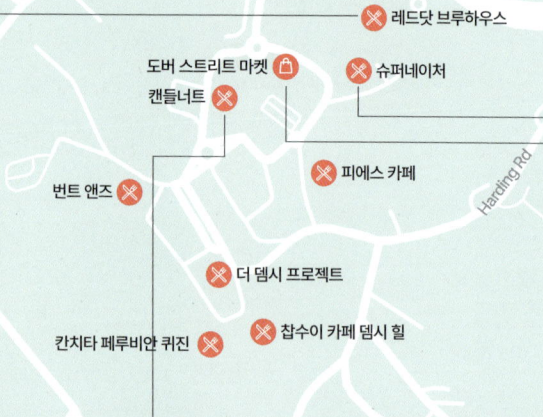

### Food&Drink 05
### 레드닷 브루하우스 RedDot BrewHouse
**한가로이 낮술 하기 좋은 곳**

싱가포르의 로컬 수제 맥주를 즐길 수 있는 양조장 겸 펍 레스토랑. 싱그러운 꽃 향과 깔끔한 탄산이 균형 있게 어우러진 몬스터 그린 라거(Monster Green Lager)를 추천.

📍 25A Dempsey Rd, #01-01 🕐 월요일 11:30~22:00, 화~목일요일 11:30~22:30, 금~토요일 11:30~23:00
💰 수제 맥주(390ml) S$11~/서비스 차지&GST 19% 별도
🌐 reddotbrewhouse.com.sg

### Food&Drink 06
### 캔들너트 Candlenut
**파인 다이닝으로 즐기는 페라나칸 요리**

제철 재료로 맛을 낸 현대적인 페라나칸 요리를 선보인다. 매달 바뀌는 코스 요리도 좋지만, 페라나칸 음식이 처음이라면 단품 요리로도 충분하다. 예약 필수.

📍 17A Dempsey Rd 🕐 매일 12:00~15:00·18:00~22:00
💰 점심 코스 S$108, 저녁 코스 S$138, 단품 메뉴 S$16~48/ 서비스 차지&GST 19% 별도 🌐 comodempsey.sg/restaurant/candlenut(예약 가능)

◉ Sightseeing
✖ Food&Drink
🛍 Shopping
🚇 MRT

● 싱가포르 보태닉 가든

네이피어역 1번 출구 •

네이피어역 2번 출구 •

TE 12 🚇
네이피어역 Napier

오차드 로드 →

0  100m

## Shopping 01

Pick **슈퍼 네이처** SuperNature

**건강한 먹거리가 가득한 식료품점**

세계적인 호텔 리조트 브랜드 코모(Como) 그룹에서 운영하는 유기농 식료품점. 신선한 육류부터 채소, 유제품, 스낵 등 상품도 다양하다. 매장 내부 식당인 글로(Glow)에서 건강한 재료들로 만든 음식도 맛볼 수 있다.

📍 26 Dempsey Rd, #01-01 🕐 매일 08:00~20:00, 글로 08:00~18:00 🍴 스낵 S$10~, 각종 잼 S$14~ 📷 supernatureorganic

## Shopping 02

Pick **도버 스트리트 마켓** Dover Street Market

**영국에서 온 멀티 브랜드 편집 숍**

꼼데가르송을 비롯해 신진 디자이너들의 의류와 신발, 액세서리 등을 판매한다. 감각적인 인테리어와 디스플레이로 힙스터들의 놀이터가 되었다. 슈프림, 스투시 같은 스트리트 패션에 관심 있다면 방문할 만하다.

📍 18 Dempsey Rd 🕐 매일 11:00~20:00 👕 옷 S$100~
🌐 singapore.doverstreetmarket.com

# Plus Area 02

## 캐주얼한 싱가포르의 이태원 홀랜드 빌리지

# Holland Village

## *Intro & Access*

# 홀랜드 빌리지로의 여행

골목마다 유럽 분위기가 물씬한 레스토랑과 카페, 상점이 자리한 이곳은 영국 출신 건축가 휴 홀랜드(Hugh Holland)의 이름에서 유래한 홀랜드 빌리지다. 1900년대 초 네덜란드인들의 커뮤니티가 조성된 이후 현재 싱가포르에서 주재원을 비롯한 외국인들이 가장 많이 거주하는 지역이 되었다. 주민들의 국적만큼이나 각기 다른 입맛을 만족시키는 세계 각국의 맛집을 발견하는 재미가 있다. 뎀시 힐보다 더 젊고 캐주얼한 분위기로 가격도 상대적으로 저렴해 "싱가포르의 이태원"이라고 불리기도 한다. 뎀시 힐 서쪽에 위치해 두 지역을 함께 방문하거나 오차드 로드p.164와 연계해 일정을 짜도 좋다.

홀랜드 빌리지에는 홀랜드 애비뉴(Holland Avenue)를 기점으로 잘란 메라 사가(Jalan Merah Saga)를 따라 동쪽에는 티옹 바루 베이커리, 케옹색 베이커리 등이 있고, 서쪽에는 홀랜드 로드 쇼핑센터(Holland Road Shopping Centre) 주변으로 브런치 레스토랑과 카페가 모여 있다. 동쪽은 여유롭고 한적하며, 서쪽은 젊음과 활기가 넘친다. 도보로 충분히 돌아볼 수 있다.

**Access 홀랜드 빌리지**
이 책의 추천 스폿은 모두 MRT 홀랜드빌리지역에서 도보로 이동 가능하다. 뎀시 힐에서 차로 6분, 오차드 로드에서 차로 10분 소요.

**MRT 주요 역**
**홀랜드빌리지**(Holland Village)

**주요 스폿**
**잘란 메라 사가의 스폿들**
홀랜드빌리지역 출구 A에서 도보 3~5분

**홀랜드 로드 쇼핑센터**
홀랜느빌리지역 출구 C에서 도보 1분

# Map of Best Spots
## 홀랜드 빌리지 추천 스폿 지도

### Food&Drink 01
**Pick 로라스 카페** Lola's Cafe
**홀랜드 빌리지의 인기 브런치 카페**

주말이면 오픈과 동시에 웨이팅이 생길 정도로 인기가 대단하다. 매운 토마토소스에 게살을 넣고 원통 모양의 쇼트 파스타 면인 리가토니(Rigatoni)를 사용한 스파이시 크랩 리가토니가 유명하다.

**홀랜드빌리지점(Holland Village)** 📍 48 Lor Mambong 🕐 화~금요일 10:00~22:00, 토~일요일 09:00~22:00(마지막 주문 30분 전까지) ❌ 월요일 💰 스파이시 크랩 리가토니 S$20/서비스차지&GST 19% 별도 ✈ lolascafe.com.sg(예약 가능)

### Shopping 01
**원 홀랜드 빌리지** One Holland Village
**홀랜드 빌리지의 신상 쇼핑몰**

2023년 오픈한 복합 상업 시설. 야외 아케이드 형태로 쇼핑보다는 식사 공간으로 더 특화돼 있다. 딘타이펑, 잇푸도(Ippudo), 프리베 등 유명 레스토랑이 입점해 있으며, 중앙 광장에서 다양한 이벤트가 열린다.

📍 7 Holland Village Way 🕐 매일 11:00~21:00 ✈ fareastmalls.com.sg/one-holland-village

### Food&Drink 02
**타이 청 베이커리** Tai Cheong Bakery
**겉은 바삭, 속은 촉촉한 에그타르트**

싱가포르에 여러 개의 매장을 운영하는 홍콩 베이커리 브랜드. 홍콩식 치킨 누들, 달걀밥 등의 식사 메뉴를 갖춘 곳은 이 지점이 유일하다.

**홀랜드빌리지점(Holland Village)** 📍 31 Lor Liput 🕐 월~목요일 10:00~20:30, 금요일 10:00~21:00, 토~일요일 09:00~21:00 💰 에그타르트 1개 S$2.40 ✈ taicheong.com.sg

◎ Sightseeing
✕ Food&Drink
🛍 Shopping
🚇 MRT

## Food&Drink 03
### 더 데일리 스쿱 The Daily Scoop
**현지인 추천 아이스크림 전문점**

20년 넘게 현지인들의 사랑을 듬뿍 받는 아이스크림 가게. 맛의 종류가 여러 가지라 선택이 어렵다면 인기 메뉴인 얼그레이를 주문해보자.

📍 118 Holland Ave., #02-04 ⏰ 월~목요일 11:00~22:00, 금~토요일 11:00~22:30, 일요일 14:00~22:00 💰 싱글 스쿱 S$4, 더블 스쿱 S$7.50 🔗 thedailyscoop.com.sg

## Food&Drink 04
### 티옹 바루 베이커리 Tiong Bahru Bakery
**싱가포르 대표 베이커리 카페**

싱가포르 전역에 20개가 넘는 매장이 있는 베이커리 카페. 사람들이 가장 많이 찾는 본점 p.273에 들르기 어렵다면 좋은 대안이 될 지점이다.

**홀랜드빌리지점(Holland Village)** 📍 43 Jln Merah Saga, #01-74 Chip Bee Gardens ⏰ 월~금요일 07:30~19:00, 토~일요일 08:00~19:00 💰 아몬드 크루아상 S$7, 퀸 아망 S$7, 롱 블랙 S$6.70/G3T 9% 별도 🔗 tiongbahrubakery.com

# Map of Best Spots
## 홀랜드 빌리지 추천 스폿 지도

### Shopping 02
### 홀랜드 로드 쇼핑센터
Holland Road Shopping Centre
**50년 터줏대감 쇼핑센터**

현대적인 쇼핑몰에 비해 작고 허름해 보여도 의외로 괜찮은 상점이 많다. 아기자기하고 감각적인 굿즈를 판매하는 인디펜던트 마켓(Independent Market, 3층)과 독특한 접시, 찻잔이 많은 림스(LIM's, 2층)는 꼭 들러보자.

📍 211 Holland Ave.  🕐 매일 08:00~22:00(가게마다 상이)

### Food&Drink 05
### 치미창가 Chimichanga
**리틀 인디아에서 시작한 멕시칸 레스토랑**

부드러운 토르티야에 소고기, 생선, 버섯을 골라 넣어 먹는 멕시칸 타코가 대표 메뉴. 그중 생선 타코가 인기 있다. 부리토, 케사디야 등도 훌륭하다. 리틀 인디아, 하버프론트의 비보시티 등에도 매장이 있다.

**홀랜드빌리지점(Holland Village)** 📍 3 Lor Liput, #01-02/03
🕐 월~목요일 11:00~23:00, 금요일 11:00~24:00, 토~일요일 12:00~23:00  💰 타코 S$14~18/서비스 차지&GST 19% 별도
🌐 chimichanga.sg

- Sightseeing
- Food&Drink
- Shopping
- MRT

Holland Rd

0   60m   N

## Food&Drink 06

**Pick 크래프트맨 커피** Craftsmen Coffee
**웨이팅도, 합석도 참을 수 있는 맛**

하루 종일 브런치 주문이 가능한 곳. 예약 시스템이 없어 주말엔 1시간 이상 대기는 기본이다. 와플에 닭다리 살과 치즈를 넣고 메이플 시럽을 곁들인 크리스피 치킨 앤 와플이 인기.

홀랜드빌리지점(Holland Village) 275 Holland Ave.
월~목요일 08:30~21:00, 금~토요일 08:30~22:00, 일요일 08:30~20:00 크리스피 치킨 앤 와플(2인분) £$38/서비스차지&GST 19% 별도 craftsmencoffee.com

## Food&Drink 07

**케옹색 베이커리** Keong Saik Bakery
**샌드위치가 맛있는 동네 사랑방**

테이블에 있는 QR코드로 주문한다. 포카치아, 바게트, 베이글에 햄, 치즈, 버섯, 치킨 등을 가득 채운 다양한 조합의 고멧 샌드위치와 햄&치즈 크루아상은 간단한 한 끼로 손색이 없다.

칩비가든점(Chip Bee Gardens) 44 Jln Merah Saga, #01-42 Chip Bee Gardens 월~금요일 07:30~18:00, 토~일요일 08:00~18:00 햄&치즈 크루아상 S$6.70, 커피 S$4.50~8/GST 9% 별도 keongsaikbakery.com

# Plus Area 03

## 고즈넉한 부촌에서
## 동네 산책
## 티옹 바루

# Tiong Bahru

*Intro & Access*

# 티옹 바루로의 여행

티옹 바루는 싱가포르의 대표적인 전통 주거 지역으로 꼽힌다. 중국 호키엔 방언으로 '끝'을 뜻하는 티옹(Tiong)과 말레이어로 '새로운'을 의미하는 바루(Bahru)가 합쳐져 티옹 바루(Tiong Bahru)라는 이름이 탄생했다. 과거 습지대였던 이곳은 1930년대로 들어서면서 고급 주거 지역으로 변모하기 시작했다. 2003년 도시 재개발청(Urban Redevelopment Authority, URA)은 이곳의 아파트 블록 20개를 보존 구역으로 지정하며 무분별한 개발을 제한했다.

특별한 볼거리 대신 특유의 안온함이 가득한 동네. 아기자기한 카페와 식당, 상점이 모여 있는 용시악 거리(Yong Siak Street)를 시작으로 응훈 거리(Eng Hoon Street)에 있는 티옹 바루 마켓(Tiong Bahru Market)까지 찬찬히 걸으며 동네 산책을 떠나보자.

티옹 바루는 싱가포르의 과거와 현재가 공존하는 독특한 지역으로, 차이나타운p.182과 가까워 함께 묶어서 일정을 짜는 것을 추천한다. 차이나타운의 MRT 아우트램파크역에서 티옹바루역까지 10분 거리로, 함께 둘러보기 좋다.

**Access 티옹 바루**
MRT 티옹바루역 출구 A에서 메인 거리인 용시악 거리(Yong Siak Street)까지 도보로 약 10분 소요된다.

**MRT 주요 역**
티옹바루(Tiong Bahru)

**주요 스폿**
**플레인 바닐라**
티옹바루역 출구 A에서 도보 10분

**캣 소크라테스**
디옹바루역 출구 A에서 도보 10분

# Map of Best Spots

## 티옹 바루 추천 스폿 지도

티옹바루역 출구 A
티옹바루역 **Tiong Bahru**
Tiong Bahru Rd

크리미어 핸드크래프티드 아이스크림 앤 커피

캣 소크라테스

더 부처스 와이프

플레인 바닐라

### Food&Drink 01

## 크리미어 핸드크래프티드 아이스크림 앤 커피
**Creamier Handcrafted Ice Cream and Coffee**

더위를 잊게 하는 아이스크림

피스타치오, 얼그레이, 라벤더 등 각기 다른 맛과 부드럽고 진한 풍미가 느껴지는 수제 아이스크림 전문점. 갓 구운 와플에 아이스크림을 올린 와플 아이스크림도 인기다.

티옹바루점(Tiong Bahru) 📍 78 Yong Siak St 🕐 화~일요일 12:00~22:00 ❌ 월요일 💲 싱글 S$4.90, 더블 S$8.80, 프리미엄 맛은 S$1 추가/GST 9% 별도 🌐 creamier.com.sg

### Food&Drink 02

## (Pick) 더 부처스 와이프 The Butcher's wife
**100% 글루텐 프리 브라질 음식**

조금은 낯선 남미 요리지만 구운 가지, 문어 요리 등 건강에도 좋고 맛도 좋은 메뉴들이 준비되어 있다. 편안한 분위기 덕분에 혼자 가도 부담이 없다.

📍 19 Yong Siak St 🕐 화~금요일 12:00~15:00·18:00~23:00, 토요일 11:30~15:00·18:00~23:00, 일요일 11:30~15:00·18:00~22:30 ❌ 월요일 💲 메인 요리 S$34~67/서비스 차지&GST 19% 별도, 카드 결제만 가능 🌐 thebutcherswifesg.com

 Sightseeing
 Food&Drink
 Shopping
 MRT

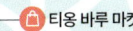 티옹 바루 마켓
리틀 엘리펀트
신 호 사이 시푸드 레스토랑
티옹 바루 베이커리(본점)

아우트램파크역 **Outram Park**

## Food&Drink 03
Pick 플레인 바닐라 Plain Vanilla
**아기자기하고 어여쁜 컵케이크 천국**

티옹 바루에서 가장 인기 있는 카페로, 먹기 아까울 만큼 예쁜 비주얼을 자랑하는 컵케이크가 대표 메뉴다. 입구에서 반겨주는 나무 그네부터 머그잔, 그릇 등 소품을 구경하는 재미도 쏠쏠하다.

**티옹바루점(Tiong Bahru)** 1D Yong Siak St 매일 07.30~19.00 컵케이크 S$4.20~, 아이스 롱 블랙 S$6.50/ 서비스 차지&GST 19% 별도 plainvanilla.com.sg

## Shopping 01
Pick 캣 소크라테스 Cat Socrates
**티옹 바루의 터줏대감 소품 숍**

문구와 서적, 액세서리, 식기류 등 자체 굿즈뿐만 아니라 전 세계 개성 있는 디자이너들의 제품을 만날 수 있다. 카통에도 매장이 있으며 온라인 스토어도 운영 중.

**용시악점(Yong Siak Store)** 78 Yong Siak St, #01-14 일~월요일 10:00~18:00, 화~목요일 10:00~19:00, 금~토요일 10:00~20:00 대나무 그릇 S$9.90~, 업서 S$3.90~, 에코백 S$24~ cat-socrates.myshopify.com

## *Map of Best Spots*
## 티옹 바루 추천 스폿 지도

### Food&Drink 04
### 리틀 엘리펀트 Little Elephant
**싱가포르에서 만난 태국 음식**

깔끔한 공간에서 대중적인 태국 요리를 맛볼 수 있다. 새콤한 국물의 똠얌꿍과 '단짠'의 정수를 보여주는 팟타이 등이 정갈하게 나온다. 인상적인 맛보다는 조용한 분위기에서 단정한 식사를 즐기고 싶은 사람에게 추천.

📍 57 Eng Hoon St, #01-72  🕐 매일 11:00~22:30  🍤 새우 팟타이 S$12.90, 똠얌꿍 S$16.90/서비스 차지&GST 19% 별도
📷 littleelephantsg

### Shopping 02
### 티옹 바루 마켓 Tiong Bahru Market
**가성비 맛집들이 가득**

1층은 재래시장, 2층은 넓고 쾌적한 호커센터. 80여 개의 점포가 있는 2층에는 미쉐린 가이드에 이름을 올린 맛집이 많다. 티옹 바루 하이난 본니스 치킨 라이스(Tiong Bahru Hainanese Boneless Chicken Rice, 02-82), 홍 헝 프라이드 소통 프라운 미(Hong Heng Fried Sotong Prawn Mee, 02-01)가 인기 있다.

📍 30 Seng Poh Rd  🕐 가게마다 상이  💰 S$3~10

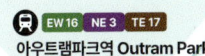
아우트램파크역 Outram Park

## Food&Drink 05
### 신 호 사이 시푸드 레스토랑
Sin Hoi Sai Seafood Restaurant
**새벽까지 운영하는 해산물 전문점**

현지인 '찐 맛집'으로 통하는 칠리크랩 전문점. 통통한 게살과 중독성 있는 소스 덕분에 아무리 배가 불러도 남김없이 끝까지 먹게 된다.

📍 55 Tiong Bahru Rd, #01-59 ⏰ 매일 16:00~04:00
💰 칠리크랩 1kg S$131.80~/(시가), 시리얼 새우(Fried Prawn with Oats) S$28~/서비스 차지&GST 19% 별도 🌐 www.sinhoisaiseafoodrestaurant.com

## Food&Drink 06
### Pick 티옹 바루 베이커리 Tiong Bahru Bakery
**자꾸만 보이던 그 빵집 본점**

싱가포르 유명 쇼핑몰에서 만날 수 있는 체인 베이커리지만 왠지 본점이 더 맛있게 느껴진다. 쇼케이스에 진열된 빵 중에서 아몬드 크루아상과 퀸 아망 2가지는 반드시 먹어보길 권한다. 머그잔, 에코백 등 싱가포르 대표 빵집의 굿즈도 만날 수 있다.

본점 📍 56 Eng Hoon St, #01-70 ⏰ 월~금요일 07:30~20:00, 토~일요일 08:00~20:00 💰 아몬드 크루아상 S$7, 퀸 아망 S$7/GST 9% 별도 🌐 tiongbahrubakery.com

## Plus Area 04

# 사려 깊은 테마파크
# 만다이
# 야생동물 보호구역

# Mandai
# Wildlife Reserve

*Intro*

# 만다이 야생동물 보호구역으로의 여행

싱가포르 북부에 자리한 만다이 야생동물 보호구역은 만다이 와일드라이프 그룹(Mandai Wildlife Group)에서 관리하는 지역으로, 전 세계의 온갖 야생동물과 희귀 동물을 볼 수 있다.

아시아 최대 새 공원인 버드 파라다이스(Bird Paradise)부터 철장과 울타리가 없는 개방형 동물원 싱가포르 동물원(Singapore Zoo), 아시아 최초의 강을 테마로 만든 공원 리버 원더스(River Wonders), 밤에만 개장하는 동물원 나이트 사파리(Night Safari), 시간적 여유가 있다면 2025년 문을 연 레인포레스트 와일드 아시아(Rainforest Wild Asia)까지, 인간의 유희만을 좇던 기존 관람의 개념을 벗어나 동물과 공존하는 공간을 만들고자 한 의지가 엿보인다. 생물 다양성 보호를 우선시하고 지구 환경과 야생동물 보존에 힘쓰고 있는 만다이 야생동물 보호구역을 경험하는 것만으로도 싱가포르의 또 다른 모습을 발견할 수 있다.

### 입장권 가격

| 테마파크 | 가격 |
| --- | --- |
| 버드 파라다이스 | 성인 S$49, 어린이(3~12세) S$34 |
| 싱가포르 동물원 | 성인 S$49, 어린이(3~12세) S$34 |
| 리버 원더스 | 성인 S$43, 어린이(3~12세) S$31 |
| 나이트 사파리 | 성인 S$56, 어린이(3~12세) S$39 |
| 레인포레스트 와일드 아시아 | 성인 S$43, 어린이(3~12세) S$31 |
| 통합 1일권(테마파크 4곳 포함) | 성인 S$110, 어린이(3~12세) S$80 |
| 선택 1일권(테마파크 2곳 선택) | 성인 S$90, 어린이(3~12세) S$60/ 나이트 사파리 미포함 시 성인 S$80/ 어린이 S$50 |

*입장권 사전 구매: 애플리케이션(Mandai Wildlife Reserve)이나 홈페이지(mandai.com/en) 또는 클룩 등 여행 액티비티 예약 플랫폼

# Access

## 만다이 야생동물 보호구역으로 이동하기

### MRT+셔틀버스

**MRT 카팁**(Khatib)**역: 만다이 카팁 셔틀버스**(Mandai Khatib Shuttle Bus)

셔틀버스가 MRT 카팁역과 만다이 야생동물 보호구역을 연결한다. 셔틀버스 정류장은 카팁역 출구 A에 있다. 만다이 야생동물 보호구역의 테마파크 간 이동과 만다이 야생동물 보호구역에서 카팁역으로 가는 요금이 포함되어 있다.

- 약 15~20분 소요/운행 간격 15분(11:00~12:00은 20분 간격)
- $2.50(7세 미만 무료)/이지링크, 신용카드만 결제 가능(현금 결제 불가)

| 출발지 | 도착지(#정류장 번호) | 첫차/막차(출발시간 기준) |
|---|---|---|
| MRT 카팁역 | 만다이 야생동물 보호구역 | 08:30/23:40 |
| 만다이 야생동물 보호구역 | 버드 파라다이스에서 하차(#48111) | 08:50/24:00 |

### MRT+시내버스

**MRT 초아추캉**(Choa Chu Kang)**역: 927번 버스**

역에서 연결되는 초아추캉인터체인지(Choa Chu Kang Interchange)에서 927번 시내버스를 탄 다음 버드 파라다이스, 싱가포르동물원(S'Pore Zoo) 정류장에서 하차.

- 약 40분 소요(운행 간격 15~20분)  S$1.66~1.81

**MRT 앙모키오**(Ang Mo Kio)**역, 스프링리프**(Springleaf)**역: 138번 버스**

앙모키오인터체인지(Ang Mo Kio Interchange) 정류장에서 출발한 138번 시내버스가 스프링리프역 C번 출구(Springleaf Stn Exit 3) 정류장을 지나 버드 파라다이스, 싱가포르동물원(S'Pore Zoo) 정류장으로 간다.

- 약 40~50분 소요(운행 간격 10~15분)  S$1.50~1.98

### 만다이 시티 익스프레스 버스

만다이 시티 익스프레스 버스(Mandai City Express Bus)가 시내와 만다이 야생동물 보호구역을 연결한다. 목~일요일에만 운영하며 홈페이지에서 사전 예약 필수.

편도 S$8(3세 미만 무료)/이지링크, 신용카드만 결제 가능(현금 결제 불가) 월~수요일
affiliates.bigbuspartners.com/en?r=mandaicityexpress22

**시내→만다이 야생동물 보호구역(버드 파라다이스, 싱가포르 동물원)**

| 출발지(#정류장 번호) | 시간 |
|---|---|
| 오차드 호텔 Orchard Hotel(#09169 Orchard Road) | 09:00·11:30·14:30·17:30·18:15 |
| 휠록 플레이스 Wheelock Place(#09179 Orchard Road) | 09:02·11:32·14:32·17:32·18:17 |
| 힐튼 오차드 Hilton Orchard(#09037 Orchard Road) | 09:05·11:35·14:35·17:35·18:20 |
| 오차드 플라자 Orchard Plaza(#08137 Orchard Road) | 09:08·11:38·14:38·17:38·18:23 |
| 르네상스 호텔 Rendezvous Hotel(#08069 Bras Basah Road) | 09:12·11:42·14:42·17:42·18:27 |
| 래플스 호텔 Raffles Hotel(#02049 Bras Basah Road) | 09:15·11:45·14:45·17:45·18:30 |
| 선텍 허브 Suntec Hub(Temasek Boulevard) | 09:30·12:00·15:00·18:00·18:45 |

**만다이 야생동물 보호구역→시내**

| 출발지 | 시간 |
|---|---|
| 버드 파라다이스<br>: 픽업 포인트 Mandai Wildlife WEST Coach Bay, Bay 2(Exit C) | 13:40·16:40 |
| 싱가포르 동물원·리버 원더스·나이트 사파리<br>: 픽업 포인트 Mandai Transport Hub Coach Bay, Lot 5 | 13:50·16:50·21:30(오차드 로드, 브라스 바사, 테마섹 블러바드행), 22:00(리틀 인디아, 해브록 로드, 마리나 베이행) |

### 택시&공유 차량

일행이 3~4인이라면 택시나 공유 차량인 그랩, 고젝, 카카오택시를 이용하는 것도 한 방법이다.

시내에서 30~35분 소요 *MRT 시티홀역 기준
S$25~28

### 트램: 만다이 야생동물 보호구역 내

만다이 야생동물 보호구역 중 버드 파라다이스, 싱가포르 동물원, 나이트 사파리 테마파크에선 무료 트램으로 이동할 수 있다. 클룩과 같은 액티비티 예약 플랫폼에서 입장권을 미리 구매할 때 별도의 혜택처럼 '트램 탑승'이라고 표기한 경우가 있다  트램은 무료이니 참고하자.

### 2번 버스: 만다이 야생동물 보호구역 내

2번 버스를 타고 만다이 야생동물 보호구역의 서쪽과 동쪽을 오가자. 버드 파라다이스와 레인포레스트 와일드 아시아가 있는 서쪽 정류장(Bus Stop #48111)과 싱가포르 동물원, 리버 원더스, 나이트 사파리가 위치한 동쪽 정류장(Mandai Transport Hub Coach Bay, Lot 1)에서 승하차하면 된다.

첫차 09:00, 막차 20:34/15분 간격 운행
무료

# Map
## 만다이 야생동물 보호구역 지도

> **Tips. 동물과 공존하는 이용 수칙**
> · 허락 없이 동물에게 먹이를 주거나 만지지 않는다.
> · 동물의 시력 보호를 위해 플래시를 켜고 사진을 찍지 않는다.
> · 공원 내에서는 금연이다.(공연 외부 흡연 구역 이용.)
> · 만다이 야생동물 보호구역에서는 동물이 인간에게 학습된 재주를 부리는 '쇼(Show)' 대신 동물의 본성을 보여주는 '프레젠테이션(Presentation)'이란 단어를 사용한다.

*Mandai Wildlife West*

레인포레스트 와일드 아시아

셔틀버스 정류장  Mandai Lake Rd

상세 지도

### 버드 파라다이스
· **소요시간**: 3~4시간
· **특징**: 아시아 최대 새 공원
· **추천 대상**: 전 세계 조류를 한 곳에서 보고 싶은 사람
· **부대시설**: 버드 베이커리, 펭귄 코브 레스토랑

상세 지도

### 나이트 사파리
· **소요시간**: 3시간
· **특징**: 세계 최초로 밤에만 여는 동물원
· **추천 대상**: 색다른 경험을 원하는 여행자
· **부대시설**: 울루 울루 사파리 레스토랑

NS 4  BP 1
초아추캉역 **Choa Chu Kang**

 MRT
 BUS

카팁역 Khatib

### 싱가포르 동물원

- **소요시간**: 3~4시간
- **특징**: 철창이 없는 개방형 동물원
- **추천 대상**: 아이와 함께하는 가족 여행자
- **부대시설**: 이누카 카페, 차왕 비스트로

상세 지도

*Mandai Wildlife East*

셔틀버스 정류장

앙모키오역 Ang Mo Kio

### 리버 원더스

- **소요시간**: 2시간
- **특징**: 강을 주제로 한 아시아 최초의 테마 공원
- **추천 대상**: 더위를 피해 실내에서도 관람하고 싶은 사람
- **부대시설**: 마마 판다 키친

상세 지도

281

## Pick 버드 파라다이스 Bird Paradise

Sightseeing 01

**아시아에서 가장 큰 새 공원**

주롱 지역에 있던 새 공원을 새롭게 단장한 버드 파라다이스가 2023년 5월 이전을 완료하면서 만다이 야생동물 보호구역의 동물 생태계가 비로소 완성되었다. 버드 파라다이스에는 400여 종, 3500여 마리의 새가 살고 있다. 아프리카 열대 우림, 인도네시아의 계단식 논, 남미의 습지 등 전 세계 서식지를 재현한 총 10개의 구역에서는 좀처럼 보기 힘든 희귀종, 멸종 위기종 등 다채로운 조류들을 만나볼 수 있다.

시설마다 자세한 설명이 있어 생태계와 동식물의 흥미롭고도 유익한 정보를 제공한다. 주롱 새 공원에서 가장 큰 사랑을 받았던 '먹이 주기 프로그램'도 계속 진행한다. 사전 유료 예약제로 운영하며, 수익금 전액을 싱가포르 전 지역의 보존 프로젝트 기금으로 쓴다.

**추천 관람 코스**
09:30 늉웨 포레스트 하트 오브 아프리카
10:30 쿠옥 그룹 윙스 오브 아시아
11:30 홍룽 파운데이션 크림슨 웨트랜즈
12:30 세계의 날개 프레젠테이션
14:30 오션 네트워크 익스프레스 펭귄 코브

📍20 Mandai Lake Rd, Singapore 729831　🕐 매일 09:00~18:00(마지막 입장 17:00)　💵 입장료: 성인 S$49, 3~12세 S$34/셔틀버스: 무료　🌐 mandai.com/en/bird-paradise　📷 mandaiwildlifereserve

© Mandai Wildlife Group

© Mandai Wildlife Group

## 주요 볼거리

| 이름 | 특징 | 동물 친구들 |
| --- | --- | --- |
| 늉웨 포레스트 하트 오브 아프리카<br>Nyungwe Forest Heart of Africa | 중앙아프리카의 울창한 숲을 재현한 새장. 버드 파라다이스에서 규모가 가장 크다. | 회색앵무부터 부채머리새까지 80여 종의 아프리카 새. |
| 쿠옥 그룹 윙스 오브 아시아<br>Kuok Group Wings of Asia | 발리의 계단식 논과 대나무 숲을 형상화한 구역. | 두루미, 황새, 꿩, 주걱 모양의 독특한 부리를 가진 멸종 위기종인 저어새 등. |
| 홍룽 파운데이션 크림슨 웨트렌즈<br>Hong Leong Foundation Crimson Wetlands | 중남미 해안 습지 환경을 재현한 곳. 포토 스폿은 콜롬비아 후안 쿠리(Juan Curi) 폭포에서 영감을 받은 20m 높이 폭포. | 아메리칸플라밍고, 주홍따오기 등 화려한 진홍색 조류. |
| 오션 네트워크 익스프레스 펭귄 코브<br>Ocean Network Express Penguin Cove | 3층으로 구성된 전시관. 남극의 펭귄 서식지를 재현해놓았다. | 젠투펭귄, 킹펭귄, 북부바위뛰기펭귄 등. |
| 윙드 생크추어리<br>Winged Sanctuary | 멸종 위기에 처한 새를 관리하는 구역. | 필리핀독수리, 팔라완쇠공작, 발리구관조 등. |

## 이벤트

### 버드 파라다이스의 프레젠테이션

별도의 예약 없이도 새들이 펼치는 놀라운 장면을 볼 수 있다. 앵무새, 플라밍고, 펠리컨들의 재능과 지능을 동시에 느낄 수 있는 '세계의 날개', 독수리를 비롯한 맹금류의 날렵함을 체감할 수 있는 '날개 위의 포식자'가 바로 그것이다.

| 이벤트 | 시간 | 장소/가격 |
| --- | --- | --- |
| 세계의 날개 Wings of the World | 12:30·17:00 | 스카이 원형극장(Sky Amphitheatre)/무료 |
| 날개 위의 포식자 Predators on Wings | 10:30·14:30 | |

## Pick 싱가포르 동물원 Singapore Zoo
### 세심함을 더한 개방형 동물원

Sightseeing 02

1973년에 개장한 싱가포르 동물원은 특별하다. 이곳은 철장과 울타리 대신 웅덩이, 바위, 나무 등으로 경계를 둔 자연 친화적 개방형 동물원으로 각 동물의 서식지와 최대한 비슷한 환경을 조성하려 노력한 흔적이 엿보인다. 오랑우탄, 바다사자 등 300여 종, 4200마리 이상의 동물이 살고 있으며, 국제적 야생동물을 비롯해 멸종 위기종의 보호와 보전에 힘쓰고 있다. 시간별로 다양한 이벤트와 먹이 주기 프로그램도 준비돼 있다.

**추천 관람 코스**
10:30 스플래시 사파리 프레젠테이션
11:00 와일드 아프리카
11:45 코끼리 먹이 주기(인투 더 와일드 프레젠테이션으로 대체 가능)
13:30 프래질 포레스트

📍 80 Mandai Lake Rd, Singapore 729826 🕐 매일 08:30~18:00
💰 입장료: 성인 S$49, 3~12세 S$34/트램: 무료 ✈ mandai.com/en/singapore-zoo
📷 mandaiwildlifereserve

## 주요 볼거리

| 이름 | 특징 | 동물 친구들 |
|---|---|---|
| 키즈월드<br>KidzWorld | 미션을 수행하며 보상 배지를 받는 레인지 버디 퀘스트(Ranger Buddies Quest), 물놀이장, 놀이터 등이 있다. | 염소, 거북이, 토끼 등. |
| 프래질 포레스트<br>Fragile Forest | 열대 우림 서식지를 재현한 2000㎡ 넓이의 개방형 바이오 돔. | 흰얼굴사키원숭이, 말레이날여우박쥐, 두발가락나무늘보 등. |
| 와일드 아프리카<br>Wild Africa | 아프리카의 열대 우림과 사막에 사는 동물을 만날 수 있는 구역. | 얼룩말, 기린, 사자, 치타, 흰코뿔소 등. |
| 오랑우탄 아일랜드 앤 보드워크<br>Orangutan&Boardwalk | 방목형 우리에서 자유롭게 노는 오랑우탄들을 가까이에서 볼 수 있다. | 오랑우탄. |

## 프로그램과 이벤트

### 동물 먹이 주기 프로그램 Feed the Animals
동물에게 직접 먹이를 주는 프로그램에 참여하고 싶다면 홈페이지에서 예약 필수.

mandai.com/en/singapore-zoo/things-to-do/explore/feed-the-animals

| 이벤트 | 시간 | 장소/가격 |
|---|---|---|
| 코끼리 먹이 주기<br>Elephant Feeding | 09:30·11:45·16:30 | 엘리펀트 오브 아시아(Elephants Of Asia)/S$8 |
| 기린 먹이 주기<br>Giraffe Feeding | 10:45·13:50·15:45 | 와일드 아프리카(Wild Africa)/S$8 |
| 흰코뿔소 먹이 주기<br>White Rhinoceros Feeding | 13:15 | 와일드 아프리카(Wild Africa)/S$8 |
| 얼룩말 먹이 주기<br>Zebra Feeding | 10:15·14:15 | 와일드 아프리카(Wild Africa)/S$8 |

### 싱가포르 동물원의 프레젠테이션
바다사자의 놀라운 재능을 구경할 수 있는 '스플래시 사파리', 야생동물과 교감하는 '인투 더 와일드'를 비롯해 동물과 함께 호흡하는 다양한 볼거리가 펼쳐진다. 소요시간은 10~20분 정도로 별도의 예약이 필요 없고, 시작 20~30분 전에 해당 장소로 방문하면 된다.

| 이벤트 | 시간 | 장소/가격 |
|---|---|---|
| 스플래시 사파리<br>Splash Safari | 10:30·17:00 | 원형극장(Shaw Foundation Amphitheatre)/무료 |
| 인투 더 와일드<br>Into The Wild | 12:00·14:30 | 원형극장(Shaw Foundation Amphitheatre)/무료 |
| 애니멀 프렌즈 프레젠테이션 앤 미트 더 스타즈!<br>Animal Friends Presentation&Meet the Stars! | 11:00·14:00 | 키즈월드 애니멀 버디 극장(Animal Buddies Theatre, KidzWorld)/무료 |

> **Tips. 트램 타고 동물원을 둘러보자!**
> 울창한 숲으로 둘러싸인 보행로를 걸어도 좋고, 무료 트램을 타고 이동할 수도 있다. 트램은 총 4곳의 정류장에서 탑승 횟수의 제한 없이 자유롭게 승하차할 수 있으며 한국어 오디오 가이드도 제공되니 이어폰을 준비하면 유용하다.

## 리버 원더스 River Wonders

Sightseeing 03

**아시아 최초의 강을 테마로 만든 공원**

싱가포르 동물원과 나이트 사파리 사이의 강을 테마로 만든 공원으로 '리버 사파리'에서 '리버 원더스'로 이름을 바꾸고 재개장했다. 양쯔강과 콩고강, 나일강, 메콩강, 갠지스강 등 전 세계의 강 서식지를 그대로 재현한 이곳에는 260여 종, 1만 1000여 마리의 동물이 살고 있다. 버드 파라다이스, 싱가포르 동물원, 나이트 사파리에 비해 볼거리는 많지 않지만 수중 생물을 좋아한다면 한 번쯤 가볼 만하다.

**추천 관람 코스**
13:30 아마존 침수림
14:30 원스 어폰 어 리버
15:30 아마존 리버 퀘스트
16:30 자이언트 판다 포레스트

📍 80 Mandai Lake Rd, Singapore 729826  🕐 매일 10:00~19:00  💲 입장료 성인 S$43, 3~12세 S$31  🌐 mandai.com/en/river-wonders  📷 mandaiwildlifereserve

## 주요 볼거리

| 이름 | 특징 |
|---|---|
| 아마존 침수림<br>Amazon Flooded Forest | 강이나 호수처럼 염분이 없는 물에 사는 큰수달과 매너티, 그 외 여러 종류의 물고기들이 거대한 수족관 안을 자유롭게 유영하는 모습을 볼 수 있다. |
| 자이언트 판다 포레스트<br>Giant Panda Forest | 울창한 나무와 바위로 판다의 서식지를 재현한 개방형 바이오 돔에 자이언트 판다 카이 카이(Kai Kai)와 지아 지아(Jia Jia)가 살고 있다. 푸바오를 좋아한다면 필수 방문 코스. |
| 아마조니아 인카운터스<br>Amazonia Encounters | 전 세계 생물 종의 3분의 1이 있다고 알려진 아마존의 비단원숭잇과 흰입술타마린과 황금머리사자타마린 등을 가까이에서 만날 수 있다. |

## 프로그램

### 아마존 리버 퀘스트 Amazon River Quest
보트를 타고 아마존강의 야생동물들을 만날 수 있는 어트렉션. 울창한 열대 우림 속에 모습을 감추고 있는 재규어, 브라질맥 등 야생동물을 찾는 재미가 쏠쏠하다. 온라인과 현장 모두 티켓을 구매할 수 있으며, 신장 106cm 이상만 탑승 가능하다.

🚶 보트 플라자(Boat plaza) ⏰ 매일 11:00~18:00 💰 S$5

### 원스 어폰 어 리버 Once upon a River
경이로운 강의 숨겨진 이야기를 들으며 동물과 교감하는 시간. 환경 문제에 대한 메시지도 건넨다. 시작 2시간 전부터 홈페이지에서 예약할 수 있다.

🚶 보트 플라자(Boat plaza) ⏰ 매일 11:30·14:30·16:30 💰 무료
✈ river_wonders.relsystems.net/RELGetQueue.aspx?brCode=BOATRT#!

© Mandai Wildlife Group

© Mandai Wildlife Group

## Pick 나이트 사파리 Night Safari

Sightseeing 04

**야행성 동물을 만나는 시간**

1994년에 개장한 세계 최초의 야행성 동물원. 총 4개의 트레일로 구성된 이곳에는 100여 종, 900마리 이상의 야생동물이 살고 있다. 싱가포르 동물원과 마찬가지로 동물을 철장과 울타리에 가둬두지 않고 웅덩이와 바위, 나무를 활용해 자연에 가까운 경계를 만들었으며, 동물에게 방해되지 않도록 어두운 조명을 사용한다. 동물 존중과 보호를 위해 시끄럽게 소리를 내거나 플래시를 터트리며 사진 찍는 것을 제한한다. 생각보다 깜깜하고 동물을 가까이에서 볼 수 없지만 야생동물들의 생활과 환경을 경험해보는 것만으로도 특별하다. 늘 대기 줄이 기니 입장 1시간 정도 여유를 두고 도착하자.

**추천 관람 코스**
19:00 나이트 사파리 무료 트램 탑승
20:00 트와일라잇 퍼포먼스 프레젠테이션
21:30 크리처스 오브 더 나이트 프레젠테이션

📍 80 Mandai Lake Rd, Singapore 729826　🕐 매일 18:30~24:00(마지막 입장 23:15)　💰 입장료: 성인 S$56, 3~12세 S$39/트램: 무료　✈ mandai.com/en/night-safari　📷 mandaiwildlifereserve

---

**Tips. 나이트 사파리 무료 트램과 추천 동선**
무료 트램을 타고 동물과 구역에 대한 영어 오디오 가이드를 들어보자. 트램을 타지 않더라도 중간마다 표지판과 안내원이 있어 길을 잃을 염려는 하지 않아도 된다.

🕐 30분 소요(운행시간 19:00~23:20)
판골린 트레일→레오퍼드 트레일→이스트 로지 트레일→태즈메이니안 데빌 트레일

ⓒ Mandai Wildlife Group

ⓒ Mandai Wildlife Group

## 주요 볼거리

| 이름 | 특징 | 동물 친구들 |
| --- | --- | --- |
| 이스트 로지 트레일<br>East Lodge Trail | 아프리카와 아시아에 서식하는 동물들이 한데 어우러져 지내는 구역. | 아프리카가 고향인 봉고와 점박이하에이나, 아시아 태생인 말레이호랑이 등. |
| 판골린 트레일<br>Pangolin Trail | 동남아시아 토착 동물들이 사는 구역. 피싱 캣 트레일(Fishing Cat Trail)에서 이름을 바꾸었다. | 작은발톱수달과 사향고양잇과인 팜시벳 등. |
| 레오퍼드 트레일<br>Leopard Trail | 나이트 사파리의 하이라이트. 표범, 사자 등의 밤 생활을 볼 수 있다. | 표범, 사자, 사향고양이, 고슴도치, 하늘을 나는 유일한 포유류인 말레이날여우박쥐 등. |
| 태즈메이니안 데빌 트레일<br>Tasmanian Devil Trail | 호주, 뉴질랜드, 뉴기니의 야생동물들이 사는 구역. 태즈메이니안 데빌은 현존하는 육식성 유대류 중 가장 몸집이 크다. | 태즈메이니안 데빌, 슈가글라이더로 불리는 유대하늘다람쥐 등. |

## 프로그램과 이벤트

### 인도코뿔소 먹이 주기와 사진 찍기 Indian Rhino Feeding with Photo
나이트 사파리의 유일한 먹이 주기 프로그램. 인도코뿔소에게 직접 먹이를 주고 사진도 찍을 수 있다. 수익금 일부는 야생동물 보호 활동에 쓰인다. 100% 예약제로 홈페이지 예약 필수, 신장 120cm 이상만 참여 가능.

🚶 이스트 로지 트레일(East Lodge Trail) 🕐 19:30~21:00 💰 S$12 ➤ mandai.com/en/night-safari/things-to-do/explore/feed-the-animals

### 나이트 사파리의 프레젠테이션
화려한 LED가 사파리의 밤을 수놓는 '트와일라잇 퍼포먼스'는 예약이 필요 없지만, 수달과 사막여우, 너구리 등이 총출동하는 '크리처스 오브 더 나이트'는 좌석 예약이 필요하다.

➤ mandai.com/en/book-presentation-seats.html#ns(공연 2시간 전부터 예약 가능)

| 이벤트 | 시간 | 장소/가격 |
| --- | --- | --- |
| 크리처스 오브 더 나이트 Creatures of the Night | 19:30·20:30·21:30 | 원형극장(Night Safari Amphitheatre)/무료 |
| 트와일라잇 퍼포먼스 Twilight Performance | 20:00·21:00 | 입구 코트야드 광장(Night Safari Entrance Courtyard)/무료 |

ⓒ Mandai Wildlife Group

ⓒ Mandai Wildlife Group

# Part 06

## 우리들의 여행 준비

Plan Your Journey

*Guide 01*

# 차근차근 하나씩,
# 싱가포르 여행 준비

01 출국 준비 체크리스트
02 싱가포르 항공편 정보
03 전자입국신고서 작성법
04 짐 싸기

# 01 | 출국 준비 체크리스트

싱가포르는 2023년 관광 수익이 약 26조 원에 이를 만큼 관광 정책에 적극적이라 특별히 복잡한 절차 없이 일반적인 해외여행과 마찬가지로 준비하면 된다. 다만 에어비앤비가 불법이라는 점, 전자입국신고서를 싱가포르에 입국 전 제출해야 한다는 점은 기억하자.

### 여권
여권의 유효기간이 여행 출발일로부터 6개월 이상 남았는지 확인한다.

### 항공편
우리나라에서 출발하는 항공편은 대다수가 늦은 밤이나 새벽녘 싱가포르에 도착한다. 항공권 가격도 중요하지만 숙박 일수도 함께 고려하자.

### 숙소 예약
싱가포르에서는 에어비앤비를 통한 개인 주택의 단기 임대가 불법이다. 높은 물가 때문에 숙박비도 비싼 편이지만 지역과 숙소 형태에 따라 가격 차이가 있으니 살펴볼 것. ◢호텔스컴바인, 아고다, 트립닷컴, 부킹닷컴 등 »지역별 추천 숙소 p.317

### 티켓/현지 투어 예약
도시 여행의 끝판왕 싱가포르는 볼거리와 액티비티가 가득한 만큼 입장권을 구매하거나 투어를 예약할 일도 많다. 여행 예약 플랫폼에서 미리 구매하면 비용을 아낄 수 있다. ◢클룩, 마이리얼트립 등

### 전자입국신고서 작성
대한민국과 싱가포르는 사증 면제 협정을 체결했기 때문에 관광을 목적으로 최대 90일까지 비자 없이도 싱가포르에 체류할 수 있다. 단, 입국 전 싱가포르 이민국에 전자입국신고서를 제출해야 한다. »전자입국신고서 작성법 p.295

### 해외 데이터 서비스 구매
출국 후에도 우리나라 번호로 통화 및 문자를 해야 하는 사람은 데이터 로밍, 휴대폰과 태블릿 컴퓨터 등을 동시에 사용해야 하는 사람은 포켓 와이파이, 기기를 잘 다루고 가격적인 메리트가 중요한 여행자는 유심이나 이심이 좋다. 유심/이심 구매 시 대부분 싱가포르 현지 통신사인 싱텔(Singtel)이나 스타허브(StarHub)의 통신망을 이용하게 된다.

> **Tips. 해외 데이터 서비스 구매처**
> · 데이터 로밍: SK 텔레콤, KT, LG U플러스 등 통신사.
> · 포켓 와이파이: 통신사 및 와이파이 도시락.
> · 유심/이심: 말톡, 유심스토어, 유심사.

### 환전/카드 준비
싱가포르는 팁 문화가 없고 음식점 대다수가 서비스 비용을 포함해 청구한다. 호커센터, 소규모 식당 외에는 대부분 신용카드 결제가 가능하기 때문에 환전 금액은 전체 예산의 30~40%가 적당하다. 단, 출국 전 해외 이용이 가능한 신용카드인지 확인하자. 외화 선불식 충전 카드인 트래블 월렛, 하나 트래블로그, 신한 쏠트래블 체크카드는 별도의 교통 카드를 구매하지 않아도 현지 대중교통을 이용할 수 있기 때문에 추천한다.

### 여행자 보험 가입
팬데믹 이후 여행자 보험 가입은 더욱더 필수가 되었다. 출발 당일에도 각 보험회사의 웹사이트나 애플리케이션에서 가입 가능하다.

> **Tips. 상황별 현지 발급 서류**
> · 병원 치료: 진단서와 치료비 영수증, 약 제품 영수증, 처방전.
> · 도난/사고: 현지 경찰서에서 발급한 도난/사고 증명서.

# 02 싱가포르 항공편 정보

싱가포르 창이 국제공항에 늦은 밤이나 새벽에 도착해도 택시나 공유 차량을 이용해 시내의 숙소까지 쉽게 이동할 수 있다. 단, 본인의 체력과 숙소의 체크인 시간 등을 고려해 출국 편을 고르자. 일정이 유동적이라면 날짜 변경이 가능한 항공권을 구입한다. 운항 여부와 시간은 항공사마다 유동적으로 바뀌므로 실제 여행을 떠나는 날짜에 맞춰 검색해보자.

## 인천 국제공항 주요 출국/도착 편

| 항공사/운항 횟수 | 인천→싱가포르 | 싱가포르→인천 |
|---|---|---|
| 대한항공<br>매일(주 7회, 매일 3편) | KE643 14:45~19:55<br>KE645 18:40~익일 23:40<br>KE647 23:35~익일 05:00 | KE646 01:10~08:45<br>KE648 07:30~15:00<br>KE644 22:30~익일 06:00 |
| 아시아나항공<br>매일(주 7회, 매일 1편) | OZ751 16:10~21:30 | OZ752 23:50~익일 06:40 |
| 싱가포르항공<br>매일(주 7회, 매일 4편) | SQ607 09:00~14:20<br>SQ611 11:20~16:50<br>SQ601 16:45~22:00<br>SQ605 23:50~익일 05:00 | SQ608 00:20~07:45<br>SQ612 02:25~09:50<br>SQ600 08:00~15:35<br>SQ606 14:55~22:20 |
| 스쿠트항공<br>월·수·토요일(주 3회) | TR843 월·수요일 11:30~17:00<br>토요일 11:05~16:25 | TR842 월·수요일 02:45~10:15<br>토요일 02:15~09:40 |
| 티웨이항공<br>매일(주 7회, 매일 2편) | TW161 16:10~21:30<br>TW163 19:00~익일 00:45 | TW164 02:15~09:55<br>TW162 23:00~익일 06:30 |

## 김해 국제공항 주요 출국/도착 편

| 항공사/운항 횟수 | 부산→싱가포르 | 싱가포르→부산 |
|---|---|---|
| 싱가포르항공<br>요일 상이(주 4회) | 화·목·토·일요일<br>SQ615 07:40~13:10 | 월·수·금·토요일<br>SQ616 23:05~익일 06:20 |
| 제주항공<br>매일(주 7회, 매일 1편) | 7C2661 18:05~23:35 | 7C2662 00:35~익일 08:10 |

### Tips. 항공권 구매처
· 항공권 가격 비교 웹사이트: 스카이스캐너, 네이버항공권.
· 온오프라인 여행사: 인터파크투어, 하나투어 등.
· 항공사 웹사이트: 대한항공, 아시아나항공, 싱가포르항공, 스쿠트항공, 티웨이항공, 제주항공.

# 03 | 전자입국신고서 작성법

싱가포르는 2020년부터 종이 입국신고서를 전자입국신고서로 대체했다. 전자입국신고서는 싱가포르 입국 3일 전부터 입국 전까지 싱가포르 이민국(ICA) 웹사이트 혹은 애플리케이션(MyICA Mobile)에서 작성하면 된다. 애플리케이션에서는 한국어 선택이 불가능하므로 홈페이지를 이용하자. 단, 모든 정보는 영어로 작성한다.

*싱가포르 이민국 전자입국신고서 작성 웹사이트: eservices.ica.gov.sg/sgarrivalcard

### Step 01 전자입국신고서 신청 전 준비

· 여권 정보(유효기간 6개월 이상 잔여 여권)
· 본인의 연락처 정보(휴대폰 번호, 이메일 주소)
· 싱가포르에서 체류할 숙소 정보
· 항공권

### Step 02 싱가포르 이민국 웹사이트 접속

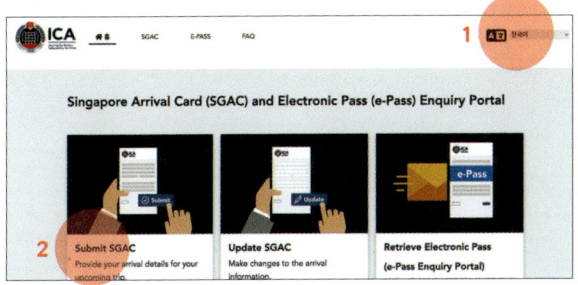

싱가포르 이민국 전자입국신고서 작성 웹사이트에 접속한다. 메인 화면 상단 우측의 언어 선택 버튼을 눌러 영어(English)를 한국어로 바꾼다. Submit SGAC를 클릭한다.

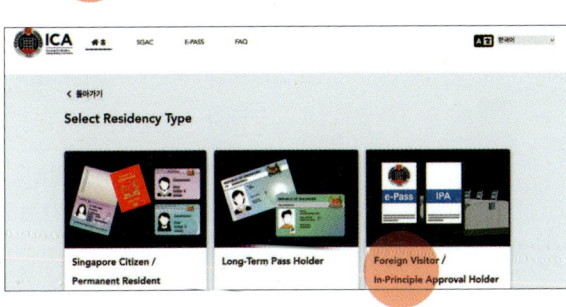

다음 화면은 거주 유형(Residency Type)을 입력하는 창이다. 가장 오른쪽에 있는 외국인 방문자(Foreign Visitor)를 누른다.

### Step 03 여행자 정보 작성

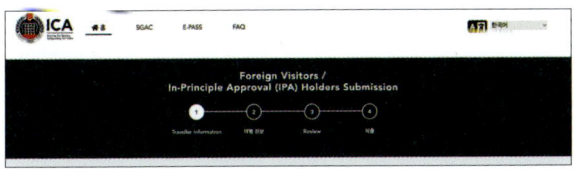

전자입국신고서 작성 프로세스를 확인하자. 여행자 정보 입력, 여행 정보 기입, 작성 정보 확인, 제출 순으로 이뤄진다.

먼저 싱가포르 도착 날짜를 선택한다. 일/월/연 순으로 적혀 있고, 정보를 입력하는 당일과 하루 뒤, 이틀 뒤 날짜만 표시된다. 여권의 영문 이름(이름-성 순서로 기입)과 여권 번호, 여권 만료일, 성별, 생년월일을 적는다.

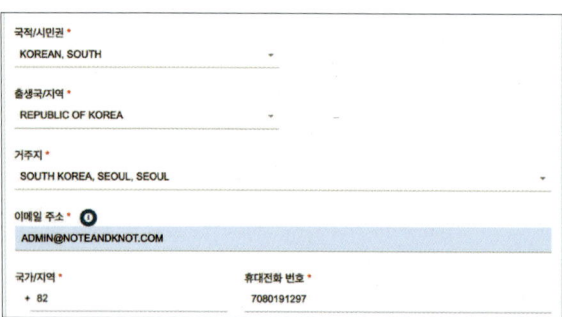

국적/시민권에는 KOREAN, SOUTH, 출생국/지역에는 REPUBLIC OF KOREA, 거주지는 SOUTH KOREA, 살고 있는 도시를 선택한다. 이메일 주소를 기입하고 국가/지역 번호인 82, 휴대전화 번호를 적는다.

기타 정보와 건강 상태 신고서*를 작성한다. 동행자가 있다면 하단의 여행자 추가 버튼(+)을 누르고 없다면 우측 하단의 다음(Next) 버튼을 누른다.

* ① 현재 열, 기침, 호흡 곤란, 두통이나 구토 증상이 있는지 ② 현재 발진 증상이 있는지 ③ 싱가포르 도착 6일 이내 '목록'에 해당하는 아프리카나 남미 국가를 방문한 적이 있는지 여부에 답한다.

## Step 04 여행 정보 작성

싱가포르 입국 전 마지막으로 방문한 도시/승선항을 선택한다. 여행의 목적(Purpose of Travel)은 휴가/관광/여가(Holiday/Sightseeing/Leisure)를 선택한다. 여행 방식은 항공, 여행 유형에서 일반 항공편(COMMERCIAL FLIGHT)을 선택하고 항공편 코드와 항공편 번호를 기입한다.

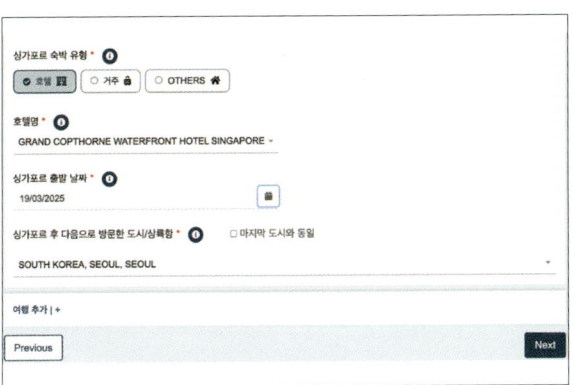

싱가포르 숙박 유형에서 호텔을 선택한 후 체류할 호텔명을 등록한다. 싱가포르로 출발하는 날짜를 달력 아이콘을 클릭한 후 선택한다. 싱가포르 다음으로 방문할 도시/상륙항을 선택한 후 다음(NEXT) 버튼을 누른다.

## Step 05 작성 정보 확인

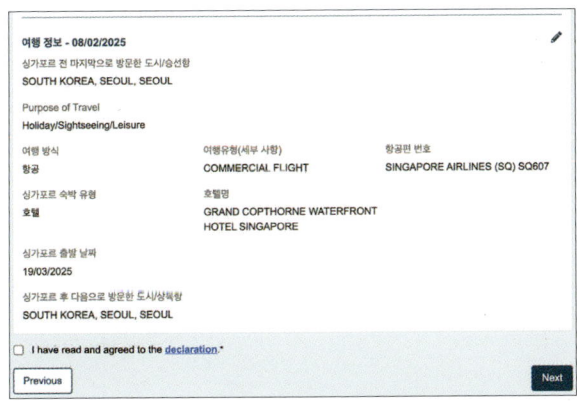

전자입국신고서를 제출한 후에는 수정을 할 수 없으므로 모든 정보가 정확한지 확인한다. 정보를 변경해야 하면 오른쪽 상단의 연필 아이콘을 눌러 수정한다. 모든 정보가 맞으면 '내용을 확인하고 동의했다(I have read and agreed to the declaration)'는 내용의 하단 박스에 체크하고 다음(NEXT) 버튼을 누른다.

**Step 06 제출 및 파일 다운로드**

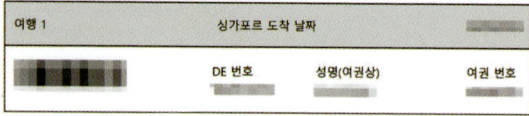

보안 숫자를 입력하고 제출하면(Submit) 등록한 이메일로 전자입국신고서가 전송되고, 화면 하단에 다운로드를 받을 수 있는 PDF 파일이 생성된다. 파일을 휴대폰 사진함에 저장하거나 종이로 출력한다.

# 04 | 짐 싸기

항공사나 좌석 등급에 따라 수하물 허용 기준이 다르므로 자신이 구매한 항공권의 위탁 수하물 및 휴대 수하물 규정을 미리 확인한다. 싱가포르의 날씨 특징을 알아두면 꼭 필요한 의류와 액세서리도 챙길 수 있다.

》싱가포르는 언제 가야 할까 p.22

## Check List

**여권 및 항공권** ☐
입국 심사 시 항공권을 확인하므로 탑승권과 귀국 항공권은 휴대폰에 저장하거나 종이로 출력해둔다.

**각종 서류** ☐
여권 복사본, 여분의 여권 사진, 숙소 바우처(입국 심사 시 숙소 바우처 확인), 전자입국신고서 등.

**현지 화폐와 신용카드** ☐

**의류** ☐
반팔 상의, 긴팔 상의나 카디건, 반바지, 긴바지, 속옷, 수영복, 우비 등.

**신발** ☐
운동화 및 샌들.

**모자&선글라스** ☐

**화장품** ☐
스킨케어 제품과 선크림, 오일 페이퍼 등.

**세면 도구** ☐
샴푸, 린스, 보디 클렌저, 칫솔, 치약 등.

**비상 약품** ☐
감기약, 지사제, 소화제, 해열제, 밴드, 생리용품, 모기 기피제 등.

**전자제품** ☐
카메라, 휴대폰, 충전기 등.

**기타** ☐
우산, 코로나 자가진단 키트, 마스크 등.

**아이와 함께라면** ☐
영문 가족 관계 증명서, 체험 학습 신청서, 물놀이 용품 등.

memo

## Guide 02

# 더 편하고 유용하게,
# 싱가포르 여행 애플리케이션

01 안전
02 지도/교통
03 환전/카드
04 항공
05 숙소
06 액티비티
07 번역
08 메신저

*책 속 애플리케이션 다운로드: 구글 플레이스토어, 애플 앱스토어

## 01 안전

### 영사콜센터 무료 전화
외교부의 무료 전화 애플리케이션. 해외에서 사건, 사고 발생 시 와이파이만 연결되면 언제 어디서나 24시간 무료로 연결 가능하다.
기능: 여행국의 안전 정보 제공, 긴급 여권 발급, 현지 관계자와의 통역 서비스, 긴급 경비 송금

### 해외안전여행·영사콜센터 무료 전화
외교부가 제공하는 애플리케이션. 모바일 동행 서비스에 가입한 후 여행 일정과 비상 연락처를 등록하면 푸시 알림을 통한 실시간 안전 정보를 받을 수 있다. 이름과 달리 영사콜센터 무료 전화 애플리케이션은 따로 다운로드해야 한다.
기능: 사고와 재난 등 위급 상황 발생 시 자신의 위치 정보를 등록된 가족 혹은 지인에게 전송

## 02 지도/교통

### 구글 맵스 Google Maps
해외여행 시 가장 유용한 지도 애플리케이션. 싱가포르에서도 목적지까지의 교통수단과 예상 시간 등을 거의 정확하게 안내한다.
기능: 길 찾기 정보, 스폿 기본 정보(주소, 영업시간, 홈페이지 등), 방문자 리뷰

### 싱가포르 맵스 Singapore Maps
싱가포르를 비롯한 말레이시아, 인도네시아, 필리핀, 홍콩의 교통 정보를 알려준다. 지도에 MRT 출구 번호가 표시돼 출구 위치를 알고 싶을 때 유용하다.
기능: 길 찾기 정보, 예상 비용, MRT 출구 번호

### 그랩 Grab/고젝 Gojek/카카오T KakaoT
차량 공유 서비스로 현재 위치를 기반으로 활성화된다. 그랩, 카카오T와 달리 고젝은 한글을 지원하지 않지만 간단한 영어만 할 줄 알면 어렵지 않게 사용할 수 있다. 출국 전에 미리 다운받아 회원 가입, 본인 인증, 신용카드 등록까지 해두자. »실전! 그랩 이용법 p.312
기능: 차량 호출(출발지와 도착지 경로, 소요시간, 예상 비용, 기사 등 확인 가능)

### 헬로우라이드 HelloRide/애니휠 Anywheel
곤유 자전거 대여 애플리케이션으로 '따릉이' 같은 우리나라 지자체 공유 자전거 이용 방법과 거의 흡사하다.

## 03 환전/키드

### 트래블 월렛 Travel Wallet
카드 수수료 없이 현지에서 결제 가능한 충전식 선불카드. 애플리케이션을 통해서만 카드 신청과 계좌 연결, 외화 충전을 할 수 있다. 발급부터 수령까지 5~7일이 걸리므로 미리 신청하자.

## 04 항공

### 스카이스캐너 Skyscanner
전 세계 항공권을 경유부터 직항까지, 가격별로 한눈에 볼 수 있는 항공권 비교 예약 서비스.

기능: 항공권 검색 및 비교(특히 최저가 검색에 용이), 예약 웹사이트 연동

### 항공사 자체 애플리케이션
항공권 비교 웹사이트 등에서 예약을 마쳤다면 탑승할 항공사 애플리케이션에 항공권 정보를 입력하자.

기능: 좌석 지정, 기내식 예약, 셀프 체크인, 탑승 날짜 변경

## 05 숙소

### 호텔스컴바인 HotelsCombined/아고다 Agoda/트립닷컴 trip.com
숙소 예약 애플리케이션으로 투숙객들의 솔직한 후기를 볼 수 있다는 것이 장점. 숙소에 따라 최저가를 제공하는 플랫폼이 다르므로 구글 검색창에서 숙소 이름을 입력한 후 플랫폼별 가격을 비교하는 것도 한 방법이다.

기능: 숙소 가격 비교, 예약, 리뷰 확인 및 작성

## 06 액티비티

### 클룩 Klook/마이리얼트립 My Real Trip
관광지 입장료가 비싼 싱가포르에서 액티비티 예약 애플리케이션을 이용하면 보다 저렴하게 입장권을 구매할 수 있다. 최소 하루에서 3일 전에는 예약하는 게 원칙이나 입장 당일 구매가 가능한 업체도 있으니 검색해볼 것.

기능: 유심 칩부터 공항 픽업 서비스, 현지 액티비티 예약 및 입장권 구매

## 07 번역

### 구글 번역 Google Translate/네이버 파파고 Papago
의사소통이 쉬워지는 번역 애플리케이션. 애플리케이션의 카메라 버튼을 누르고 안내문을 촬영해 번역된 글을 확인하는 이미지 번역 기능도 꽤 유용하다.

## 08 메신저

### 왓츠앱 WhatsApp
카카오톡과 같은 모바일 메신저. 전화번호로만 등록할 수 있으며, 기기 하나당 한 번만 인증이 가능하다.

기능: 데이터 통신을 통한 무제한 메시지 발송과 수신, 현지 레스토랑 연락

**Tips. 예약과 문의가 쉬워지는 왓츠앱 사용법**
· 싱가포르 거주자의 번호를 추가하려면 국가번호(+65)를 입력한다.
· 현지 유심 칩으로 갈아 끼웠을 경우 부여받은 전화번호를 왓츠앱에 등록한다. 기존 사용자라면 번호 변경 기능을 이용한다.
· 메시지 옆 체크 표시: 체크 표시 1개는 서버로 메시지 전달, 체크 2개는 상대방에게 메시지 전달, 파란색 체크는 상대방 확인 완료.

## Guide 03

# 입국부터 출국까지, 실전 싱가포르 여행

01 창이 국제공항으로 입국
02 창이 국제공항에서 시내로
03 싱가포르 시내 교통
04 대중교통 카드: 이지링크 vs 체크/신용 카드
05 싱가포르 시티투어 버스
06 실전! 그랩 이용법
07 창이 국제공항에서 출국
08 GST 환급받는 법
09 여행 그 자체, 주얼 창이 즐기기

# 01 창이 국제공항으로 입국

우리나라 국적기는 싱가포르 창이 국제공항 터미널 3과 4를 이용한다. 어느 터미널에 도착하든 입국 절차는 동일하므로 미리 숙지해두자.

### Step 01 입국 심사
비행기에서 내리면 도착(Arrival) 표지판을 따라 입국 심사대로 이동한다. 싱가포르 입국 전 전자입국신고서를 작성하지 못했다면 입국 심사대 근처 기기에서 등록한다. 자동 입국 심사대에서 여권을 스캔한 후 심사대 화면에서 얼굴 촬영, 오른손 엄지 지문 인식까지 마치면 심사 완료.

### Step 02 수하물 찾기
입국 심사가 끝나면 전광판에서 비행기 편명과 수하물 수취대 번호를 확인한 후 해당 컨베이어 벨트에서 짐을 찾는다.

### Step 03 세관 신고
수하물을 찾은 뒤 입국장 면세점을 통과하면 세관 신고하는 곳이 나온다. 신고할 물건이 없다면 녹색의 '세관 신고 없음(Nothing To Declare)' 통로를 통과하고, 신고 물품이 있다면 빨간색의 '세관 신고 있음(Goods To Declare)' 통로로 가서 세관 신고를 한다. 이로써 입국 절차는 완료. 입국장에서 나가면 환전소, 유심 판매소 등이 보인다.

> **Tips. 싱가포르 입국 시 반입 규정**
> 담배, 현금, 껌 반입 규정은 다음을 참조.
> »키워드로 보는 싱가포르 여행 팁 p.27

## 창이 국제공항 구조도

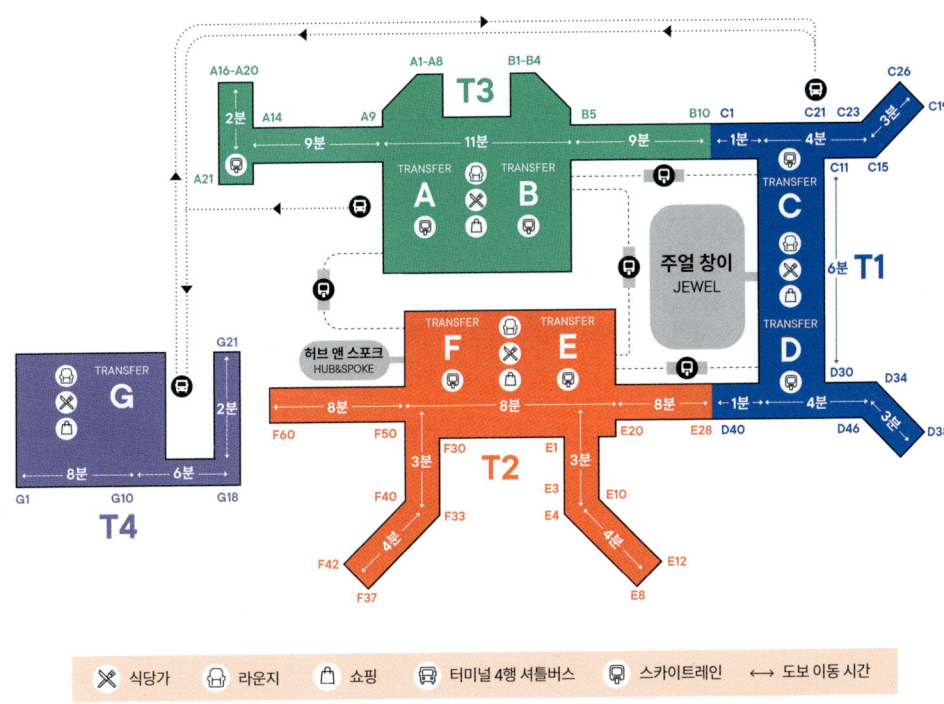

### 창이 국제공항 구조도와 터미널 간 이동 방법

싱가포르 창이 국제공항은 4개의 터미널로 구성되는데, 터미널 1과 2, 3은 스카이트레인으로 이동 가능하다. 터미널 4는 다른 터미널과 떨어진 별도의 건물로 터미널 1, 3과는 셔틀버스로 연결된다.

**Tips. 터미널별 주요 항공사 정보**
· 터미널 1: 스쿠트항공
· 터미널 2: 싱가포르항공
· 터미널 3: 아시아나항공, 티웨이항공
· 터미널 4: 대한항공, 제주항공

**Tips. 터미널에서 주얼 창이로 이동하기**
창이 국제공항의 자랑, 주얼 창이(Jewel Changi)는 거대한 폭포와 정원, 식당가와 쇼핑 스폿이 자리한 종합 엔터테인먼트 공간이다. 지상 5층, 지하 5층 규모로, 터미널 2와 3 사이의 공용 구역에 위치한다.
수얼 창이의 북쪽 입구는 터미널 1의 1층 입국장과 연결되어 있다. 터미널 2, 3에서는 출국장인 2층(Level 2)의 링크브리지를 통해 도보로 10분 정도 소요된다. 터미널 4에선 셔틀버스로 10분가량 이동해야 한다.
싱가포르를 경유하는 여행자라도 주얼 창이를 이용하려면 입국 심사대를 통과해야 한다.
»여행 그 자체, 주얼 창이 즐기기 p.315

# 02 창이 국제공항에서 시내로

· 이동 동선과 비용을 미리 확인하고 편하게 이동하고 싶다면 → **차량 공유 서비스**
· 짐이 많거나 새벽에 도착하는 일정이라면 → **택시/차량 공유 서비스/픽업 서비스**
· 저렴하게 이동하고 싶다면 → **MRT**
· 시내에 있는 호텔에 묵는다면 → **시티 셔틀버스**

## 차량 공유 서비스

창이 국제공항에서 시내로 가는 가장 편한 방법 중 하나다. 세관 신고까지 마치고 입국장으로 나왔다면 '도착 픽업(Arrival Pick-up)' 표지판을 따라 픽업 포인트(Pick-up Points)로 간다. 애플리케이션을 실행해 출발지(픽업 포인트 번호)와 도착지를 입력하고 차량을 호출한다. 그랩, 고젝, 카카오T 애플리케이션을 이용하면 된다.

## 택시

차량 공유 서비스만큼 편한 이동 수단으로, 특히 짐이 많거나 새벽 시간에 도착하는 경우 추천한다. 입국장으로 나왔다면 표지판을 따라 택시 스탠드(Taxi Stand)로 이동한 후 택시를 배치해주는 직원에게 탑승 인원을 말한다. 시내까지는 30~40분이 소요되고 요금은 미터기로 부과되는데 약 S$25~45다. 단, 공항에서 출발할 경우 추가 요금을 내야 하며, 심야/피크 시간대에는 할증료가 붙는다. 유로 도로를 통과한다면 **ERP 요금\***이 추가된다.

* ERP(Electric Road Pricing)는 우리나라의 하이웨이 패스처럼 유료 도로를 통과할 때 자동으로 통행료가 결제되는 시스템이다. 피크 시간대의 교통량을 조절해 교통 체증을 제한하는 것이 목표.

### 택시 추가 요금&할증료

| 항목 | 상세 | 할증료 |
|---|---|---|
| 공항 이용 시 추가 요금 | 매일 17:00~23:59, 그 외 시간 | S$8 추가, S$6 추가 |
| 심야 시간 할증료 | 매일 00:00~05:59 | 최종 미터기 요금의 50% 추가 |
| 피크 시간 할증료 | 월~금요일 06:00~09:29, 17:00~23:59<br>토~일요일·공휴일 10:00~13:59, 17:00~23:59 | 최종 미터기 요금의 25% 추가 |
| ERP 요금 | 유료 도로 이용 시 통행료 추가 | 시간마다 추가 요금 상이(S$0.50~6) |
| 호출 요금 | 택시 호출 시 비용 추가 | 추가 비용 S$2.30~ |
| 주요 관광지 출발 시 추가 요금 | 가든스 바이 더 베이, 리조트 월드 센토사 등 | S$3~ |

## 픽업 서비스

싱가포르 입국 전 클룩, 마이리얼트립 등 액티비티 예약 플랫폼을 통해 공항 픽업 서비스를 예약할 수 있다. 현지 기사가 입국장으로 마중 나와 편하지만 택시나 차량 공유 서비스보다 비용이 비싸고, 항공편 지연 시 기사에게 연락을 취해야 한다.

## MRT

**MRT**(Mass Rapid Transit)는 싱가포르의 도시철도로 우리나라의 지하철을 생각하면 된다. 공항에서 시내로 이동할 수 있는 가장 저렴한 방법으로 짐이 많지 않은 여행자에게 추천한다. MRT 창이공항역(Changi Airport)에서 시내까지는 30~40분 소요되며 요금은 대략 S$2.04~2.13다. 시내로 가기 위해서는 이스트 웨스트 라인인 타나메라역(Tanah Merah)이나 다운타운 라인 엑스포역(Expo)에서 갈아타면 된다.

### 터미널별 MRT 창이공항역으로 이동하기

|  | 이동 방법/운행시간 |
|---|---|
| 터미널 1→창이공항역 | 스카이트레인을 타고 터미널 2 또는 터미널 3으로 가서 터미널과 연결된 창이공항역으로 이동. |
| 터미널 2·3→창이공항역 | 터미널과 MRT 역이 연결되어 있으므로 'Train to City' 표지판을 따라 이동. |
| 터미널 4→창이공항역 | 셔틀버스를 타고 터미널 3으로 가서 터미널과 연결된 창이공항역으로 이동. |
| 창이공항역→타나메라역 | 월~토요일 05:31~23:18, 일·공휴일 05:59~익일 00:06 |

## 시티 셔틀버스

창이 국제공항과 시내의 호텔들을 연결한다. 매일 오전 7시부터 오후 11시까지 운행하며 요금은 성인 S$10, 12세 미만 S$7다. 단, 약 30분 간격으로 운행해 대기 시간이 길며 여러 호텔을 경유하기 때문에 오래 걸린다.

## 시내버스

창이 국제공항의 모든 터미널에서 시내버스를 탈 수 있지만 MRT보다 요금이 비싸고 시내까지 1시간 정도 걸린다.

**Tips. 시티 셔틀버스 티켓 구매 방법 및 구매 카운터**
① 홈페이지(www.cityshuttle.com.sg/FormBooking/CityShuttle)를 통해 미리 예약.
② 각 터미널 도착(Arrival) 층에 있는 지상 교통 컨시어지(Ground Transport Concierges/GTC)에서 호텔 이름을 말하고 티켓 구매.
③ 교통 컨시어지 앞 키오스크에서도 구입 가능.

**터미널별 시티 셔틀버스 카운터**
· 터미널 1: 지하 1층
· 터미널 2: 1층 5번 게이트 앞
· 터미널 3: 1층 인포메이션 카운터 옆
· 터미널 4: 1층 인포메이션 카운터 옆

**Tips. 터미널별 시내버스 정류장 및 운행 버스**
· 터미널 1·2·3: 지하 버스 정류장/24번, 27번, 34번, 36번, 53번, 110번, 858번 버스
· 터미널 4: 4B 주차장 옆 버스 정류장/ 24번, 34번, 36번, 110번 버스
· 터미널 4: SATS 기내 케이터링센터 1(the SATS Inflight Catering Centre 1) 근처 버스 정류장/ 27번, 53번, 858번 버스

# 03 | 싱가포르 시내 교통

싱가포르의 주요 관광지는 대부분 대중교통으로 갈 수 있다. MRT와 버스를 가장 많이 이용하며 가격도 저렴한 편이다. 시간대에 따라 할증 요금과 유료 도로 통행료가 붙지만 시간 여유가 없다면 택시를 이용하는 것도 방법이다.

## MRT

싱가포르의 지하철로 동서남북 방위를 기본으로 한 직관적인 노선 덕분에 이동 방법을 쉽게 파악할 수 있다. 6개의 노선이 있으며, 요금은 거리에 따라 상이하다. 이용 방법은 우리나라 지하철과 같다.

»MRT로 여행하는 싱가포르 구석구석 p.46

### Tips. MRT 이용법
① 이지링크나 대중교통 요금 결제가 가능한 카드를 준비한다.
② 구글 맵스, 싱가포르 맵스 등의 애플리케이션을 실행해 경로를 검색한다.
③ MRT 역으로 이동해 녹색 화살표가 있는 개찰구로 간다. 단말기에 교통카드를 찍으면 카드의 잔액이 표시되고 게이트가 열린다.
④ 카드는 승하차 시 모두 태그해야 한다.
⑤ 음식과 음료 섭취, 흡연은 금지다.

## 시내버스

싱가포르 대중교통 시스템의 중추로 MRT 노선을 보완해 도심뿐 아니라 외곽 구석구석을 연결한다. 구간 요금은 거리에 따라 상이하나 보통 S$1.19~2.47다. 우리나라와 이용법은 동일하니 도전해볼 것!

### Tips. 시내버스 이용법
① 버스 정류장에 버스가 다가오면 손을 흔들어 탑승 신호를 보낸다. 탑승하려는 사람이 많으면 대개 알아서 정차한다.
② 버스가 정차하면 앞문으로 탑승한다. 하차는 뒷문으로 한다.
③ 승하차 시 모두 단말기에 교통카드를 찍어야 한다. 하차 시 카드를 태그하지 않으면 해당 버스 노선의 최대 요금이 차감된다.
④ 하차 시에는 단말기에 'Please Tap Card'라고 표시되어야 교통카드를 태그할 수 있다.
⑤ 요금은 현금으로도 낼 수 있지만 거스름돈은 주지 않는다.
⑥ 버스에 따라 안내 방송이 나오거나 전광판에 정류장 이름이 표시되는 경우도 있지만 자칫 놓칠 수도 있으니, 구글 맵스 애플리케이션을 켜놓고 이동 경로를 확인하는 것도 한 방법이다.

### 택시/차량 공유 서비스

MRT와 버스가 운행하지 않는 자정부터 오전 5시 30분까지 유용하게 이용할 수 있는 교통수단이다. 날씨가 좋지 않거나 짧은 거리를 이동할 때도 추천한다. 택시는 지정된 승강장에서만 탈 수 있다. 호텔이나 쇼핑몰, 대형 건물 앞에서는 택시를 쉽게 탈 수 있지만 거리에서는 택시를 잡는 데 시간이 걸릴 수 있다. 그럴 때는 차량 공유 서비스를 이용한다. 요금은 현금 및 신용카드, 이지링크 카드 등으로 결제할 수 있다.

»택시 추가 요금&할증료 p.306

### Tips. 싱가포르 택시 요금

싱가포르 택시는 미터기로 요금이 부과되며 기본요금은 우리나라와 비슷하다. 단, 심야 할증만 적용되는 우리나라와 달리 싱가포르는 택시 회사나 차종에 따라 요금 차이가 있고, 탑승 시간과 지역에 따라 추가 금액이 부과된다.

- 기본요금의 경우 일반 택시는 S$4.40~5, 프리미엄 택시는 S$5~5.50다.
- 택시 미터기에는 위아래로 2개의 요금이 표시되는데, 위는 미터기 요금, 아래는 추가 요금이다. 하차 시 둘을 합쳐 결제한다.
- 택시 요금은 택시의 색상인 빨간색·노란색·파란색<하얀색·은색<검은색 순으로 비싼 편이다.
- 빨간색 택시의 회사명은 트랜스 캡(Trans-cab), 노란색은 시티 캡(City Cab), 파란색은 컴포트 택시(Comfort Taxi), 은색은 스트라이드 프리미어 택시(Strides Premier Taxis)다. 트랜스 캡은 2023년에 그랩이 인수했다.

# 04 | 대중교통 카드: 이지링크 vs 체크/신용 카드

대중교통 강국 싱가포르에선 어떤 교통카드를 이용할까? 가장 대중적인 이지링크 카드부터 외화 충전식 체크카드, 신용카드까지 살펴보았다.

## 이지링크 카드 Ez-Link Card

우리나라의 '티머니'와 같은 충전식 선불 교통카드. MRT와 버스, 일부 택시, 센토사 익스프레스 등에서 이용 가능하다. 가격은 S$10로 카드 구입비 S$5를 제외한 S$5가 충전되어 있다. 카드 금액이 S$3 이하로 남으면 충전해야만 사용할 수 있으며 현금은 S$2, 카드는 S$10부터 충전 가능하다. 카드 구입비 S$5를 제외한 잔액은 MRT 역 승객 서비스센터(Passenger Service Center)에서 환불받을 수 있다.

### Tips. 이지링크 카드 구매처
① MRT 역 승객 서비스센터: 현금 구매만 가능.
② 현지 편의점(세븐일레븐, 버스, 치어스 등): 현금 구매만 가능.
③ 싱가포르로 출국 전: 마이리얼트립 같은 액티비티 예약 플랫폼에서 미리 구매한 후 창이 국제공항에서 수령한다. 공항 각 터미널의 창이 리커멘즈(Changi Recommends)로 이동해 이티켓을 제시하고 실물 카드로 수령하면 된다.

### Tips. 이지링크 카드 충전 방법
① 발권기(GTM)에 이지링크 카드를 올려놓고 잔액을 확인한다.

② 충전 방법(현금/신용카드)과 금액을 선택하고 현금 또는 신용카드를 넣는다.

③ 충전이 완료되면 화면에 총금액과 충전 금액이 표시된다.

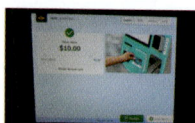

## 외화 선불식 충전 체크카드/신용카드

이지링크 카드는 잔액을 확인하며 일일이 충전해야 하는 번거로움이 있다. 카드 구입비를 돌려받을 수 없기 때문에 잠시 체류하는 여행자라면 수수료(1일 S$0.60)를 고려하더라도 외화 선불식 충전 체크카드나 신용카드를 교통카드로 사용하는 것이 이익이다. 외화 선불식 충전 체크카드로는 트래블 월렛을 비롯해 하나 트래블로그, 신한 쏠트래블 카드가 있다. 해외에서 사용할 수 있는 신용카드가 있다면 비자나 마스터 카드 중 와이파이 아이콘이 그려진 콘택트리스 카드(Contactless Card)인지 확인하자.

# 05 싱가포르 시티투어 버스

작은 듯하지만 생각보다 둘러볼 곳이 많은 싱가포르 도심. 여행자가 찾는 싱가포르의 대표 지역들은 색깔이 분명하기 때문에 시티투어 버스를 이용하면 풍경이 드라마틱하게 바뀌는 재미가 있다.
»싱가포르 덕 투어p.95

### 빅 버스 Big Bus

싱가포르의 대표적인 오픈 톱 2층 시티투어 버스. 대표적인 랜드마크와 오차드 로드의 인기 쇼핑 스폿을 둘러보는 옐로 라인과 리틀 인디아부터 차이나타운까지 싱가포르의 문화유산을 따라가며 문화적 다양성과 독특한 건축 양식을 둘러보는 레드 라인이 있다. 나이트 투어 버스도 있으며, 모든 투어에서 한국어가 포함된 오디오 가이드를 통해 싱가포르의 역사, 문화, 건축에 대한 흥미로운 설명을 들을 수 있다. 1일권은 티켓 개시부터 24시간, 2일권은 48시간 동안 유효하다.

📍 3 Temasek Blvd, Singapore 038983  🚶 MRT 프롬나드역 출구 C에서 나와 선텍 시티 몰 앞 정류장(온라인으로 티켓 구매 시 선텍 시티 몰 타워 2의 1층 선텍 허브에서 티켓 발권 후 이용)
🎫 1일권 S$48, 2~12세 S$40/2일권 S$51, 2~12세 S$44
🔗 bigbustours.com/en/singapore/singapore-bus-tours

### 빅 버스 운행 정보

| 노선 | 운행시간(첫차/막차) 외 | 주요 스폿/정류장 수 |
| --- | --- | --- |
| 옐로 라인 (Yellow Line: City Tour) | 매일 09:30/17:20, 25~40분 간격, 90분 소요 | 싱가포르 플라이어-마리나 베이 샌즈-가든스 바이 더 베이-풀러턴 호텔-시청-클라크 키-로버트슨 키-싱가포르 보태닉 가든-래플스 호텔/ 총 18개 |
| 레드 라인 (Red Line: Heritage Tour) | 매일 09:40/17:10, 25~35분, 60분 소요 | 리틀 인디아 아케이드-무스타파센터-캄퐁 글램-술탄 모스크-시청-보트 키-차이나타운/ 총 16개 |

### 펀비 버스 Funvee Bus

빅 버스보다 가격적 메리트가 있는 시티투어 버스. 도심의 주요 관광지를 둘러보는 그린 라인과 마리나 베이 주변을 돌아보는 오렌지 라인이 있으며, 1일권은 티켓 개시부터 24시간 동안 이용할 수 있다.

📍 #01-207, City Tourist Hub @Marina Square Shopping Mall  🚶 MRT 프롬나드 출구 A에서 나와 마리나 스퀘어 쇼핑몰 1층 시티 투어리스트 허브센터로 이동(세븐일레븐 옆)  🎫 1일권 SG$39, 3~12세 SG$29  🔗 citytours.sg/promotion/detail/495-singapore-funvee-hop-on-hop-off-city-sightseeing-bus-tour

### 펀비 버스 운행 정보

| 노선 | 운행시간(첫차/막차) 외 | 주요 스폿/정류장 수 |
| --- | --- | --- |
| 그린 라인 (Green: City Sightseeing) | 화~일요일 09:00~16:00, 60분 간격, 60분 소요 | 싱가포르 플라이어-에스플러네이드 시어터스 온 더 베이-차이나타운-클라크 키-포트 캐닝 파크-로버트슨 키-싱가포르 보태닉 가든-오차드 로드-래플스 호텔/ 총 23개 |
| 오렌지 라인 (Orange: Marina Sightseeing) | 화~일요일 10:45~16:45, 60분 간격, 60분 소요 | 싱가포르 플라이어-마리나 베이 샌즈 호텔-가든스 바이 더 베이-차이나타운-클라크 키-리틀 인디아-부기스/ 총 14개 |

# 06 실전! 그랩 이용법

그랩 이용 전 애플리케이션의 프로필 항목을 터치하고 지불 방법에서 신용카드를 등록해두면 편리하다. 고젝 및 카카오T 애플리케이션도 사용법은 그랩과 비슷하다. 다만 고젝의 경우 한국어를 지원하지 않고, 카카오T는 그랩이나 고젝보다는 조금 더 비싸다.

① 휴대폰에서 그랩 애플리케이션 다운로드 후 실행한다.

② 차량 서비스를 선택하고 출발지로 설정한 현재 위치를 확인한다.

③ 목적지를 입력하고 호출 버튼을 누른다. 호출 가능한 차량들을 살펴본다.

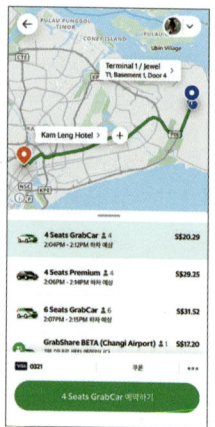

④ 차량을 선택하면 대기 시간, 차량 종류, 차량 번호, 기사 얼굴 등이 화면에 표시된다.

⑤ 픽업 포인트에서 차량 번호를 확인하고 탑승한다. 목적지에 도착하면 등록한 신용카드로 결제된다.

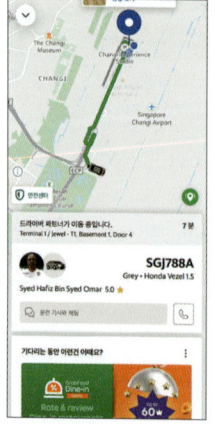
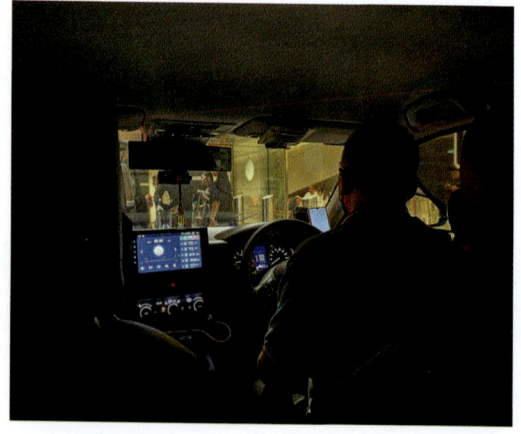

## 07 | 창이 국제공항에서 출국

싱가포르 창이 국제공항을 통해 출국할 경우 2가지를 고려하자. 첫째, 거대한 폭포수가 쏟아지는 복합 문화 공간 주얼 창이(Jewel Changi)를 구경할 것인지, 둘째 GST, 즉 택스 리펀드를 받을 것인지. 이에 따라 공항 도착 시간이 달라진다.

### Step 01 창이 국제공항 도착
출발 3시간 전에는 공항에 도착한다. 주얼 창이를 구경하고 싶다면 시간 여유를 가지고 도착할 것을 권한다.

### Step 02 GST 환급 신청
싱가포르에서 쇼핑 후 택스 리펀드용 증빙 자료(전자 여행자 환급 제도인 eTRS 증빙 자료)를 받았다면 공항에서 택스 환급 신청을 한다. 창이 국제공항 출국 전 체크인 카운터 근처 또는 출국 심사 후 면세 구역의 셀프 환급 신청기에서 GST 환급을 신청할 수 있다.
»GST 환급받는 법 p.314

### Step 03 탑승 수속 및 수하물 위탁
출국장 모니터를 통해 이용할 항공사의 체크인 카운터를 확인한다. 해당 카운터로 가서 셀프 체크인을 하거나 직원에게 여권과 이티켓을 제시하고 수하물을 부친다.

### Step 04 출국 심사
입국 시와 마찬가지로 자동 출국 심사대를 통과하면 된다.

### Step 05 GST 환급금 수령
택스 환급 신청 시 '현금 환급'을 선택했다면 면세 구역의 'GST Cash Refund' 창구에 가서 세금 환급 영수증을 제시하고 현금을 받는다.

### Step 06 보안 검색 및 비행기 탑승
탑승 1시간 전까지 해당 게이트 앞에서 보안 검색을 받는다. 보안 검색 후 대기 장소에서 기다렸다가 비행기에 탑승한다.

# 08 | GST 환급받는 법

### 셀프 환급 신청기 이용하기

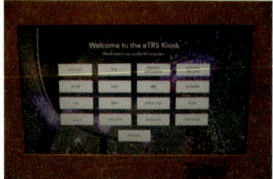

① 환급 신청기 화면에서 한국어를 선택한다.

② 구매한 물품이 '휴대 수하물'인지 '위탁 수하물'인지 선택한다.

③ 여권을 놓고 스캔한다.

④ 화면에 표시된 택스 리펀드 조건과 신청 내용을 확인한다. '현금' 또는 '신용카드' 중에서 환급 방식을 선택한다.

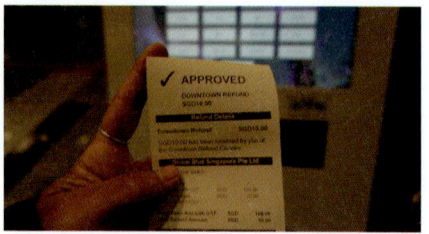

⑤ '신용카드'를 선택했다면 카드 인식부에 환급받을 신용카드를 긁는다. 세금 환급 영수증이 나오면 챙겨둔다.

⑥ '현금'을 선택했다면 출국 심사 후 면세 구역의 'GST Cash Refund' 창구로 간다. 창구 직원에게 세금 환급 영수증을 건네면 현금으로 GST를 돌려준다.

**Tips. GST 환급**

세금 환급 대상 상점('TAX REFUND' 로고가 있는 상점)에서 S$100(GST 포함) 이상 구매했다면 상품 및 서비스 세금(Goods and Service Tax, GST)을 돌려받을 수 있다. 한 쇼핑몰 내에서 최대 3개의 당일 영수증을 합산해 S$100 이상이면 환급받을 수 있으며, 매장 직원에게 여권과 전자입국신고서를 제시해야 한다.

# 09 | 여행 그 자체, 주얼 창이 즐기기

2019년 문을 연 주얼 창이는 마리나 베이 샌즈를 설계한 모셰 사프디와 세계적인 조경사 피터 워커가 참여한 복합 문화 공간으로 싱가포르 여행에서 놓쳐서는 안 될 명소로 자리매김했다. 터미널 1의 도착 층(1층)과 연결되어 있으며 터미널 2, 3에서는 출발 층(2층)에서 링크 브리지를 이용해 넘어갈 수 있다.

## 주얼 창이, 이것만은 꼭 즐기자!

### 포레스트 밸리 Forest Valley
주얼 창이에 숨을 불어넣는 실내 정원으로 900여 그루의 나무와 야자수가 식재되었고, 5층에는 캐노피 파크(Canopy Park)와 이어지는 산책로가 조성되어 있다. ⏱ 24시간 💰 무료

### 주얼 레인 보텍스 Jewel Rain Vortex
세계에서 가장 높은 실내 폭포. 주얼 창이 유리 천장으로 모인 빗물이 40m 아래로 떨어지며 장관을 연출하며, 이때 발생하는 수증기는 실내 생태계에 수분을 공급하는 역할로 재사용된다. 매일 저녁 라이트&뮤직 쇼가 펼쳐진다.

📍 포레스트 밸리 중앙 ⏱ 월~목요일 11:00~22:00(라이트&뮤직 쇼 20:00·21:00), 금~일요일·공휴일 10:00~22:00 (라이트&뮤직 쇼·공휴일 전날 포함 20:00·21:00·22:00) 💰 무료

### 캐노피 파크 Canopy Park
주얼 창이 5층에 자리한 대규모 실내 공원. 투명한 유리 바닥 위를 걷는 캐노피 브리지(Canopy Bridge), 미끄럼틀을 탈 수 있는 디스커버리 슬라이드(Discovery Slides), 나무를 연결한 그물 위를 거니는 워킹 네트(Walking Net), 안개가 가득한 포기 볼즈(Foggy Bowls) 등 다양한 어트랙션이 있다.

⏱ 월~목요일 10:00~21:00, 금~일요일·공휴일 전날·공휴일 10:00~22:00(마지막 입장 30분 전까지) 💰 캐노피 파크 티켓(디스커버리 슬라이드, 포기 볼즈, 페탈 가든, 포피어리 워크 포함) S$8/창이 리워드 회원 가입 시 S$5.40
🔗 jewelchangiairport.com

## 그 밖의 창이 국제공항 즐길 거리

### [터미널 1] 키네틱 레인 Kinetic Rain
움직임이 주요소인 키네틱 아트(Kinetic Art) 조형물. 천장에 내장된 모터로 움직이는 1200개가 넘는 청동 방울이 16가지 모양을 만들어낸다.
📍 2층 🕐 매일 08:00~24:00

### [터미널 2] 선플라워 가든 Sunflower Garden
시원한 활주로를 배경으로 수백 송이의 해바라기 꽃이 활짝 핀 정원. 공항을 오가며 짧게나마 자연 속에서 휴식을 찾을 수 있는 오아시스다.
📍 환승구역 3층 🕐 24시간

### [터미널 3] 클라임@T3 Climb@T3
비행기 탑승까지 무료한 시간을 짜릿하게 바꿔줄 실내 클라이밍 시설. 높이 2.5m, 너비 12m의 볼더월(Boulder Wall)에선 초보자도 안전하게 클라이밍을 즐길 수 있다. 12세 이하 어린이는 성인과 함께 입장해야 한다.
📍 지하 3층 🕐 일~목요일 11:00~20:00, 금~토요일·공휴일 11:00~21:30 💰 1회 체험권 S$19~

### [터미널 4] 헤리티지 존 Heritage Zone
페라나칸 하우스를 재현한 공간으로 올드 창키, 비첸향, 벵가완 솔로 등 싱가포르 전통 브랜드를 만날 수 있다.
📍 환승구역 2층 🕐 24시간

## 지역별 추천 숙소

숙박비 비싼 싱가포르에서 가장 저렴한 스탠더드 룸은 최소 10만 원 정도다. 여느 여행지처럼 도심에서 멀어질수록 숙소 가격이 저렴해지는 것은 당연지사. 유서 깊은 숙소부터 신상 호텔까지, 지역별로 엄선한 곳을 소개한다.

* 가격: 1박/스탠더드 룸/세금 불포함/비수기 기준.

### 시빅 디스트릭트&마리나 베이 추천 숙소

교통이 편리하고 볼거리와 즐길 거리가 많아 여행자들이 가장 선호하는 지역이다. 다만 4~5성급 위주의 고급 호텔이 많으며 중저가 호텔의 선택지는 적은 편이다.

| 숙소명 | 가격 | 특징 |
|---|---|---|
| 래플스 호텔 Raffles Hotel ★★★★★ | 105만 원~ | 역사와 전통이 숨 쉬는 싱가포르의 상징적 호텔이지만 상당히 비싸다. |
| 마리나 베이 샌즈 싱가포르 Marina Bay Sands Singapore ★★★★★ | 102만 원~ | 대표적인 랜드마크로 57층에 자리한 인피니티풀이 유명하다. 가족이나 커플 여행자 모두에게 만족스런 곳. |
| 풀러턴 베이 호텔 싱가포르 The Fullerton Bay Hotel Singapore ★★★★★ | 82만 원~ | 풀러턴 호텔보다 규모는 작지만 객실, 전망, 서비스, 부대시설은 더 훌륭하다는 평. 루프톱에 있는 랜턴 바가 유명하다. |
| 만다린 오리엔탈 싱가포르 Mandarin Oriental Singapore ★★★★★ | 80만 원~ | 마리나 스퀘어에 자리한 호텔로 편안한 분위기가 강점. 가족/커플 여행자에게 추천한다. |
| 풀러턴 호텔 싱가포르 The Fullerton Hotel Singapore ★★★★★ | 45만 원~ | 래플스 호텔과 함께 싱가포르를 대표하는 호텔로 고풍스러운 멋이 느껴진다. 같은 계열사인 풀러턴 베이 호텔의 수영장을 이용할 수 있다. |
| 나우미 호텔 싱가포르 Naumi Hotel Singapore ★★★★★ | 26만 원~ | 멋진 뷰를 자랑하는 루프톱 수영장이 있다. 친구/커플 여행자에게 추천. |
| 호텔 누베 헤리티지 Hotel NuVe Heritage ★★★★ | 21만 원 | 객실이 19개뿐인 부티크 호텔로 미니바가 무료다. MRT 부기스역, 시티홀역과 가까워 이동이 편리하다. |
| 리프 푸난 싱가포르 lyf Funan Singapore ★★★★ | 17만 원~ | 푸난 몰에 있는 호텔로 위치적 이점이 강점이다. 객실은 작지만 친환경 어메니티를 제공하는 것도 눈여겨볼 점. |

## 리버사이드 추천 숙소

싱가포르 강변을 따라 고급 호텔과 레지던스, 중급 호텔이 줄지어 있다. 도심에 비해 한적한 분위기라 여유롭게 산책을 즐기기에도 좋다.

| 숙소명 | 가격 | 특징 |
| --- | --- | --- |
| 웨어하우스 호텔<br>The Warehouse Hotel<br>★★★★ | 42만 원~ | 조용한 분위기의 로버트슨 키에 위치하며, 창고였던 건물을 개조해서 만든 유서 깊은 호텔이다. |
| 그랜드 콥톤 워터프론트 호텔<br>Grand Copthorne Waterfront Hotel<br>★★★★★ | 32만 원~ | 깔끔한 객실과 시설이 돋보이는 호텔. 로버트슨 키에 자리하며 산책로를 따라 도심으로 도보 이동이 가능하다. |
| 파크 레지스 바이 프린스 싱가포르<br>Park Regis by Prince Singapore<br>★★★★ | 29만 원~ | 객실이 크지는 않지만 다른 4성급 호텔에 비해 가격이 합리적인 편이다. 커플/싱글 여행자에게 추천. |
| 스튜디오 M 호텔 싱가포르<br>Studio M Hotel Singapore<br>★★★★ | 22만 원~ | 가성비가 좋아 우리나라 여행자에게 인기가 많다. 친구와 함께 또는 혼자 여행하는 사람에게 추천. |
| 이비스 버젯 싱가포르 클라크 키<br>ibis budget Singapore Clarke Quay<br>★★★ | 17만 원~ | 비즈니스호텔 이비스의 저가 브랜드. 객실은 무척 작지만 세탁실이 있어 장기 여행자가 선호한다. |

## 센토사 추천 숙소

센토사섬은 리조트 월드 센토사와 실로소 비치, 팔라완 비치, 탄종 비치 주변에 숙소가 모여 있다. 아이를 동반한 가족 여행자가 많이 찾으며 가격은 비싼 편이다.

| 숙소명 | 가격 | 특징 |
| --- | --- | --- |
| 카펠라 싱가포르<br>Capella Singapore<br>★★★★★ | 160만 원~ | 센토사를 대표하는 럭셔리 호텔로 열대 우림 속에 자리한다. 2018년 6월 김정은 위원장과 트럼프 대통령의 정상회담이 열린 곳이기도 하다. |
| 더블유 싱가포르-센토사 코브<br>W Singapore-Sentosa Cove<br>★★★★★ | 66만 원~ | 센토사 동쪽에 자리한 세련된 분위기의 호텔로 24시간 운영하는 야외 수영장 덕에 밤 수영을 즐길 수 있는 것이 장점이다. 커플 여행자에게 추천. |
| 샹그릴라 라사 센토사 싱가포르<br>Shangri-La Rasa Sentosa, Singapore<br>★★★★★ | 46만 원~ | 센토사 서쪽 실로소 비치 끝자락에 위치한 대형 리조트. 키즈 클럽, 키즈 풀 등 어린이를 위한 프로그램과 시설이 잘 갖춰져 있어 가족 여행자에게 인기가 많다. |
| 빌리지 호텔 센토사<br>Village Hotel Sentosa<br>★★★★ | 33만 원~ | 가족 친화적 호텔. 특히 인피니티 풀을 비롯해 키즈 풀, 유수 풀 등 다양한 수영장을 갖추고 있다. |
| 실로소 비치 리조트<br>Siloso Beach Resort<br>★★★★ | 24만 원~ | 센토사의 호텔 중 가성비가 좋은 호텔. 특히 열대 우림에 둘러싸인 85m 길이를 자랑하는 야외 수영장이 인상적이다. |

## 오차드 로드 추천 숙소

유명 체인 호텔부터 부티크 호텔까지 다양한 숙소가 자리한다. 쇼핑이 주목적인 여행자뿐만 아니라 만다이 야생동물 보호구역까지 직행버스가 다녀 싱가포르 동물원, 나이트 사파리 등을 방문하고자 하는 가족 단위 여행자가 주로 찾는다.

| 숙소명 | 가격 | 특징 |
|---|---|---|
| 아티젠 싱가포르<br>Artyzen Singapore<br>★★★★★ | 48만 원~ | 2023년에 문을 연 신상 호텔로 옥상에 있는 인피니티 풀이 인상적이다. |
| 코모 메트로폴리탄 싱가포르<br>COMO Metropolitan Singapore<br>★★★★★ | 41만 원~ | 2023년 오픈한 코모 계열의 호텔로 요가, 마사지 등 웰니스 서비스를 이용할 수 있다. 친구/커플 여행자에게 추천. |
| 샹그릴라 싱가포르<br>Shangri-La Singapore<br>★★★★★ | 38만 원~ | 녹음이 우거진 정원에 자리한 대형 호텔이다. 가족 여행자에게 추천. |
| 젠 싱가포르 오차드 게이트웨이<br>JEN Singapore Orchardgateway<br>★★★★ | 35만 원~ | 샹그릴라 계열의 호텔로 오차드 게이트웨이 쇼핑몰에 위치한다. 쾌적한 시설을 자랑하며 19층의 인피니티 풀에선 도시의 스카이라인이 한눈에 펼쳐진다. |
| 요텔 싱가포르<br>YOTEL Singapore<br>★★★★ | 19만 원~ | 필요한 것만 딱 갖춘 군더더기 없는 객실이 인상적이다. 중저가 호텔이지만 수영장도 있다. |

## 차이나타운 추천 숙소

도심과도 가깝고 주변에 맛집도 많아 여행하기 편리한 지역으로, 중저가 호텔과 합리적인 가격의 캡슐 호텔이 자리한다. 이 책에선 부티크 호텔과 신축 호텔처럼 색깔 있는 호텔을 소개한다.

| 숙소명 | 가격 | 특징 |
|---|---|---|
| 파크로열 컬렉션 피커링<br>PARKROYAL COLLECTION Pickering<br>★★★★★ | 47만 원~ | 싱가포르의 '친환경 숙소' 하면 제일 먼저 언급되는 곳. 식물과 어우러진 외관부터 시선을 끈다. |
| 몬드리안 싱가포르 덕스턴<br>Mondrian Singapore Duxton<br>★★★★★ | 36만 원~ | 2023년에 오픈한 신상 호텔. 입구에서 카우스(Kaws) 조형물이 맞이하는 이곳은 감각적인 루프톱 바와 전망 좋은 인피니티 풀을 갖췄다. |
| 스칼렛 싱가포르<br>The Scarlet Singapore<br>★★★★ | 25만 원~ | 차이나타운의 대표적인 부티크 호텔로 우아한 분위기가 감돈다. 인테리어에 관심 많은 여행자에게 특별한 하룻밤을 선물한다. |
| 블리스 호텔 싱가포르<br>Bliss Hotel Singapore<br>★★★ | 17만 원~ | 현대적인 중국을 테마로 한 부티크 호텔. 호텔 주변에 맛집이 많아 미식 여행에는 딱 맞는 숙소다. |
| 호텔 모노<br>Hotel Mono<br>★★★ | 15만 원~ | 블랙 앤 화이트의 인테리어가 인상적인 부티크 호텔. 객실은 작지만 깔끔해 싱글 여행자에게 추천. |

## 캄퐁 글램&부기스 추천 숙소

고급 호텔과 중저가 호텔이 골고루 자리한다. 싱가포르 도심으로의 접근성이 좋으며 시빅 디스트릭트, 마리나 베이 지역에 비해 숙소가 저렴하다.

| 숙소명 | 가격 | 특징 |
|---|---|---|
| 안다즈 싱가포르<br>Andaz Singapore<br>★★★★★ | 50만 원~ | 객실의 통유리 너머로 멋진 시티 뷰를 감상할 수 있는 호텔. 하얏트 계열의 체인 호텔로 안정적인 서비스와 고급스러움을 모두 누리고 싶은 여행자에게 추천. |
| 인터컨티넨탈 싱가포르<br>InterContinental Singapore<br>★★★★★ | 38만 원~ | 객실당 전담 직원을 배정하는 버틀러 서비스를 제공하는 등 대표적인 럭셔리 호텔로 손꼽힌다. |
| 파크로열 온 비치 로드<br>PARKROYAL on Beach Road<br>★★★★ | 27만 원~ | 깨끗한 객실과 레스토랑, 바, 야외 수영장 등의 부대시설이 훌륭한 호텔. 가족 여행자에게 추천. |
| 호텔 보스<br>Hotel Boss<br>★★★★ | 17만 원~ | 수영장이 있는 가성비 좋은 호텔. 친구/싱글 여행자에게 추천. |

## 리틀 인디아 추천 숙소

가성비만 생각하면 리틀 인디아만 한 곳도 없다. 실속파 여행자나 싱가포르 문화에 익숙한 이들이 주로 찾는다.

| 숙소명 | 가격 | 특징 |
|---|---|---|
| 원더러스트 바이<br>디 언리미티드 컬렉션<br>Wanderlust by The Unlimited Collection<br>★★★★ | 17만 원~ | 1920년대 아르 데코 스타일의 부티크 호텔. 외관은 동화 속 건축물 같은 반면, 객실 분위기는 차분하고 편안하다. |
| 호텔 얀<br>Hotel YAN<br>★★★ | 14만 원~ | 객실은 무척 작지만 가성비 좋은 호텔. 음료와 스낵이 포함된 미니바가 무료다. |
| 캄렁 호텔<br>Kam Leng Hotel<br>★★★ | 12만 원~ | 가격적인 메리트가 강점으로 장기 여행자가 선호한다. 주변에 로컬 맛집이 많다. |

# Index
## 색인

### 👁 Sightseeing

OCBC 스카이웨이  89
S.E.A. 아쿠아리움  145
가든 랩소디  88
가든스 바이 더 베이  84
굿 셰퍼드 성당  96
나이트 사파리  288
내셔널 갤러리 싱가포르  70
더 아트 하우스  74
디지털 라이트 캔버스  80
라이브러리@오차드  172
래플스 상륙지  95
래플스 호텔  92
레드닷 디자인 박물관  74
레인 오큘러스  79
롱산시 사원  227
루이 비통 아일랜드 메종  81
리버 원더스  286
마담 투소 싱가포르  154
마리나 배라지  90
마리나 베이 샌즈 싱가포르  76
마리나 베이 샌즈 카지노  80
마운트 페이버 공원  152
만다이 야생동물 보호구역  276
머라이언 파크  94
메가 어드벤처  153
민트 장난감 박물관  96
버드 파라다이스  282
불아사  195
빅토리아 극장과 콘서트홀  74
사캬모니 붓다 가야 사원  227
삼판 라이드  79
샌즈 극장  80
샌즈 스카이 파크 전망대  77
세인트 앤드루 성당  96
센토사 4D 어드벤처랜드  155
술탄 모스크  215
슈퍼트리 전망대  89
스리 마리암만 사원  196
스리 비라마칼리암만 사원  228
스리 스리니바사 페루말 사원  230
스카이라인 루지  147
스카이파크 센토사 바이 AJ 해켓  154
스카이헬릭스 센토사  155
스펙트라 라이트 앤 워터 쇼  82
슬링샷과 GX-5 익스트림 스윙  123
실로소 비치  148
싱가포르 국립 도서관  94
싱가포르 국립 박물관  72
싱가포르 덕 투어  95
싱가포르 동물원  284
싱가포르 리버크루즈  118
싱가포르 보태닉 가든  174
싱가포르 시티 갤러리  195
싱가포르 어린이 박물관  96
싱가포르 플라이어  94
아시아 문명 박물관  72
아트 사이언스 뮤지엄  81
애플 마리나 베이 샌즈  81
어드벤처 코브 워터파크  146
에스플러네이드 시어터스 온 더 베이  73
올드 힐 스트리트 폴리스 스테이션  123
워터비  119
윙스 오브 타임  153
유니버설 스튜디오 싱가포르  141
이스트 코스트 파크  241
인디언 헤리티지센터  230

# Index
## 색인

차임스   93
클라우드 포레스트   88
클라크 키 센트럴   117
킴 셍 공원   123
탄종 비치   149
티안 혹 켕 사원   196
팔라완 비치   149
페라나칸 박물관   73
페라나칸 하우스   240
포머 하우스 오브 탄 텡 니아   230
포트 캐닝 파크   93
풀러턴 호텔   92
플라워 돔   88
플로럴 판타지   89
하지 레인   211
헨더슨 웨이브   152
헬릭스 브리지   95

댄싱 크랩   158
더 데일리 스쿱   263
더 뎀시 프로젝트   254
더 부처스 와이프   270
더 소셜 스페이스   193
더 커피 아카데믹스   103
동방미식   188
동북소주   189
동북인가   188
동아 이팅 하우스   197
라사푸라 마스터스   100
라우 파 삿 호커센터와 사테 거리   97
랜턴   105
레드닷 브루하우스   256
레이디 엠   176
레전더리 바쿠테   124
로라스 카페   262
롱 바   105
리틀 엘리펀트   272
마멀레이드 팬트리   177
마이크로 레드 하우스   247
마칸수트라 글루턴스 베이   98
맘마 미아! 트라토리아&카페   158
매드 피자   213
맥스웰 푸드센터   190
맥시 커피 바   199
메르시 마르셀   176
무투스 커리   232
미향원   200
바나나 리프 아폴로   232
바샤 커피   104
버드 오브 파라다이스 젤라토 부티크   241
보타니 로버트슨 키   125
블랑코 코트 프라운 미   216

% 아라비카   218
328 카통 락사   244
BYD by 1826   125
TWG   104
고앙 프라투남 치킨라이스   159
공허관   200
굿럭   213
내셔널 키친 바이 바이올렛 운   102
넛맥 앤 클로브   105
녹스   198
뉴 우빈 시푸드   101
뉴턴 푸드센터   175
다 시 지아 빅 프라운 미   171

# *Index*
## 색인

블랙 탭 크래프트 버거스 앤 비어스  100
블랙 페퍼  227
비엣시  245
비치 로드 프라운 누들 하우스  244
사니즈  198
사우스브리지  119
사인 어 테이스트 오브 베트남 포  172
사테 바이 더 베이  90
산초스  125
샹샹 후난 퀴진  198
섬 딤섬  231
셉템버 커피  192
셰프 와이즈 포치드 라이스  176
송 파 바쿠테  117
수키야  159
쉐이크쉑  90
스위 춘  231
신 호 사이 시푸드 레스토랑  273
싱가포르 잠잠  216
아모이 스트리트 푸드센터  191
아이스 콜드 비어  172
아틀라스  218
안티 소셜  226
알케미스트 더 헤렌  171
앙트레 누스 크레페  99
애피어리  200
앤 아사이 어페어  213
앨리 바  177
야쿤 카야 토스트  197
어사일럼 기피히우스  226
엉클 치엥  170
에스크 커피 로스터리  103
에프오시 바이 더 비치  156
올라 비치 클럽  156

와이와이 카페 디안  99
와일드 허니  177
율리스 베이글  217
웨이브드  246
이스트 코스트 라군 푸드 빌리지  242
점보 시푸드  118
쥬라식 네스트 푸드홀  89
징화샤오치  189
차이나타운 콤플렉스 마켓 앤 푸드센터  191
찹수이 카페 뎀시 힐  255
체셍홪 하드웨어  226
치미창가  264
친미친 컨펙셔너리  240
카파도키아 터키시 앤 메디터레니언 레스토랑  217
칸치타 페루비안 퀴진  254
캔들너트  256
커먼 맨 커피 로스터스  124
케옹색 베이커리  265
코스테스  150
콜카타 벡콘즈  232
크래프트맨 커피  265
크리미어 핸드크래프티드 아이스크림 앤 커피  270
킹스 카트 커피 팩토리  246
타운 레스토랑  102
타이 어센트  158
타이 청 베이커리  262
탄종 비치 클럽  150
트라피자  150
티옹 바루 베이커리(본점)  273
티옹 바루 베이커리(홀랜드빌리지점)  263
티 챕터  199
팀 홀튼  159
파라다이스 다이너스티  100
파울라너 브로이하우스 싱가포르  104

# Index
## 색인

파이브 오어즈 커피 로스터스 헤리티지 193
퐁골 나시르막 232
푸티엔 102
프리베 99
플러스 트웰브 156
플레인 바닐라 271
피에스 카페 255
피타 베이커리 217
핀홀 커피 바 103
홀리크랩 101
홍 림 마켓 앤 푸드센터 191

부기스 플러스 219
북 바 201
북스 비욘드 보더스 201
비보시티 157
비첸향 203
빈티지위켄드 212
선텍 시티 몰 108
슈퍼네이처 257
시티 스퀘어 몰 233
아이온 오차드 169
오차드 센트럴 179
원 홀랜드 빌리지 262
위스마 아트리아 179
유토피아 어페럴 212
유화 차이니스 프로덕트 202
차이나타운 스트리트 마켓 202
차이나타운 포인트 202
캣 소크라테스 271
탕스 178
테카센터 233
티옹 바루 마켓 272
파라곤 178
파크웨이 퍼레이드 247
푸난 몰 107
홀랜드 로드 쇼핑센터 264
휘게 212

## 🛍 Shopping

313@서머셋 179
i12 카통 247
SSFW 212
김주관 플래그십 스토어 203
니 안 시티와 다카시마야 백화점 170
더 숍스 앳 마리나 베이 샌즈 78
도버 스트리트 마켓 257
디자인 오차드 171
래플스 시티 쇼핑센터 106
래플스 호텔 아케이드 109
리터드 위드 북스 201
리틀 인디아 아케이드 233
림치관 203
마리나 스퀘어 109
만다린 갤러리 178
무스타파센터 228
뮤지콜로지 레코즈 213
부기스 스트리트 마켓 219
부기스 정션 219